안보에서 평화로

박한식 교수

박한식 사랑방 통일이야기

안보에서 평화로

열린서원

박한식 선생님과의 인연이 좀 깊습니다. 1994년 양성철, 박한식 편저 ≪북한기행≫(한울, 1986)을 읽었습니다. 선생님을 포함한 재미동포 정치학자 6명이 1981년 북한을 방문한 기록을 1983년 *Journey to North Korea: Personal Perceptions*라는 영문 책으로 출판하고, 1986년 한글로 번역 해 펴낸 책이지요. 제가 1984-1994년 미국에서 공부할 때는 북한에 별 관심이 없어 이 책들의 존재조차 몰랐습니다. 1994년 귀국하자마자 시간강사로 〈북한사회의 이해〉라는 교양과목 강좌를 덜컥 맡아 부랴부랴 도서관과 책방을 뒤지며 북한 관련 책들을 모으기 시작했습니다. 하루 한 권씩 읽어 내는 가운데 8년 전 출판된 ≪북한기행≫을 뒤늦게 읽고 선생님 성함을 머릿속에 담았습니다.

1994년 귀국하기 직전 미국이 금세 북한을 폭격할 것 같은 상황이 전개 됐습니다. 카터 전 대통령이 평양을 방문해 김일성을 만나 한반도 전쟁 분위기가 사라졌지요. 카터 방북이 선생님 주선으로 이뤄졌다는 사실을 나중에 알았습니다. 2007년 노무현 대통령의 평양 방문 주선을 선생님에게 부탁했다는 소문도 들었고요. 2008년 여름방학을 애틀랜타에서 보내면서 선생님의 조지아대학 연구실로 찾아가 처음으로 인사드렸습니다. 그해 펴낸 제 책 ≪두 눈으로 보는 북한≫을 자랑할 겸 갖다드렸지만 북한 전문가가 알지도 못하는 무명 교수의 책을 읽어주시리라 기대하진 않았습니다.

2009년 미국 방송기자 2명이 두만강 연안에서 북한당국에 체포 구금됐습니다. 클린턴 전 대통령이 평양을 방문해 사과하고 그들을 미국에 데려갔지요. 클린턴 방북 역시 선생님 주선으로 성사됐다는 사실을 나중에 알았습니다.

2018년 선생님의 첫 한글 책 ≪선을 넘어 생각한다≫를 출판 즉시 구해 읽었습니다. 〈남과 북을 갈라놓는 12가지 편견에 관하여〉라는 부제가 붙은 책을 통해 '북·미 평화 설계자'로부터 '있는 그대로의 북한'을 보게 됐습니다. '북한을 연구하는 학문적 태도'를 배운 것은 더 의미 있었고요.

두어 달 뒤 선생님이 이현휘 제주대 교수를 통해 반가운 소식을 전해주셨습니다. 제가 2016년부터 〈함석헌학회〉 회장을 맡고 있었는데, 선생님이 함석헌을 매우 존경한다며 〈함석헌학회〉 활동에 관심 갖고 계시다는 것이었지요. 이 교수는 선생님이 2019년부터 〈한겨레〉에 〈평화에 미치다〉를 연재할 때 선생님의 구술을 글로 옮겼는데, 그 연재에서 선생님은 "평생토록 정신적 스승으로 모신 함석헌 선생"을 서울대학 시절 만났다고 밝히셨더군요.

2021년 선생님의 두 번째 한글 책 ≪평화에 미치다≫는 몹시 감명 깊었습니다. 평화에 미쳐 살아오신 배경과 과정이 참 존경스러웠습니다. 많은 가르침과 깨우침을 받았지요. 그런데 여기저기 밑줄 치며 꼼꼼하게 읽다가 신탁통치, 소련붕괴, 남북의 이념, 체제 등에 관해 받아들이기 어려운 대목이나 오류 몇 군데 발견했습니다. 8월 이메일을 보냈더니 즉각 전화를 주시더군요. 곧 서울에서 화상으로 열릴 출판기념회에서 저와 대담하고 싶다는 것이었습니다. '언론 인터뷰' 같은 형식이 아니라 '학술토론' 같은 대담을 원하신다면서요. 저명한 원로학자가 한참 후학인 제 비판을 수용하며 출판기념회에서 공개토론을 하자는 게 몹시 신선했습니다.

2021년 9월 선생님이 한겨레 통일문화상을 받으셨습니다. 수상자로 선정됐다는 소식을 전해주실 때 제가 축하인사 드리며 너스레 좀 떨었지요. 저는 그 상을 2019년 받았으니 제가 선생님보다 2년 선배라면서요.

한겨레 통일문화상이 '한국의 노벨평화상'으로 불리긴 합니다만, 선생님은 진짜 노벨평화상에 버금가는 큰 평화상을 2010년 받으셨습니다. 간디·킹·이케다 평화상(Gandhi-King-Ikeda Award For Peace)입니다. 2001년 제정된 이 상을 받은 사람들 가운데 8명이나 노벨평화상을 받았기에 '예비 노벨평화상'으로 불리기도 하지요. 대개 전직 국가 원수나 행정부 수반이 받은 상을 처음으로 학자가 받은 겁니다. 선생님의 특이한 업적 때문이었겠지요. 끔찍한 전쟁을 막았으니까요. 첫째, 1994년 '제1차 북핵 위기'때 클린턴 정부가 북한 폭격을 준비하자 카터 전 대통령 방북을 주선함으로써 전쟁을 막은 사실은 널리 알려져 있습니다. 둘째, 2002년 '제2차 북핵 위기'가 고조되고, 2003년 부시 정부가 이라크를 침공하며 북한 침공까지 고려할 무렵 '북핵 위기 해소와 북미 관계 개선을 위한 워싱턴-평양 포럼'을 주선했지요. 셋째, 2009년 오바마 대통령 취임 두 달 뒤 미국 방송기자 2명이 두만강 연안에서 북한당국에 체포 구금되자 클린턴 전 대통령의 방북을 주선해 북미 관계 악화를 막았고요.

2021년 11월엔 제가 원광대학교에서 진행하던 〈명사초청 통일대담〉 교양수업에 선생님을 강사로 모셔 화상 대담을 나누었습니다. 그 무렵 건국대학교 인문학연구원으로부터 원고 청탁을 받았습니다. 2021년 12월 발간될 계간지 ≪통일인문학≫에 ≪평화에 미치다≫ 서평을 써달라는 것이었지요. 8월 출판기념회에서 제기했던 비판에 살을 붙여 실었습니다.

그 무렵부터 제게 종종 전화 주시던 선생님이 2022년 3월 자랑스러우면서도 좀 안타까운 소식을 전해주시더군요. 선생님이 2015년 조지아대학에서 은퇴하자, 재직 45년간의 평화에 대한 열정과 헌신에 대한 보답으로 대학 당국이 '박한식 평화학 교수직(Han S. Park Professorship of Peace studies)'을 만들기로 했답니다. 이에 대해 흔히 '현대 평화학의 창시자'로 불려온 제 은사 요한 갈퉁(Johan Galtung) 교수는 "박한식 평화학 교수직은 ..... 위대한 학자에 대한 경의일 뿐 아니라 평화학에 대한 찬양의 표시이기도 하다"고 평가했더군요. 그런데 대학당국이 목표한 100만 달러 기금이 조금 덜 모여 교수직 개설이 늦어지고 있다는 거였죠.

제가 부족한 기금을 모으는 운동을 벌여보겠노라고 제안했습니다. 저는 그 때 윤석열 정부가 들어서면 남북 및 북미 관계가 악화하며 한반도 안팎에서 갈등이 커지고 긴장이 높아지리라 예상했거든요. 이를 막기 위해서는 선생님이 남한-북한-미국을 잘 알며 관계 개선을 촉진할 수 있는 훌륭한 후임 교수를 빨리 뽑아, 2003년부터 전개했던 반관반민 남한-북한-미국 대화라도 다시 주선해야 한다고 생각한 거죠. 제 모금운동을 〈한겨레〉 신문과 다양한 SNS를 통해 알렸지만 실적은 아직 미미합니다.

선생님과의 이런 인연으로 2020년 시작한 〈박한식 사랑방〉에 큰 관심을 갖고 강의를 들었습니다. 마침 〈박한식 사랑방〉을 진행한 뉴욕 김수복 선생, 로스앤젤레스 김미라 선생, 보스턴 이금주 선생은 제가 가까이 지내온 통일운동 동지들이라 더 친근하게 접할 수 있었지요.

24개월 매월 1회 진행한 강의엔 이전 출판된 두 권 책에서 다룬 부분이 적지 않지만, 제1강 〈안보 패러다임에서 평화 패러다임으로〉, 제2강 〈우크라이나에서의 전쟁과 격동하는 새 세계질서〉, 제5강 〈미국 대선 후유증과 미국 민주주의의 장래〉 등 새로운 주제와 거듭 강조하는 대목도 많기에, 제가 먼저 책 출판을 제안하고 주선했습니다.

특히 제1강에서 '안보'와 '평화'를 맞대어 비교하며, 안보는 하나만 살고 다른 하나는 죽게 되지만, 평화는 서로 다 살게 되어 있다고 강조하시는 게 통쾌합니다. "안보 병에 걸려 있는" 우리 모두 심각하게 받아들여야겠지요. 제3강 〈한미동맹과 통일〉에서 한미동맹은 동맹이 아니고, '속국 관계'나 '식민 관계'라 규정하고, 미국은 한반도 통일을 원하지 않는다고 단언하는 대목은 매우 의미 있습니다. 저 같은 반미적 통일운동가의 주장이 아니라,

미국 정부와 언론에 큰 영향력을 미치는 점잖은 대학자의 공개 발언이니까요.

저도 선생님 따라 평화에 미쳐보렵니다. 제가 1990년대 말부터 시작한 〈남이랑북이랑 더불어살기 위한 통일운동〉을 위해서도 '하나만 사는 안보'가 아니라 '서로 다 사는 평화' 병에 걸리면서요. 요즘 한미동맹 강화가 살 길이라고 외치는 정치인과 언론인이 많은데, 이 책은 우리가 한미동맹의 실체를 깨닫고 진정한 평화와 통일의 길로 나아가는 데 길잡이가 되리라 확신합니다.

2022년 10월
이재봉 원광대학교 정치외교학.평화학 명예교수

책머리에

세월이 참 빠릅니다. 쏘아놓은 화살과 같습니다. 1965년 미국 유학길에 올라 벌써 57년 동안 미국에 살고 있습니다. 2015년 은퇴 전 까지 45년간 조지아대학에서 정치학을 가르치며 후학 양성에 노력했고 학자로서 연구도 게을리 하지 않았습니다.

저를 미국 유학길로 이끌었던 것은 조국통일에 대한 염원과 태생부터 지녔던 '평화병'이었습니다. 망국의 설움 그리고 일제의 탄압과 폭정을 피해 만주로 이주해 고단한 삶을 사셨던 할아버지, 제 머릿속에 지금도 또렷이 남아있는 6·25 전쟁의 참상, 그리고 평생 빨갱이라는 족쇄를 차고 변변한 직장 한 번 갖지 못한 채 서럽게 살다가 돌아가신 아버지는 분단의 아픔과 평화에 대한 절박한 갈구를 저에게 각인시켜 놓았습니다.

학문의 목적은 문제 해결에 있고, 우리 사회가 안고 있는 크고 작은 문제들을 발견해, 원인을 찾아 처방을 제시하는 것입니다. 그것이 학자의 소명이라는 생각은 제 평생의 지론입니다. 저에게 있어서 해결해야 할 문제는 남북 분단과 군사적 대치 그리고 통일 문제입니다.

이상적이고 실현 가능한 통일 방안을 도안하고 설계하는 것이 학자인 저의 역할이자 책무라고 믿으며 평생 열심히 공부했습니다. 통일 청사진을 고민하고 도안하는 학자의 연구는 마치 작곡가가 아름다운 멜로디의 곡을 완성하는 창작 작업에 견줄 수 있습니다. 작곡가가 음악에 대한 소양과 영감을 가지고 한 곡조의 아름다운 선율을 완성해 가는 과정은 수많은 노력과 시간을 들여 썼다 고치기를 반복하는 힘겨운 작업입니다. 통일을 연구하는 학자들의 노력도 이와 흡사합니다. 하지만 산고를 이겨내고 탄생한 곡은 오케스트라의 아름다운 연주에 의해 세상 사람들의 귀를 즐겁게 합니다.

저는 통일에 대한 노력과 염원을 결실로 안내할 수 있는 바람직한 통일 방안으로 "변증법적 통일론"을 제안한 바 있습니다. 남과 북이 서로의 이질 성을 이해하고 그 이질성을 평화적으로 조화시키는 일련의 과정을 통해 더 높은 차원의 동질성 즉 새로운 합(合)에 도달하는 것이 "변증법적 통일론" 의 핵심입니다. 아울러 한민족의 관습이 깃든 동질성을 찾아내서 꾸준히 진 작시키는 노력이 진실한 통일문화를 만드는 길이라 믿고 있습니다.

학문적 연구를 실질적 행동으로 실천하려는 노력도 게을리 하지 않았습 니다. 지난 40여 년 간 북한을 50여 차례 방문했습니다. 한 번 방문에 짧게 는 3박4일, 길게는 일주일 이상 머물렀습니다. 저의 "변증법적 통일론"을 실천하고 '평화병'을 치유하기 위해 우선적으로 북한을 알고 싶었고 무엇보 다도 옳게 알고 싶었습니다. 북한을 정확하게 이해할 수 있는 유일한 방법 은 북한에 가서 그곳의 현실을 직접 관찰할 수밖에 없다는 결론에 도달했 고, 그래야만 조국통일과 평화의 길을 모색할 수 있다고 판단했습니다.

2015년 12월 조촐한 은퇴식을 끝으로 45년 동안 가르치고 연구했던 정 든 교정을 떠났습니다. 힘찬 날갯짓을 퍼덕이면서 다시 제자리로 돌아오는 철새처럼, 늘 가을학기가 시작되면 학교로 출근하던 일을 더 이상 하지 않 으니 조금 어색하기도 하고 허전하기도 했습니다. 하지만 은퇴 전에는 강의 와 학교 일로 심적 물리적 여유가 없어 엄두를 내지 못했던 집필 작업에 상 당한 시간적 여유가 생겼습니다. 책을 쓰는 작업은 원래 책상에 진득하게 앉아서 많은 시간의 사색과 고민을 필요로 하는 일입니다. 은퇴 후 여유를 갖고 지난 몇 년 간 ≪선을 넘어 생각한다≫, ≪평화에 미치다≫, 그리고 영문 저서인 *Globalization: Blessing or Curse?* ≪세계화: 축복인가 저주인가?≫ 증보판을 출간할 수 있었습니다.

건강도 허락되었고 집필 작업도 순조로웠으며 시간적 여유도 있고 모든 것이 참 좋았습니다. 하지만 가슴 한 구석에 돌덩이처럼 자리 잡고 있는 한 가지 아쉬움이 마음을 참 무겁게 했습니다. 학자로서 평생을 연구해온 바람직한 통일의 청사진과 북한을 50여 차례 방문하면서 몸소 체험한 저의 경험들을 한국에 있는 동료 학자들과 후학들 그리고 조국의 통일을 염원하는 많은 분들과 직접 소통하고 교류하지 못했던 점이 참으로 아쉽고 안타까웠습니다. 평생을 빨갱이 또는 종북주의자로 낙인 찍혀 살아온 제가 한국에 있는 분들께 선뜻 다가가기가 망설여지기도 했습니다. 아마 많은 분들이 저와 교류하고 소통하는 것에 상당한 부담을 갖고 있기도 했을 것입니다.

2020년 시작된 범세계적 전염병 코로나19는 우리의 삶에 거대한 변화를 가져왔습니다. 그 중 하나가 비대면 만남의 활성화였습니다. 마침 인터넷과 기술의 발전으로 시간과 공간 그리고 인원의 제약 없이 많은 사람들이 자유롭게 소통할 수 있는 여건이 조성되었습니다. 미국에서 몇몇 지인들과 대화하면서 저의 연구와 철학 그리고 경험이 조국 통일과 한반도 평화에 대한 바람직한 여론 조성에 공헌하는 촉매제 역할을 할 수 있을 것이라는 제안이 있었습니다. 딱딱한 강의 형식이 아니라 오고 가던 사람들이 모여 세상 돌아가는 얘기를 주고받던 예전의 사랑방 형식이 좋겠다는 제안도 있었습니다.

이에 따라 지난 2년간 한 달에 한 번씩 인터넷 비대면 형식으로 24번의 〈박한식 사랑방〉 모임이 있었습니다. 매월 모임에 100여명의 사람들이 전 세계 여러 나라에서 꾸준히 모임에 참석해주었습니다. 한 번 모임에 제가 미리 공지한 주제에 관해 1시간 정도 모두 발언을 하고 뒤풀이 형식의 질의와 문답 그리고 다양한 토론이 이루어졌습니다. 미국 동부시간으로 오후 8

시에 시작된 모임이 자정을 훌쩍 넘겨 진행되는 경우도 종종 있었습니다. 북한 바로 알기, 통일의 청사진, 국제 정세 등 참으로 다양한 주제에 관해 심도 있는 논의들이 있었습니다. 모임 후에 인터넷에 올려진 〈박한식 사랑방〉 동영상은 매번 구독자와 조회 수가 수천, 수만에 이르렀습니다.

통일을 더 이상 전적으로 정부의 손에만 맡겨서는 안 된다는 절박한 사실과 이제는 국민에 의한 아래로부터의 통일 노력이 필요하다는 공감대를 형성한 의미 있는 시간이었습니다. 이 책은 24회에 걸쳐 진행된 〈박한식 사랑방〉에서 제가 이야기한 내용을 모아 엮은 것입니다. 따라서 여기에 혹시 있을지 모르는 오류는 어느 누구도 아닌 저의 책임이라는 것을 분명히 밝혀 두고 싶습니다.

지난 2년간의 〈박한식 사랑방〉 모임은 저의 삶을 반추하고 제 생각과 철학을 많은 분들과 공유할 수 있는 소중한 시간이었습니다. 매월 귀중한 시간을 내어 모임에 참여해 주시고 과분한 성원과 격려를 아끼지 않으셨던 모든 분들께 심심한 감사의 말씀을 드리고 싶습니다. 고마운 분들을 일일이 열거하자면 아마 책 한 권도 부족할 것입니다. 우선 〈박한식 사랑방〉이 2년 동안 내실 있게 성공적으로 진행될 수 있도록 큰 도움을 주신 분들 이름만이라도 소개하는 것이 사람 된 도리라고 생각합니다. 특히 운영위원으로 수고해 주신 김수복, 김창종, 한익수, 이금주, 장유선, 김미라, 구기번, 조현숙 선생들에게 가슴에서 우러나는 감사의 말씀을 전합니다. 제가 이야기 한 것을 글로 정리해주신 로창현, 정연진, 권준택, 노재봉 선생들에게도 감사드리지 않을 수 없습니다. 이 책의 출판 계획부터 원고 정리까지 자문을 아끼지 않은 이재봉 교수 그리고 섬세한 교정과 꼼꼼한 편집으로 좋은 책으로 출판해준 이명권 열린서원 대표에게도 크게 감사드립니다.

2022년 10월
박한식

CONTENTS

1. 안보 패러다임에서 평화 패러다임으로

　안보는 하나는 살고 하나는 죽습니다. 안보의 적과 적 관계는 둘 다 살 수 없습니다. 그러나 평화는 서로 다 살게 되어 있습니다. 그런데 평화적으로 우리가 살자고 하는 것, 그것이 4·27에 분명히 아주 구체적으로 명시돼 있습니다. 우리는 전부 다 '안보 병'에 걸려 있습니다. 안보 병에 걸린 건 역사가 깊습니다. 사실은 인류 역사가 생기고 나서 지금까지 병이란 병은 전부 안보 병으로 변했습니다. 그것은 살기 위해서 그랬어요. 안보를 하려고 하니까 문제가 있어야 되고, 무기가 있어야 되고, 그래서 또 지켜야 됩니다. 그러면 '무기가 많아야 안보가 있다' 이렇게 됩니다.

　인류의 역사가 수천 년, 이천 년 이렇게 넘어오는데 근래에 와서는 냉전이 도래했지 않습니까? 2차 대전 후의 냉전 때는 진짜 안보 병이 온 세계에 만연되었습니다. 냉전 이라는 것은 말하자면 차갑고 차가운 전쟁 아니에요? 무기 경쟁입니다. 냉전은 그래서 구소련과 미국이 중심이 되어서 무기 경쟁을 했지요. 미국이 1945년에 핵무기 실험 하고 나니까, 소련이 또 가만히 있을 수 없어서 아마 54년 이때에 핵무기 실험했을 거예요.

　그 다음에 핵무기를 그냥 저장하지요. 상대방보다 더 많게 가지는 것을 목표로 했습니다. 핵무기는 그렇게 수천 개 필요가 없습니다. 그런데 지금 미국이나 러시아가 각각 수천 개씩 핵탄두를 가지고 있습니다. 그러한 안보병에서 못 벗어나고 지금 이렇게 오고 있습니다.

2차 대전을 마치고 냉전이 끝나고, 구소련이 붕괴된 후 쭉 남아 있는 게 별로 없습니다. 중국은 공산화 됐지만 중국적인 공산화 그대로 되어 있고, 또 미국은 자본주의지만 전형적인 자본주의와 민주주의가 건전하게 잘되어 가고 있지도 않습니다. 그런데 가장 자본주의적이고, 나쁜 정부까지 포함해서, 또 가장 사회주의적인 이 두 가지가 한반도에 있습니다. 한반도에 그냥 살아 있습니다. 그래서 이제 우리가 평화를 만들기 위해서 이것을 조화시켜야 하는데 그 방법 하나가 다른 하나를 붕괴시키고 파괴시키는 게 아니라 서로를 조화시키는 게 중요합니다.

그래서 제가 변증법적 통일론이라는 것을 지금까지 주장해오고 있습니다. 그것이 무엇이냐면 평화라는 것은 분쟁이 없고 전쟁 안 하는 것이 평화가 절대 아닙니다. 평화는 조화입니다. 하모니, 조화입니다. 평화의 조화라는 것은 이질과 이질을 조화시키는 것입니다. 그렇지 않습니까? 악기도 다른 악기들끼리 다 소리를 내서 조화를 이루는 거예요.

더 높은 차원의 동질성을 추구하는 것이 조화입니다. 그래서 이질이 없으면 동질은 상상조차 할 수도 없습니다. 그래서 저는 남북이 이렇게 많이 이질적으로 되어 있는데, 개인주의고 집단주의고, 민족주의고 세계주의고, 자본주의고 사회주의고, 사유재산이 있고 사유재산 없고, 이런 여러 가지 차이점을 조화시킬 수가 있다고 생각합니다.

하나하나 우리가 따지고 조화시키는 그것을 통일 정부에서 해야 되고, 통일 과정에서 해야 됩니다. 통일 교육은 바로 그것을 찾아내는 역할을 해야 됩니다. 통일 교육은 지금부터 해야 되는데 남북의 차이점을 어떻게 우리가 조화시킬 수 있겠느냐 하는 것입니다. 조화시켜야 된다는 것을 6·15협의에 처음으로 했습니다. 2000년 6월15일, 김대중 대통령과 김정일 위원장이 만나서 협의한 것 이것이 6·15 아닙니까?

6·15 거기에 아주 묘한 얘기가 있습니다. 그 협의서 1장은 원칙적으로 우리 민족들이 해야 된다는 거고, 2조의 '6·15 협의서'를 보면, 남쪽에서 주장하는 연합제도와 북쪽에서 주장하는 낮은 단계의 연방제도가 서로 공통성이 있다고 했습니다. 공통점이 아니고 공통성이 있다는 것을 인정하고, 이런 측면에서 우리가 통일을 추구해야 된다고 되어 있습니다.

그러니까 연방제, 낮은 단계의 연방이나 연합이나 국가가 다 따로 있습니다. 미국을 연방제라고 그러는데, 제일 처음에 13주가 나라 같은 그런 역할을 했지요. 그러다가 합중국이 생기고 했지만. 이때 중요한 것은 각각의 체제의 그 다양성을 인정하고 그것을 서로 받아들이고 존중하고, 그러면서 더 큰 공동체를 만드는 것이 연방제입니다. 또 그것이 연합주입니다. 그런 걸 보면 남북한이 근년에 와서 과거 한 이삼십 년 이렇게 해서 통일 아이디어를, 통일 개념을 찾아내고 합의해가지고 끌어안고 악수하고 했는데 그게 엄청난 일입니다. 이질과 이질을, 이질적인 제도와 사상에도 불구하고 그랬습니다.

합의문에 보십시오. 2장에 이질적인 제도와 이념에도 불구하고 우리가 서로 받아들이고 존경하고 서로 신뢰하고, 그래야 된다고 했거든요. 그게 뭐냐면 피스 패러다임의 본질입니다. 피스 패러다임, 그러니까 안보 패러다임이 아니고 피스 패러다임입니다.

어느 세계도 이런 식으로 하려고 한 적이 없습니다. 얼마나 우리 민족이 훌륭합니까? 잘못한 점도 많지만 우리가 변증법적이라는 것은, 그것만 해도 한 시간 이상이 필요합니다만 변증법이라는 것은 서로 자기의 모순을 이해하는 모습입니다. 모순을 인정하고 모순을 극복해야 합니다. 한국은 한국의 모순을 극복하고 북은 북의 모순을 극복해야 됩니다.

한국의 모순은 빈부 차이입니다. 누가 봐도. 미국의 모순도 빈부 차이입니다. 그거 관리를 못 합니다. 그러니까 착취가 생기고, 칼 마르크스가 사회주의를 만들 때 바로 그것 때문에 사회주의가 자본주의를 극복해야 된다고 얘기를 했지요. 그런 식으로, 우리가 남과 북에 큰 이질성이 있지만 변증법적으로 생각하면 동질화될 수가 있습니다.

자, 집체와 개인을 봅시다. 북한에서 나온 말이, '하나는 전체를 위하여 전체는 하나를 위하여' 이런 말이 있습니다. 그 얼마나 그럴 듯한 말인지 생각해보십시오. 하나가 없는 정치는 정치로서의 힘도 없고 의미도 없습니다. 또 전체가 없는 하나는 그 맥락을 떠나면, 물고기가 물 밖에 나오면 살지 못하는 것처럼, 전체의 맥락을 떠난 개인들은 살지를 못합니다. 그러니까 개인과 전체, 하나와 전체, 이것은 서로 의존 관계에 있다는 것입니다. 그게 변증법적이고, 그게 동양에서 우리가 잘 아는 음양 사상입니다. 그늘이 있어야지 햇빛이 있고, 빛이 있어야지 그늘이 있는 그 음양사상이 바로 변증법 사상입니다. 그래서 하나하나를 보면 개인주의, 집체주의도 마찬가지고 또 사유재산과 공유재산도 마찬가지죠.

공유재산도 있어야 됩니다. 사유가 되지 못하는 재산이 있습니다. 성질상으로. 예를 들면 공기가 사유가 됩니까? 사유가 되지 못합니다. 평화도 사유가 되지 못합니다. 그러니까 자연 이런 거, 또 지구 이런 것은 사유가 되지 못합니다. 그래서 우리 통일 정부를 우리가 만든다고 하면 땅은 공유하는 것이 옳다고 생각합니다. 땅 때문에 얼마나 많은 부조리가 일어납니까? 사람 죽을 때 땅 가지고 죽습니까? 그 삶의 부조리만 다 만들어놓고, 그게 땅을 개인이 사유화하게 해서 문제가 있는 것입니다.

그래서 남과 북을 우리는 이 가치관이 다른 것 같지만, 하나하나 찾아보면 가치관이 같게 만들 수가 있습니다. 인간의 욕망과 인간의 욕구를 구별해 볼까요? 욕망은 하고 싶은 것이고 욕구는 꼭 필요한 것이고, 또 욕망은 더 가지고 싶은 것이 욕망이지요?

욕구는 공유가 되어야 됩니다. 욕망은 사유가 되는 게 옳습니다. 그래서 건전한 경쟁을 하고 하면 창의성도 생기고 과학적 발전도 많이 하게 되지요. 그래서 욕망은 사유의 범주에 두고, 욕구에 해당하는 거, 농산물이나 밥이나 이런 건 욕구입니다. 그리고 평화나 안보나 이런 게 전부 다 인간이 원하는 건데, 그런 것은 공유가 되어야 하는 것이기 때문에 사유화가 되지 못합니다.

그래서 이제 우리가 공유, 사유 이것을 잘 조화시키면서 통일정부 연방정부를 만들어야 합니다. 그 연방 정부를 만드는 데 북쪽의 한 절반을 가져오고 남쪽의 한 절반 가져오고 그렇게 하면 안 됩니다. 어떻게 됩니까? 그러니까 물과 기름의 관계인데 섞이지 않습니다. 그렇기 때문에 이걸 우리가 조화를 시킬 때 좀 더 이론적이고 고차적이면서, 음양사상이나 변증법적인 논리나 이런 걸 가지고 통일이론을 만들어야 됩니다. 또 우리 민족은 만들수가 있습니다. 우리 민족들이 굉장히 우수한 민족입니다.

그래서 우리가 남북통일과 남북 평화로 살릴 수 있는 방법을 세상에 보여주면 이건 우리만 위하는 게 아닙니다. 인류 사회가 꼭 필요한 것입니다. 우리 통일의 과제가 인류사회에 다 필요합니다. 중동도 그렇고, 유럽도 그렇고, 미국 내에도 그렇고. 미국이 안 되는 것이 이것을 조화 시키지 못해서 그렇습니다. 우리 민족이 이 엄청난 모순을 조화시키는 방법을 만들어서 이세상에서 참 멋진 그런 통일 방법을 우리가 창조하여 이것이 세계의 스케일로 번지게 해야 됩니다.

전염병이 퍼지는 것처럼 우리의 평화 패러다임이 한반도에서 시작해서 남북이 통일되는 그 모범적인 모순을 가지고 세계의 모든 문제를 해결할 수 있습니다. 현재 우리가 가지고 있는 지구의 문제를 다 해결할 수가 있습니다.

대한민국과 조선민주공화국이 통일되는 데는 제3의 정부가 필요합니다. 제3의 정부가 곧 연방정부입니다. 연방정부가 평양에 있는 것도 아니고, 서울에 있는 것도 연방 정부가 아닙니다. 그건 주정부에 해당하는 거고, 연방 정부가 미국에 생긴 것처럼. 그래서 북에서 얘기하는 것이 낮은 단계의 연방정부입니다.

그럼 연방정부가 가지고 있는 권한은 별로 없습니다. 우리도 제3의 정부를 만들면, 국방과 외교 같이 제일 중요한 두 개는 평양에서 그대로 가지고 있고 서울에서도 그대로 가지고 있어야 됩니다. 그러나 문화적인 것, 경제 교류하는 것, 또 정치 문제를 해결하는 이런 것은 반드시 평양식으로만 또는 서울식으로만 해서 되는 것이 아닙니다. 그런 것은 낮은 단계의 연방의 국력으로서 국가의 권한이 별로 없는 것입니다.

그래서 6·15가 그렇게 묘미가 있고 아주 지혜로운 거라고 생각이 듭니다. 그리고 아까도 말씀드렸지만 노무현 때 10·4 선언은 그게 제도의 이질과 이념의 이질을 서로 받아들이고 서로 존경하자는 것 아닙니까?

그게 바로 피스 패러다임입니다. 우리 민족이 그것을 하자고 2007년에 합의했지 않습니까? 그 전에는 북에서 원자폭탄 실험도 하고 해서, 그래서 같이 손잡고 아주 멋지게 시작을 하려고 했는데 그것도 안 됐지 않습니까? 이렇게 오래 세월이 가고도 왜 안 됐느냐? 그 설명은 많지만 저는 미국의 과오와 죄가 크다고 생각합니다.

이 남북의 물과 기름을 조화시키기 위한 연구를 해야 됩니다. 연구는 어디서 하느냐? 대학과 학계에서 해야지요. 그래서 두 체제가 평양과 서울 체제가 먼저 합의해서 같이 공동 프로젝트를 하나 꼭 해야 되는데 그것이 대학을 만들되 평화대학을 같이 하나 만들어야 됩니다.

미국도 연방정부가 만들어지는 게 굉장히 복잡하지요. 그거보다 복잡한 게 우리 문제입니다. 그런데 그것을 만들기 위해서 영국의 청교도들이 들어오면서 가지고 온 것이 대학교를 만드는 겁니다. 그래서 만든 것이 지금 우리가 아는 하버드대학교입니다. 생각해보십시오. 하버드대학교가 1636년 그때 만들었습니다. 그때 만들어가지고 미국의 '파운딩 파더스'라고 하는 사람들을 다 배출시켜가지고 어떤 정부를 만들까? 어떤 사회, 어떤 문화를 만들까? 이렇게 생각했습니다. 그런데 기본적으로 기독교 국가를 만들자고 생각했죠.

그런데 우리는 개성이나 이런 곳에 남과 북이 손을 잡고 평화대학을 같이 만들면 이건 진짜 세상에서 찾아볼 수 없는 평화대학이 될 수가 있습니다. 여기에서 평화와 연방정부의 헌법을 초안해야 됩니다. 언제? 지금 곧 시작해야 됩니다. 그래서 이 두 체제에서 지금 대학교를 같이해서 사회주의와 자본주의를 조화시킨 그런 이념을 우리가 창조를 해야 됩니다. 왜냐하면 사회주의와 자본주의는 지금 자꾸 뭐랄까, 그 차이가 없어집니다. 미국에 얼마나 사회주의적 요소가 큽니까? 요새 코로나 바이러스 때문에 사람들이 저렇게 많이 죽어가고 하니까 미국에서 금방 사회주의를 벌였습니다. 많은 돈을 세금으로 해가지고 사람들한테 다 주자, 그게 사회주의지요. 개인이 돈 낸 걸 갈라 먹는 거, 그게 사회주의지요. 그게 지금 대단히 흥행합니다. 유럽은 말할 것 없고, 북부 유럽은 지금 완전히 사회주의적인 요소가 있습니다. 또 사회주의 국가는 자본주의의 요소가 많습니다. 지금 러시아는 경제적으로는 자본주의입니다. 중국도 경제적으로는 거의 100% 자본주의입니다. 그러니까 공산주의, 사회주의가 자본주의화 돼가고 되어왔고 앞으로도 될 거고, 또 민주주의와 자본주의는 사회주의가 되고 또 공존하는 그러한 주의가 되는 겁니다.

그리고 문재인 전 대통령은 2018년에 평양선언을 했는데, 그게 4·27 선언이 됐지 않습니까? 4·27 합의한 거 보면 모든 분야에서 남과 북이 같이하자는 거예요. 경제도 공동 번영을 위해서 하자, 공동으로 뭘 하자 이러면 하는 방법이 생깁니다. 개성공업단지 보십시오. 북에는 없고 남에는 사유재산 있고, 그래도 경영이 됩니다. 두 쪽이 다 만족합니다. 얼마든지 우리가 할 수 있습니다. 개성 같은 정부와 경제체제를 만들면 됩니다.

그래서 이렇게 통일은 먼 데 있는 것이 아니고, 이런 식으로 한 발자국 한 발자국 해나가면서 앞으로 대학을 하나 만들어가지고 그 대학교에서 연방정부 헌법의 초안을 만들라는 것입니다. 북한 학자들, 남한 학자들, 해외 학자들이 힘을 합쳐야 합니다. 제가 해외에 있기 때문에, 그 해외에 대한 애착을 느낍니다. 800만이 해외에 살고 있는데, 세계에서 제일 큰 대치된 나라가 중국과 미국으로서 여기에 각각 우리가 250만씩 있습니다. 그리고 온 세계에 없는 데가 없습니다. 지금 우리가 줌 강의를 제가 하고 있는데, 보니까 독일에서도 오셨고, 핀란드에서도 오셨고, 뭐 아세안은 말할 것도 없습니다. 그렇게 우리가 다 할 수 있는 것처럼 말입니다.

이와 같은 통신의 기술이 있고 통신의 기구가 있기 때문에 해외에 있는 사람들이 연방정부 만드는 데 적극적인 역할을 할 수 있고, 그 역할을 할 수 있는 위치에 있습니다. 해외에 있는 저는 조국이라는 것을 못 봤어요. 어릴 때, 6.25사변 근방에 살았어요. 왜냐면 제가 조국에서 났는데 중국에 할아버지가 이민가고 하실 때는 조국에 있었습니다. 통일된 이조시대 말기에 조국에 있었습니다. 그리고 일제 지배를 받았지만 그래도 조국 전체가 일본 식민지가 되었습니다.

1945년에 분단이 되어버리니까, 남과 북이 죽의 장막이 되고 철의 창막이 되었어요. 우리가 조국을 잃어버리고 사는 것은 마치 저와 지금 강의를 같이 듣고 계시는 여러분들도 조국이 없는 사람들입니다. 얼마나 조국 없는 것이 불행이며, 세계에서 사람 같은 대접을 못 받습니까? 조국이 힘이 있어야지 국력이 있고 국력이 있어야지 해외에서 사는 동포들이 맥을 쓰고 삽니다. 기를 펴고 삽니다.

그래서 남과 북은 분단되어 있지만 통일을 하면 이 800만 해외동포들한테 조국을 갖다 주는 것입니다. 이 사람들이 조국이 있어야 되는 그러한 위치에 있습니다. 뭘 잘못했다고 조국을 다 빼앗겨 버렸습니까? 그러니까 우리가 지금 필요한 것은 국내외 문화혁명, 안보 병에서 평화로 나갈 수 있는 문화의 전환, 이 전환에 몰두를 하고, 또 구체적으로는 남과 북이 4·27, 10·4 공동성명, 6·15 여기에 부합되는 남북관계를 만들어 공영 공생하자는 거예요.

안보는 하나만 살고 하나는 죽습니다. 안보논리로는 적과 적 관계가 되어 둘 다 살 수 없게 되어 있어요. 그러나 평화는 서로 다 살게 되어 있습니다. 그런데 평화적으로 우리가 살자, 전쟁 말고. 그것이 4·27에 아주 구체적으로 명시되어 있습니다. 그게 과거 문재인 대통령이나, 김정은 위원장의 업적이라고 볼 수 있습니다. 우리는 해외에 있지만 조국의 발전 상황을 잘 관찰해서 거기에 부합되고, 더 나아가서 우리가 남과 북이 같이 합하면, 원자탄을 가질 수 있는 국가입니다.

얼마나 힘이 있습니까? 경제적, 과학적, 정치적으로도 상당한 지혜로운 그런 민족입니다. 이런 데서 우리가 민족의 긍지를 찾아야 해요. 민족의 긍지를 무기 만드는 데서나, 자동차 만드는 데서나, 컴퓨터 만들고, 뭐 이런 거 해가지고는 민족의 긍지를 나타낼 수 없습니다. 민족의 긍지는 긍지를 가진 문화 바탕으로 한 의식구조와 사상 체계를 가지고 세상에 내보내야 합니다. 그것을 위해서는 우리 학생들은 물론 2세, 3세 학생들도 이러한 공부가 필요합니다. 어느 기회에 제가 2세, 3세들 위해서 강의를 이런 식으로 한 번 했으면 좋겠습니다.

2. 우크라이나 사태의 시사점, 격동하는 새 세계질서

　오늘 어마어마한 제목을 제가 약속했습니다. 새 세계질서의 태동, 움직임입니다. 굉장히 중요한 것인데 과거 50년 이상 동안 국제 사회에 여러 가지 전쟁, 혹은 전쟁과 비슷한 그런 별난 게 있었습니다. 하지만 이번에 우크라이나만큼 그 중요한 시사성을 심각하게 가지는 것은 없었습니다. 누가 왜 했느냐? 그것은 말싸움 이예요. 말싸움 해본들 현실적으로 소용없습니다. 지금 현실이 뭐냐? 우크라이나 전쟁이 일어나고 있습니다. 러시아가 모든 면에서 후진국이라고 볼 수 있는, 군사력도 별로 없는 우크라이나와 전쟁이 붙었습니다. 과거에는 전쟁이 그런 사회에 일어날 수가 없었습니다. 전쟁이 왜 붙게 되었느냐? 우크라이나 뒤에서 미국을 중심으로 나토 나라들과 이웃나라들 전부 거기에 적어도 도덕적으로 지지(moral support) 하거든요.

　그리고 말할 수 없는 많은 무기를 지금도 제공받고 있습니다. 미국도 무기는 주지요. 사람 한사람은 가지 못할 것입니다. 무기를 많이 주는데, 그것도 요새 보면 무기대여법이라는 것이 생겨서 무기를 빌려도 줘요. 그러니까 집을 사는 방법도 있겠지만 월세, 전세로 사는 방법처럼 무기도 월세, 전세로 빌려가는 그런 모습까지 하고 있어요. 왜냐하면 우크라이나 같은 약소국에서 돈이 없어요. 무기를 구입할 돈이 없으니까 이 다음에 갚으라. 어떤 식으로 갚으라. 그런 식으로 하면 그 약소국은 식민생활을 면할 수가 없습니다. 이제 그런 식으로 국제사회가 있는 사람과 없는 사람에 의해 과거처럼 식민사회, 식민문화로 지금부터 나타나기 시작합니다. 그런데 우크라이나에서 우리가 볼 수 있는 것은 그 힘없는 나라가 러시아하고 붙었습니다. 그리고 미국 언론만 보면, 지금 이 전쟁은 다른 전쟁이 아니고 프로파간다 전쟁입니다. 실질적으로 경제력이나 군사력이나 이걸 서로 비교하면서 전쟁하는 게 아닙니다.

서로 악마화 시키고 언론과 지도자들에 의한 프로파간다 전쟁이라고 우리는 봐야 됩니다. 그리고 러시아와 우크라이나는 경제력과 무력으로 다툰 거보다도 서로 민족성을 가지고 다투게 됩니다. 그러니까 민족이라는 것이 굉장히 중요한 국제사회의 변수로 나타나고 있습니다. 미국은 민족을 앞장 세우지 못합니다. 왜냐하면 민족국가가 아니니까요 그래서 그런 점이 있지만 결국은 민족이 앞에 나오는 그러한 역사적인 시점에 지금 온 것 같습니다. 거기에서 시사해 주는 점이 많고, 남북관계, 북미관계도 그렇습니다. 북에서 하는 민족주의와 또 우크라이나 이런데서 볼 수 있는 민족주의와 그런 것을 비교해서 우리가 좀 정책결정에 참고해야 될 것 같습니다. 우크라이나 사태 이것은 결국 안보가 누가 더 튼튼하게 되어 있느냐? 안보패러다임에 의한 안보경쟁에 불과합니다. 인류의 역사가 지금까지 2000몇 년 동안 안보에 의해서 경쟁과 전쟁을 다했지 않습니까? 2차 대전 이후 냉전이 되는 안보문화가 온 세계를 흔들지 않았습니까? 안보문화에는 크게 한두 가지가 있습니다.

첫째, 안보문화에는 불신이 제일 중요한 요소입니다. 인간사회에서 서로 신뢰 못하도록 하는 것이 안보문화입니다. 불신만 하는 게 아니고 상대방을 도덕적으로 법적으로 전부 상대방을 경멸하지요. 그래서 자기가 잘났다는 것을 나타내는 것보다는 상대방이 못 쓰겠다 하는 것을 중심으로 하는 것이 안보문화입니다. 그리고 안보문화는 모든 것을 군사력에 의해서 해결하려고 합니다. 그래서 안보문화가 나오면 군산복합체가 득세를 하게 됩니다. 미국의 안보문화는 바로 군산복합체를 만들었고 군산복합문화가 미국의 외교정책에 의해서 지금까지 온 세계에 파생이 되고 있습니다. 그 중에 가장 전형적인 희생이랄까? 그 목표가 대한민국이었습니다. 그런 것도 우리가 생각을 하면 안보를 위한 전쟁에는 승자가 없습니다. 다 패자일 뿐입니다. 거기에는 죽음과 파괴 밖에 없습니다.

안보를 목적으로 하는 그런 전쟁은 백해무익한 것입니다. 절대 이기지도 못합니다. 그러니까 지금 우크라이나 전쟁은 승패가 결국 한쪽으로 가지 못하는 그런 전쟁입니다. 그래서 승자가 없는 전쟁인데 그러면 이제 어떻게 갈 것이냐? 둘 다 같은 민족주의이지만 서로 반대하는 그런 민족주의가 되었지요. 그렇게 되면 서로 경멸하고 서로 악마화 시키고 이렇게 하는 가운데 민족이라는 것이 하나의 국제사회의 중요한 변수로 나타나게 됩니다. 그러면 우리 한국의 남북관계에서 민족이라는 개념이 어떻게 외교정책이나 국내정책에 역할을 하는가 하는 것은 우리가 생각을 해야 될 것입니다. 민족전쟁이나, 지금 우크라이나 전쟁이 안보를 추켜세우는 전쟁입니다. 그런데 이 우크라이나 전쟁을 평화적으로 만들려고 하면 평화패러다임을 소개해야 됩니다.

평화패러다임은 안보패러다임하고 정반대입니다. 그런데 우리는 안보얘기는 많이 하는데 평화얘기는 하지 않습니다. 평화라는 것은 화평, 중국말로 평평한 데에 화해하는 것, 그러니까 천개다리에 어떤 높이 있고 낮게 있는 것이 아니고 평평한데 있는 그 관계가 평화입니다. 그러니까 말하자면 평등권이 중요한 것입니다. 평등을 추구하는 사회, 평등을 추구하는 지구촌이 아니면 평화가 없습니다. 지금까지 안보나 이런 것 경제력, 더구나 군사력에 의해서 종적인 질서를 유지했습니다. 그렇게 보면 우리가 평화적인 평면적인 진정한 의미에서 평화는 우리가 경험한 적이 없습니다. 냉전으로 우리 수십 년 지났지 않습니까? 냉전에는 세계질서가 없었습니다. 그러니까 종적으로 지배와 명령과 추종과 그것만 제1세계, 소위 민주주의 자본주의 세계에 있었고, 또 사회주의 공산주의 세계도 주종으로 있었습니다. 그 둘 사이에는 전혀 소통이 없는 그런 상황, 철의 장막, 죽의 장막이었습니다. 제1세계라고 하는 것은 자본주의 민주주의 이쪽에 있고 그래서 학문적으로도 전혀 교제가 없습니다.

그런데 우리가 사회주의를 비판하고 하지만 사회주의의 원조인 칼 마르크스를 공부 합니까? 서울에서 칼 마르크스를 합니까? 저는 서울대학을 나왔지만 칼 마르크스의 말도 안 들어 봤습니다. 그만큼 우리는 서로 소통이나 대화도 되지 않고, 학문적인 교류도 되지 않은 그런 안보문화에 휩쓸려 있었습니다. 그렇게 있으면, 모든 나라를 겨냥해서 총부리를 대고 군사적인 대결을 할 것입니다. 지금 조선민주주의인민공화국이 그 대국인 미국을 겨냥해서 주적이라고 해서 지금 그렇게 하지 않습니까? 그게 말이 안 되는 게 아닙니다. 사실은 북에서 무기 같은 것을 개발하고 하는데 미국이 많은 신경을 쓰게 되고 또 북에서 개발하는 무기가 이 세계에서 미국도 아직 잘 개발하지 못하는 그런 무기도 개발해서 생산도 하고 있습니다. 그것을 누가 제일 두려워하느냐? 미국이 제일 두려워합니다.

미국이 안보문화에 있었기 때문에 미국은 과거에 만든 무기, 지금 있는 무기를 될 수 있는 대로 헐값에 팔아서 군산복합체 돈 벌어주는 게 그렇다고 하면, 북조선 같은 데서는 새로운 무기를 개발하지요. 미국에도 없는 초음속 비행무기 같은 것 개발하고, 여러 가지 질적으로 우수한 무기를 개발하는데, 미국은 그 점에서 뒤지고 있습니다. 왜냐하면 안보 때문에 뒤지고 있습니다. 안보로 하면 무기에 의해서 서로 파괴가 됩니다. 약한 나라 작은 나라, 예를 들어서 조선민주주의인민공화국, 우크라이나 이런데서 군사적으로 막대한 큰 나라에 도전하는 그런 상황이 일어나고 또 도전하게 되면 다른 나라가 음으로 양으로 돕는데, 주로 음으로 다 돕습니다. 지금 나토나라들이 미국을 포함해서 우크라이나에 많이 무기를 제공하고 있지 않습니까? 무기를 많이 제공하는 것은 무슨 얘기냐 하면 군산복합체가 경제를 움직인다는 얘기입니다. 그래서 무기를 제공하는데 누구 돈으로 산 무기입니까? 국민의 세금으로 만든 게 아닙니까? 거기에는 본전이 없습니다. 그냥 팔아버리면 됩니다. 왜냐하면 밑천이 얼마 들었다는 계산도 못합니다.

그런 의미에서 군산복합체가 앞장서서 무기경쟁을 하는 데는 평화가 있을 수 없습니다. 끝까지 군사문화라는 것은 항상 흑백문화입니다. 군사문화는 적과 아군이 없으면 군사문화가 안되지요. 적이 없는 군대가 있을 수 없지 않습니까? 주적이라는 말을 자꾸 써서 야단인데, 그러면 남에서 북을 주적이라고 한다? 대통령 당선자가 그런 얘기도 최근에 했데요? 주적이라고 하면 결국은 없애야 됩니다. 주적은 항상 악마화 시키는데, 악마는 이 세상에 살면 안 됩니다. 기독교에도 "원수를 사랑하라"고 했지만 악마를 사랑하라는 말은 없습니다. 악마는 죽여야 됩니다. 악마화 시켜놓고 그다음에 갖다 죽이는 것입니다. 드론을 띄워서 어떤 식으로 암살을 하든가 그럽니다.

그리고 학살 같은 것, 대학살 같은 것도 얼마든지 나오지요. 프로파간다 전쟁이라고 제가 그랬는데, 러시아가 무기를 써서 민간인, 아이들, 부녀자 죽이는 것을 자꾸자꾸 보도 합니다. 보도를 하고 그 과정에서 푸틴만큼 악마적인 존재가 이 세상에 없다. 그렇게 얘기를 자꾸 하지요. 그래서 원조를 하고 무기를 보내고 하는 걸 전부 다 정당화시키기 위해서 그렇습니다. 그런데 이제 북에 대해서는 남쪽에서 주적이라고 함으로써 지금까지도 북을 악마화 시켰지요. 그 악마화 시키는데 주된 역할을 계속 한 것이 국가보안법이지요. 그런데 남북의 평화가 하루라도 일찍 오기 위해서는 아무것도 안 해도 괜찮습니다. 국가보안법을 폐지해야 됩니다. 그것을 하지 않으면 북을 주적으로 해야 되고 거기에는 전쟁을 피할 수 없습니다. 새로운 정부가 대한민국에서 나왔는데 무엇보다도 국가보안법을 없애고 주권으로서 군사통제권을 회수 받아야 됩니다. 민족적인 국가인데, 민족정치가 없습니다. 그래서 그것은 우리가 남북관계에서 서로 격려도 하고 배워주고 배우고 이렇게 해야 될 것 같습니다.

아무튼 새로운 평화패러다임이 주가 되는 그런 세계문화가 나와야지 새로운 세계질서가 들어서게 됩니다. 세계질서라는 것은 종적인 질서가 돼서는 안 됩니다. 횡적인 평면적인 그러한 평등성이 있는 차원에서 우리가 남북관계도 그렇게 만들어야 합니다. 세계질서는 평화질서를 가지고 만들어야 되는데 평화라는 것은 지배가 아닙니다. 지배하는 것이 평화가 아니지요. 그래서 나오는 것은 안보의 결과이지요. 안보는 항상 더 죽이고 더 파괴하고 해야만 되는 것이 안보문화입니다. 그러나 평화문화는 이질과 이질이 조화되는 데에서 평화가 있습니다. 조화라는 것은 이질이 없으면 조화라는 말이 되지 않습니다.

이 세상에서 차이가 많은 것이 남자와 여자와 차이가 많지 않습니까? 여자 남자는 우선 질적으로 다르니까. 거기에는 평화가 있지요. 평화가 있기 때문에 사랑이 있고 사랑이 있기 때문에 창조가 있고, 아이들이 가정에서 나오지 않습니까? 그래서 가정이 그렇게 중요하다는 것이지요. 대한민국이 이혼율이 그렇게 많은 데에 대해서 저는 말할 수 없이 착잡한 마음을 느낍니다. 그래서 우리가 평화를 옳게 정의 하자면 더 높은 차원에서 동질성을 구현시키는 것이 평화입니다. 무엇을 가지고? 이질성을 가지고요. 이 세상에서 굉장히 중요한 평화를 우리 조선반도 한반도에서 만들 수 있습니다. 왜냐? 한반도의 체제는 제도도 그렇고, 문화도 그렇고, 의식도 그렇고, 정책도 그렇고, 전부 다 극과 극입니다. 남북이 차이가 큽니다. 크기 때문에 주적이라고 보는 것은 아주 잘못된 생각이고 어리석은 얘기입니다. 이렇게 차이가 있는데도 불구하고 근본적으로 같은 것은 '우리'가 또 있지 않습니까? 그게 언어 아닙니까? 언어, 의식구조. 그 여러 가지 개념들이 있는데 그 중에 남북이 동질성을 가진 어버이라는 개념. 얼이라는 개념. 그런 것은 우리말 밖에 없습니다. 그래서 남북이 이렇게 차이만 있는데, 차이만 보고 개탄할 것이 아니고 그 차이를 조화시키는데서 힘이 나오는 것입니다. 수소폭탄, 원자폭탄도 그렇고 서로 조화될 때, 붙을 때 힘이 나오는 것입니다. 그래서 우리는 남북을 볼 때, 우크라이나사태를 보면서 둘 다 같은 민족이므로 싸워서 안 됩니다. 말다툼을 하더라도 때리고 죽이면 안 됩니다. 가족이기 때문입니다. 이 세계에는 가족이 제일 중요합니다. 우크라이나를 볼 때는 제일 희생자가 뭡니까? 가정입니다. 거기에 아이들 다 두고 또 아이들은 따로 가고, 부모들도 따로 가고 이산가족을 만들었지요. 매일 말할 수 없는 이산가족이 나오고 있습니다. 이산가족을 두고 말하면 우리 민족만큼 아프게 경험한 민족이 없습니다. 이제 우크라이나에서 제일 희생당하는 것이 가족이라는 것을 우리가 중요하게 생각해야 됩니다.

그래서 우크라이나는 요즘 소위 지도자들이라고 하는 사람이 전부 다 나와서 무기 구걸하지 않습니까? 어느 국가에 무기를 구걸해서 국방을 하면 오래 가지 못합니다. 그래서 자기가 사용해야 되는 무기는 자기가 생산을 해야 됩니다. 무기적인 면에서 다른 나라에 의존하게 되면 모든 것을 의존하게 되고, 식민지국가로의 신세를 면할 수가 없습니다. 그것을 우리가 생각해야 됩니다.

평화로운 세계질서를 만드는데 우리가 앞장을 서야 되겠다는 것입니다. 평화가 중요한 것을 우리만큼 체험으로 아는 민족이 없습니다. 그래서 평화는 실존적으로 해석해서 조화인데, 조화하기 위해서 무엇을 해야 됩니까? 대화를 해야 됩니다. 대화가 없는 조화는 피상적인 것에 불과합니다. 조화라는 말에 대해 음악의 오케스트라를 보십시오. 오케스트라 리허설 할 때 다른 사람하고 다른 악기하고 맞추어 보고, 조화되도록 만드는 것입니다. 그런 것처럼 남과 북 혹은 러시아와 우크라이나가 평화적으로 안보의 틀에서 벗어나서 평화의 길로 가려고 하면 조화롭게 대화를 해야 됩니다. 그 대화가 뭐냐 하면 그냥 의견을 주고받는 것이 아닙니다. 대화에는 가치관이 교환되는 것입니다. 내가 어떤 가치를 가지고 있다하는 것을 보여주는 것입니다. 서로서로 그렇게 하면 상대방의 가치관을 알게 되고 그 사람을 알게 됩니다. 상대방의 돈이 얼마나 많으냐? 직위가 뭐냐? 총을 몇 자루 가지고 있냐? 이걸 가지고는 상대방을 이해할 수가 없습니다. 이해할 수 없는 인간과 인간 사이에는 평화가 있을 수가 없습니다. 그래서 우리가 평화를 위해서 대화를 해야 되겠다는 것입니다.

우크라이나도 그렇고 우리도 그렇고, 대화를 해야 됩니다. 그 대화라는 것은 가치관을 서로 교환하는 것입니다. 그러기 위해서 가치관을 가져야 됩니다. 가치관이 없으면서 가치관을 교환할 수 있습니까? 요새 사람들보면 미국이 주된 예입니다. 가치관이 없습니다. 제가 교편생활을 50년 했지만 미국에서 가치관을 가르치지 않습니다. 가치관을 가르치지 않으면 견해가 서지 않습니다. 견해가 서지 않으면 대화를 할 수가 없습니다. 대화를 하지 않으면 평화가 없습니다. 이 논리는 간단합니다. 그래서 우리는 교육을 할 때 가치관을 가르쳐야 됩니다.

민주주의가 뭐냐? 사회주의가 뭐냐? 우리식 사회주의가 뭐냐? 한국식 민주주의가 있다고 하면 어떤 식으로 나가야 되며, 미국과 다른 점을 어디에서 강조를 해야 되느냐? 이것을 공부하는 것이 정치의 공부입니다. 공부의 목적은 문제해결입니다. 지금 제일 중요한 문제가 전쟁입니다. 지금 지상에서 중요한 게 우크라이나 전쟁이고 남북관계 대치상태입니다. 지금 인류에게 던져다 주는 문제의식이 전쟁입니다. 전쟁이라는 문제를 우리가 해결해야 됩니다. 문제해결이라는 것이 뭡니까? 학문입니다. 지성들이 해야 되는 것이 문제해결입니다. 문제에 기름을 더 붓는 게 아니고 문제를 해결해야 됩니다. 전쟁에서 문제를 해결해야 되는 것은 안 죽이는 것입니다. 파괴를 하지 않는 것입니다. 그래서 휴전을 빨리 해야지요. 우크라이나에서 동쪽과 서쪽 사이에 분단이 될 것 같습니다. 많은 사람이 푸틴한테 충성하는 세력이 적지 않게 있습니다. 우크라이나는 동쪽 러시아에 가깝습니다. 그런 분단은 장벽입니다. 독일에서 장벽 무너뜨리는데 제가 장벽 돌도 가져왔습니다만 또 그 근방에서 장벽을 내어서 동부, 서부 이렇게 갈라서는 안 됩니다.

그렇게 안 되는 이유가 동독과 서독이 그때는 이념에 의해서 갈라졌거든요. 지금은 갈라설 이념이 없습니다. 러시아와 나토와 무슨 이념의 차이가 크게 없습니다. 지금 말로는 무슨 독재주의라 그러지만, 나토 독재주의나, 미국 대통령도 상당히 독재자입니다. 그래서 우리가 현실적으로 경험적으로 철저하게 공부를 하게 되면 러시아와 우크라이나 사이에 큰 차이점이 없다하는 것을 알게 되는데, 거기에 교통과 통신 그리고 이해타산도 해결돼야 됩니다.

새 세계질서는 일률적으로 종적, 양적으로 군사력과 경제력을 가지고 해결해서는 안 됩니다. 인간사회는 질이 중요합니다. 양보다 질이 중요합니다. 그래서 질에 의해서 차이가 있는 그런 사회들이 되어야 전쟁을 하지 않게 됩니다. 질은 여러 측면에서 다 찾아내야 됩니다. 경제, 정치, 문화에서 질을 찾고 학문에서 질을 찾아내야 됩니다. 질을 찾아낸다는 것은 곧 문제해결을 한다는 것입니다. 학문의 목적이 문제해결에 있습니다. 정치의 목적도 문제해결에 있습니다.

문명국가는 평화를 추구하고 창조해야 됩니다. 이 세상에서 그 창조를 가장 앞장서서 할 수 있는 민족이 우리 민족입니다. 왜냐하면 우리민족은 남과 북이 이렇게 첨예하게 대치하고 있지 않습니까? 차이가 있지 않습니까? 그러나 그 차이는 전부 다 사람이 만든 것입니다. 이념적인 차이고 개념적인 차이 일분, 원천적인 사회문화의 차이가 남북은 없습니다. 북에서는 우리식 사회주의며, 남쪽에는 미국식 민주주의가 될지 하는 것에 가치관의 차이가 근본적으로 있는 것이 아닙니다. 제도의 차이나 사람이 만든 선택의 결과로 그 차이가 됐습니다. 개인주의와 단체주의에서 북은 단체주의, 남은 개인주의 아닙니까? 민족주의와 세계주의로 볼 때, 북은 민족주의 남쪽은 세계주의 아닙니까? 북과 남이 배치되는 게 많습니다. 그런데 그러한 것을 우리는 극복해야 됩니다. 무시하고 서로 경멸하고 할 게 아닙니다. 남쪽은 북에 대해 집단적인 사회다, 민족적인 사회다, 주체사상을 한다, 사람을 중심으로 하는 사회라 한다면 그것을 우리가 존경해야 됩니다. 그 사람들이 얘기하는 가치관이 나쁜 게 하나도 없어요. 그 사람들의 여건에서 보면, 역사의 관점에서 보면 있을 법한 것입니다. 조선민주주의인민공화국처럼 저런 역사를 갖다 주면 저렇게 될 것입니다. 저렇게 되는 것이 잘된 것입니다. 남북관계도 그렇고 우크라이나도 그렇고 서로 이해를 하면 전쟁을 할 수 없다는 것입니다.

앞으로 경제관계, 정치관계 이 두 개만 봅시다. 경제관계는 여기에서 싸움이 일어나지 않습니다. 서로서로 득을 보게 됩니다. 요즘 경제관계가 중요하지요? 기름 값이 어떻고, 러시아에서 기름을 수출하지 않으면 그 여파가 나온다고 다 얘기를 하지요. 그런데 경제적인 문제는 국가와 국가가 서로 득을 봤으면 봤지, 대립이 되는 것은 아닙니다. 장사꾼들이 다 득을 보니까 시장에 가지 않습니까? 정치적인 관계에서는 반드시 상대방을 죽여야 됩니다. 상대방을 눌러야 됩니다. 정치라는 것은 머리가 두 개가 있어서 안 됩니다. 하나가 지배해야 됩니다. 그러니까 정치적인 관계를 기본적인 관계로 하지 말고, 경제적, 문화적, 학문적인 각 분야에서 남북관계도 그렇고 우크라이나 문제도 그렇게 해결해야 되겠다는 그런 생각이 드네요.

결국은 우리는 살아야지 죽어서는 안 됩니다. '우리'라는 것은 인류를 얘기하는 것입니다. 인류가 공동운명을 타고 났습니다. 다 사느냐 다 죽느냐 하는 것입니다. 환경문제를 보십시오. 전쟁 보십시오. 모든 것들이 전부 다 그렇습니다. 미국은 지금 가장 중요한 문제가 총기 남용하는 것입니다. 수십 명씩 죽이고 그렇지 않습니까? 자본주의국가나 독재주의국가나 생명에 대한 경계심을 우리가 가져야 됩니다. 그런 의미에서 생명이 중요합니다. 우리 문화에서 사람을 얼마나 중요하게 생각합니까? 우리 문화에서 사람이 사람값을 못하면 안 되지요. 우리 민족은 양심이라는 개념이 있습니다. 절대가치를 항상 머리에 두고 있습니다. "양심의 가책이 없나?" 그게 사회주의든, 민주주의든 간에 사람이 양심의 가책이 없이 살면 사회에서 용납 안 되는 것이 우리 민족입니다. 절대 가치가 있다는 것입니다.

평등 중에도 남녀평등이 우리만큼 있는 데가 없습니다. 미국의 평등이라고 말만 하지 실질적으로 남녀평등이 없습니다. 여자가 선거권을 가진 게 1920년도였습니다. 그만큼 남녀 간의 평등은 없습니다. 그런데 우리나라는 그렇지 않습니다. 우리나라는 어버이가 항상 같이 갑니다. 어머니가 얼마나 중요합니까? 옛날에 당나라, 수나라 있을 때 그 여자들이, 어머니들이 전쟁에 참가하고 그렇지 않습니까? 또 이름 두드러지게 유명한 애국자가 한두 명 입니까? 평등한 견지에서 봐도 세계에서 앞장서야 되는 선진국입니다.

선진국, 후진국을 절대 경제력이나 군사력으로 볼 때는 지났습니다. 이 세상에 서로 서로가 의존했기 때문에 경제력 가지고는 자랑할게 없습니다. 군사력은 더구나 없습니다. 작은 나라도 다 큰 나라와 전쟁을 할 수 있는 각오가 되어있고, 또 전쟁가능성이 얼마든지 있는 그런 역사로 접어 들었습니다. 양에 의해서가 아닌 질에 의해서 우리가 인간관계를 유지하고, 정책도 질을 잘 해야 되겠다는 것입니다. 건강을 사회에서 보장해주는 이런 것을 사회주의라는 이름으로 경멸해서는 안 됩니다. 사회주의보다 먼저 앞서는 것이 인간중심주의입니다. 대한민국 새로운 정부는 다른 건 몰라도 좀 혁신적인 정치의식을 만들었으면 좋겠습니다. 제가 볼 때 그 전망이 없습니다.

그래서 제가 결론으로 말씀드리면 정부 밖에서 우리가 남북통일, 남북평화운동을 얼마든지 할 수가 있고, 정부 밖에서 하는 것 밖에 없습니다. 정부와 정부는 평화나 통일을 추구하지 않습니다. 절대 하지 않습니다. 어느 사회든지 그 자리에 이권을 추구하는 것이 정치인들이지 그 '공동선'이라고 볼 수 있는 통일이나 평화를 추구하는 것은 정부가 아닙니다. 정부라는 것은 누가 무엇을 얼마나 갈라 먹는지 이걸 토론하고 정리 하는 것이 정치고 정치학입니다. 우리는 정치를 떠나고, 정부를 떠나서 남북관계를 추구를 해야 된다는 이런 생각을 철저하게 가지게 됩니다. 그러기 위해서는 정부를 떠나서, 정치를 떠나서, 보통사람들이 해야 되요. 보통사람들이 해야 되는데 남쪽에는 보통사람들이 누구입니까? 촛불을 드는 사람들이 보통사람입니다. 과거에 행주치마에 돌을 나르는 사람들 그들이 보통사람입니다.

남쪽에서 제가 억지로 과거에 있었던 말을 사용하면 민중입니다. 제가 4.19때 나가서 떠들고 할 때, 그때 민중이라는 개념을 썼는데 1960년입니다. 그렇게 중요한데 요즘은 민중이라고 얘기해보세요. 다 빨갱이라고 그럴 것입니다. 민중주의가 얼마나 민주주의인지 모릅니다. 민주주의, 민중주의 그리고 북쪽에는 인민주의, 인민이라는 특별한 개념을 저 사람들은 벌써 창조했습니다. 민중민주주의와 인민사회주의를 비교해 보면, 통일이 멀지 않다는 것입니다. 통일은 우리의 의지만 있으면, 바로 문만 두드리면 문이 열린다고 저는 그렇게 생각합니다.

3. 한미동맹과 통일

    한미동맹은 이게 동맹이 아니고, 한미 속국 관계 혹은 한미 식민 관계로 규정될 수 가 있습니다. 평양 정부와 서울 정부를 그대로 두고 제3의 정부, 연방 정부가 필요하다고 저는 철저하게 믿습니다. 경험적으로 볼 때 그거밖에는 없습니다.

■ 오늘 박한식 교수님의 인기를 정말 뜨겁게 느낄 수 있는 그런 자리인 것 같습니다. 저희는 오늘 미국 대선이 얼마 남지 않은 이 시간, 그리고 한미 동맹과 코리아라는 이슈에 대해서 어느 때보다도 간절한 그런 시기에 박한식 교수님을 모시고 아주 귀한 시간의 강의를 듣게 되었습니다. 오늘의 세 가지 토픽은 한미 동맹과 통일 전망, 그리고 미국 대선과 대코리아 정책, 마지막으로 피스메이커로서의 미주 동포의 역할, 이렇게 3가지 토픽을 다루도록 하겠습니다. 박한식 교수님이 일단 전반적인 토픽에 대해서 오늘 얘기하신 말씀에 대해 간략하게 말씀해주실 수 있을까요?

그럼요, 간략하게 말씀 드리지요. 그 첫째 제목부터 시작할까요? 그 첫째 제목이 한미 동맹과 그것이 우리의 통일에 주는 역할인데, 통일에 걸림돌이냐? 통일에 도움이 되느냐? 하는 중요한 문제입니다. 그건 제가 생각하기로, 한미동맹이라고 할 때, 동맹이라는 말은 한자로 같을 '동(同)'자 아닙니까? 그래서 비슷한 나라끼리 맺어지는 게 동맹인데, 한미동맹은 이게 동맹이 아니고, 한미 속국관계 혹은 한미 식민관계로 규정될 수가 있습니다.

그래서 현실적으로 볼 때 우리는 과학적으로 알아야 됩니다. 대략 전체적으로 보더라도 처음 한미동맹이 시작한 게 언제입니까? 6.25 사변 때입니다. 1950년에 이승만 대통령이 그렇죠. 누구한테 뭘 주었습니까? 동맹국이라고 미국에 준 것이 전시 군사 작전 통제권입니다. 이걸 주권 국가가 군사 통제권을 다른 나라에게 줘버렸어요. 그게 1950년에 생겼습니다. 그 후에 미군이 갔지요, 또 미군이 가고 나니까 농업정책 같은 것이 많이 있었지요. 또 저도 그중에 한 사람이지만 수많은 사람이 미국에 유학을 왔어요. 미국의 문화와 의식 구조와 미국의 생활 방법을 다 몸으로 익혀 가지고 한국에 대부분 돌아갔죠. 저는 못 돌아가고 여기에 55년 동안 살고 있는데, 그래서 그런 경험을 되돌아보면 한국과 미국의 관계라는 것은 다방면에서 일정한 관계가 형성되었습니다.

미국이 위에서 컨트롤하고 한국은 밑에서 따라오는 그런 대부분의 상황을 우리 역사에서 볼 수가 있습니다. 최근에는 좀 다릅니다. 앞으로는 더 달라야 합니다.

이 문제는 또 말씀드리겠습니다만, 그래서 이제 작전권을 갖게 되지요. 그 다음에는 제가 평양에 가서 깜짝 놀란 것인데, 황해도에 신천이라고 하는 곳이 있습니다. 신천에 가면 수천 명의 양민들을 미국 사람들이 학살했던 것을 알 수 있습니다. 미국 국민들이 저질렀습니다. 그리고 그렇게 주도했던 제일 높은 사람이 별 2개의 해리슨 매든입니다. 그 사람에 대해서 제

가 미국 국방부에 알아보니까, 그런 사람이 없대요. 모르겠습니다. 그건 잘
못된 정보인가 어떻게 잘못 되었는지 모르겠는데, 수백 명이 넘는 학살의
현장은 한두 군데가 아닙니다. 북한의 여러 곳에서 양민 학살이 자행 되었
던 것입니다. 상황이 이러했습니다.

양민 학살은 그 이유가 한가지입니다. 빨갱이라는 이유로 양민을 학살하
는 것입니다. 그 뿐입니까? 한국에도 마찬가지지요. 여수, 순천, 제주도
4.3, 물론 전두환 대통령 때, 1980년도에도 양민 학살이 있었습니다. 남쪽
의 노근리에서도 양민학살 있었지요. 세계 어느 나라에도 미국사람이 가서
그렇게 무자비하게 양민을 학살했던 전과와 기록은 별로 남겨두지 않고 있
습니다. 월남 전쟁 때에 미국이 가서 뭐 '오렌지 에이전트' 같은 걸 사용해
가지고 양민을 학살했다는 말이 있지만, 왜 이렇게 북한 사람들의 양민을
많이 학살 했는가 하는 것은 제가 볼 때 그것은 인종주의 때문입니다. 옛날
노예제도 때부터 인디언들을 다 몰아내고, 땅 뺏고 한 그때부터 인종차별을
굉장히 많이 하는 것이 미국의 의식구조입니다.

그래서 그 다음에 이제 중요한 얘기가, 물론 미군도 주둔 하고 했지만 중
요한 것은 북핵 사건이 일어난 것입니다. 북핵 사건이 일어나니까, 아! 이제
한국의 입장이 굉장히 곤란해졌어요. 북핵을 환영해야 되느냐? 비판해야
되느냐? 그 진영에 따라서, 이념적인 진영 경향에 따라서 입장을 다 달리하
고 했지요. 그래서 이제 북핵 문제를 다년간 이렇게 보게 되는데, 미국이 북
핵을 원했다가, 혹은 원하지 안했다가, 지금은 북핵을 완전히 해결하는 것
을 원하지 않고 있다고 나는 생각합니다.

북핵의 문제를 완전히 쉽게 해결해 버리면, 북한의 이용가치가 좀 없어
져버리지요. 그 이용가치를 제가 얘기하는 이유가 있습니다. 미국을 옳게
알려고 하면 다음과 같은 세 가지를 알아야 합니다. 정보를 알아야 되고, 미
국의 의식과 문화와 언론을 알아야 됩니다. 그게 딥 스테이트(Deep State,

민주주의 제도 밖의 숨은 권력집단)라는 것인데, 이른바 그림자 정부라는 것과, 군산복합체 이걸 알아야 됩니다. 무기 팔아먹는 게 얼마나 중요한지 모릅니다.

미국 정치 전체를 움직이는 것이 군산복합체라고도 볼 수가 있습니다. 그래서 이제 그러한 주종관계랄까? 의존관계 이걸로 인해서 한미 관계가 형성됐고, 또 그 사이에 많은 사람들이 유학도 오고, 문화·사회·교육 이런 교안으로 인해서 대한민국은 의식구조나 지성적으로나 문화적으로 미국에 굉장히 의존하고 있습니다.

■ 그렇다면 앞으로 한미 동맹의 그런 모습이 구체적이지는 않을 수 있겠지만, 어떻게 나아가야 할까요? 그리고 이러한 미국이 동맹국으로서 한반도 통일을 과연 원하는가? 그런 의문이 좀 드는데 어떤지요?

그래요, 그건 중요해요. 중요한데, 미국이 한반도의 통일을 원하느냐? 아닙니다. 한반도의 통일을 원하는 것은 한반도뿐입니다.

그런데 지금도 북한은 통일을 원하는데 남한은 원하지 않는 사람들도 굉장히 많아요. 세계 어느 나라도 미국을 포함해서 중국까지도 한반도의 통일을 원하는 나라가 없습니다, 자기 국익에 맞지 않습니다. 양국이 통일 되어서 공격력이 강해지고 이러면, 다 거북하게 생각합니다. 일본은 말할 것도 없고, 그래서 그러한 것은 제가 오늘 본론으로 할 얘기가 아니라서 끝까지 안 들어가겠습니다. 다만, 통일 문제, 북핵 문제에 관해서도 북핵을 완전하게 소멸시킨, 그러한 북핵 해결을 여기 미국에서 주장을 하는데 6자회담을 보십시오, 그 오랜 세월 동안에 6자회담 하면서 미국은 어떻게 하든지 북한이 수용 못할 것을 자꾸 찾아가 부탁을 했어요. 조건은 냈어요. 그러니까 해결 안 하고자 하는 방향으로 끌고 갔다, 나는 그렇게 봅니다. 객관적으로 과학적으로 볼 때, 그 어느 나라가 완전한 비핵화를 아무 대가 없이 또 줄 사람이 어디 있으며, 그것도 방법이 일괄타결이라고 해서 한몫에 전부 다 포기해라 그러는데, 그러면 우리가 줄 것을 주겠다고 하지만, 그게 무엇인지도 없어요. 그래서 이제 미국이 우리의 동맹 관계지만 핵무기를 완전하게 빨리 해결하는 것도 아니고, 통일을 원하는 것도 아니고, 그러니까 통일의 장애요소가 될 수밖에 없지요.

그런데 그 미국이나 중국인을 규탄하기 전에 대한민국과 북한이 정신을 차려야 됩니다. 주체 국가로서 주권 국가로서, 어느 나라가 군사정치권을 포기합니까? 그리고 전시(戰時)라고 그랬어요. 지금부터 7십여 년 동안 전시였습니다. 그 전시라고 명문화합니다. 그러니까 전시에는 통수권을 미국이 가지고 있게 되어 있습니다. 그래서 이것부터 또 하루 빨리 조금 걸리더라도 찾아와야 된다고 봅니다. 그런데 어떻게 하면 아까 질문했던 대로 우리가 이런 국력이 있어야죠. 통일을 내다보면서 하면 국력이 생깁니다.

남쪽은 경제적으로 상당한 외화도 많고 그렇죠. 북쪽은 군사적으로는 상당한 위력을 가지고 있습니다. 즉 일본이 중요한 존재로 또 등장할 텐데, 일본은 북한이 핵무기를 가졌기 때문에 쉽게 얘기해서 꼼짝 못합니다. 그러니까 이제 핵무기를 그냥 남한에서 반대만 할 게 아니고 북한이 핵무기를 가졌더라도 남한에서 전쟁 방지하고 또 전쟁이 시행되는 것을 어느 정도 예방할 수 있는 그런 도구로 사용하는 묘미를 배우고, 또 남북회담 해서 그렇게 남북이 공존하면서 서로 잘 되는 이런 방향으로 가야지, 남과 북이 옛날처럼 또 그렇게 체제 경쟁으로서 대립하고 그렇게 하면 안 됩니다.

보수진영이나 문재인 전(前) 대통령도 얼마 전에, 몇 달 전인가 남북 경쟁은 체제 경쟁이 이미 오래전에 끝났다고 했습니다. 우리가 지엔피도 50배 이상 많고 해외에 수입 수출하는 무역량도 400배 이상 더 많은데 그러니까 체제경쟁이 안된다고 했습니다. 그런데, 아니 그게 지엔피 가지고 경제, 즉 숫자 가지고 체제 경쟁을 말해서 되겠습니까? 북한 체제는 사회주의체제입니다. 그건 지엔피가 중요한 게 아닙니다.

그랬지만, 해외동포가 하는 일이나, 6·15라는 것이 굉장히 중요한 역사적인 점이 있습니다. 이제 그것을 우리가 잘 들여다보고 그 묘미를 발견해서 6·15가 구상하는 통일의 패턴이 어떤 것이냐? 이런 걸 우리가 찾아내야 되리라고 생각합니다.

■ 굉장히 큰 숙제를 주신 것 같습니다. 남한과 미국의 진정한, 남한이 진정한 주권 국가로서 이제 일어서야지 동맹이 가능하다고 하는 그런 숙제를 주셨는데, 트럼프 대통령은 어쩌면 지난 4년 정도 겪어봤다고 할 수도 있고, 또 바이든은 상원 의원으로서 오바마 대통령 시절에 부통령으로서 어떻게 보면 경험을 해봤다고 할 수 있겠지만, 교수님은 바이든 부통령이 상원 외교위원회에 소속 당시 함께 토론을 하셨던 그런 경험이 있었다라고 얘기 들었습니다. 앞으로 미국 대선 15일 남았는데, 앞으로 대선과 대(對)코리아 정책이 어떻게 진행될지 교수님의 견해가 궁금합니다.

제 생각에는 그 두 사람 중에 누가 됐든 별 관계가 없습니다. 지금 상황을 타개해서 뭐 잘 나갈 방법이 없습니다. 트럼프가 상당히 인격이 있다고 그랬는데 한국에서도 그렇고 트럼프가 되기를 원하는 학자들도 있고, 그런데 제가 볼 때는 트럼프가 할 능력도 없습니다. 그리고 미국을 움직이는 것이 대통령과 의회나 그런 것만 보지 말고, 소위 딥스테이트라는 거 이런 걸 보면 트럼프가 딥스테이트를 움직일 능력은 전혀 없습니다. 그래서 트럼프가 되어도 김정은이 하고 뭐 좀 만나서 사진 찍고 이런 것은 하겠지만, 정책적으로 지금 당장은 북한에 대한 이 제재를 완화시켜야 됩니다. 미국이 독자적으로 가한 제재도 많은데, 그중에 아무것도 완화시키지 못하고 있습니다. 그럴 능력도 없고 그럴 의사도 없습니다.

그런데 조 바이든은 어떤 사람이냐? 조 바이든은 의회에 오랫동안 있었는데, 의회 있을 땐 제가 몇 번 만났습니다. 회의도 같이 하고 그랬는데 이 사람은 굉장히 합리적인 사람입니다. 이념적으로 진보적인 사람 결코 아닙니다. 그는 미국 민주주의를 신봉하는 사람인데, 그러나 합리적인 사람입니다. 그리고 한 가지 트럼프하고 다른 것은 이 사람은 문화나 인종이나 이념이나 체제나 이런 걸 볼 때 다양한 체제를 수용합니다. 트럼프는 그렇지 못합니다. 아메리카 퍼스트, 미국처럼 다 되어야 됩니다. 그런데 바이든은 그러한 경향이 어디에서 나타났냐 하면 부통령 지명자를 뽑는데, 이 카멜라 해리스 흑인을 뽑았거든요. 카멜라 해리스는 미국에서 볼 때는 하워드 대학교 나왔고 흑인이에요. 완전한 흑인이에요. 그런데 자기 조상이 노예 생활을 하지는 않았습니다. 오바마도 그러한 흑인이 아닙니다. 그 차이가 있습니다. 그 자랑이 오리엔테이션, 거기에서 나타납니다. 해리슨은 자기 아버지가 남쪽에 있는 자마이카 출신 흑인이고 어머니는 바로 회교도인 인도 사람입니다. 그리고 자기가 제일 영향을 많이 받은 사람이 인도 사람이고 회교도적인 그런 환경에서 자랐으니까 당연히 다양한 문화, 다양한 의식구조가 카멜라 해리스에게 있다는 것을 조 바이든도 알았습니다. 그래서 그게 앞으로 팀이 돼 가지고 행정부가 그렇게 나오는 것이지요.

제가 희망하기에는 북한을 양분법으로 보지 마라는 것입니다. 자본주의냐 사회주의냐, 빨갱이냐 아니냐? 그런 쪽으로 보지만 그건 옛날 얘기다. 냉전 때 국제 문화나 사회정치 지수가 그것으로 끝났다. 이제는 다양하다. 노스 코리아라는 것은 자본주의도 아니고 사회주의도 아니고, 특별한 가부장제주의랄까? 또 종교성이 상당히 있습니다. 그러니까 조 바이든이 북한을 어느 정도 유덕한 정치 제도이고 유덕한 정치의식을 가지고 있는 나라로 그렇게 이해를 했으면 좋겠어요.

그래서 공산주의(communism) 때려잡을 때 다 때려잡지 말고, 제가 북한 좀 아는데, 사회주의 틀 가지고 북한을 다 설명할 수 없습니다. 가부장제 요소가 많고 종교적인 요소도 많습니다. 지금 북한이 1912년 김일성 탄생한 날을 주체 원년으로 해가지고, 지금 주체 백 몇 년이죠, 그렇게 됐습니다. 그만큼 종교성을 가지고 있습니다. 그래서 그러한 제도라는 것, 체제라는 것을 이해함으로써, 공산주의가 두드려 맞는 매를 그냥 한 매로 패지 마라는 것입니다. 그렇게 미국에 있는 학자들이나 한국도 마찬가지고, 학자들이 그렇게 설득을 좀 시킬 필요가 있습니다. 그 일에 제일 중요한 역할을 한 것이 북한 학자들입니다.

북한 학자들은 말하면 듣는 사람이 많습니다. 워낙 귀하니까. 그래서 저는 어떻게 하든지 그런 사람들이 나와 가지고 너 체제를 잘 설득 시켜라. 공산주의 체제도 아니고 자본주의는 물론 아니고. 그 가부장주의적인, 영어로 퍼터널리즘(paternalism)이라고 그러는데, 틀림없이 퍼터널리즘 시스템이에요. 그래서 이런 걸 우리가 가리키고 하면, 공산주의라고 그냥 막 소멸시키려고 하는 경향이 좀 없어지지 않겠느냐 하는 그런 생각이 듭니다.

우리가 북한을 잘 봐야한다. 잘 못 봐도 여간 잘못 본 게 아니다, 나는 그렇게 생각하는데, 북한이 지금 세계가 경험한 마르크스 사상이나 무슨 모택동 사상이나 이런 자켓을 씌워가지고 지금의 북한을 보면 북한이 제대로 안 보입니다. 현실적으로 북한을 있는 대로 어떤 체제라는 것을 이해하고 연구를 해야 됩니다. 그런데 지금 보니까 북한 연구가 굉장히 잘 안 돼 있습니다. 자료도 없고, 탈북한 사람들이 뭐 쓰고 말한 것, 그리고 미국의 CIA이나 이런 데서 탈북한 사람들을 이용해서 말하는 것, 여기에 보수 세력들도 북한을 악마화 하는 데 도움을 주는 그러한 세력을 조장시켰는데 그 역할을 지금도 그대로 하고 있습니다.

그래서 북한을 우리가 사실대로 알면 미국 대선에서도 이 사람이 되나 저 사람이 되나 마찬가지인데, 누가 되든지 간에 상관없이, 크게 봐서 외교 정책이 북한 같은 제도를 하나의 독특한 제도로 인정하는 미국이 되었으면 좋겠습니다.

> ■ 미주 동포들에 대한 역할 이야기를 좀 들어봤으면 좋겠는데요. 특히 이제 미국에 사는 유권자로서 교포들의 역할이 나름대로 무게가 있다고 생각이 됩니다. 저는 개인적으로 워먼 클래스 DMZ라는 단체에서 상근을 하고 있고, 그리고 또 넓게는 코리아 피스 나우스 워커에서 활동을 하고 있는데, 저희가 작년 재작년에 중점적으로 했던 활동이 미국 의회에서 한반도 전쟁을 종식시키기 위한 평화 협정을 요구한 하원 결의안, 152 결의안을 지지하는 의원들이 들리는 그런 앰버키지 활동을 하고 있는 것이 있습니다. 이런 것이 이제 동포들 나름대로 독특한 역할을 보여준 한 사례가 아닐까 싶은데, 피스메이커로 활동을 해오신 교수님, 그리고 또 앞으로 동포들에게 바라는 역할들이 있다면 어떤 것일지 지금 말씀을 나눠주시면 좋겠어요.

예, 그 얘기 하고 싶었지요. 그런데 이제야 묻는군요. 그게 왜 그러냐면 저더러 피스 메이커라, 그리고 또 피스 무슨 전문가라고 그러는데, 내가 한심하게 생각하는 것은 피스(Peace)란 개념이 제대로 적립 된 게 없습니다. 전쟁만 않는 것이 피스라고 보는 것은 완전히 잘못된 겁니다. 그러니까 우리가 피스메이커가 되어서 피스를 하려면 피스가 뭔지 무엇을 만들어야 되는지 그것을 알아야 되죠. 피스라는 것은 정복이나 이런 데서 오는 것이 아니고 피스라는 것은 조화입니다. 우리말도 평화 아닙니까. 평화(平和). 중국 말로는 '허핑(和平)', 즉 화평인데 조화를 시킨다는 것이 평화입니다.

조화라는 것은 이질(異質)이 없으면 조화라는 개념이 성립되지 않습니다. 이질이 그만큼 중요합니다. 남녀가 조화하기 위해서는 남자는 남자 같은, 여자는 여자 같은 인간이라야 되잖아요. 그러니까 개성을 가지고 이질성 있으면 그 이질성을 굴복 시키지 말고, 그 이질성을 살리는 것이 중요하다고 생각해요. 남북이 동의를 한다고 하면 남북이 이 이질성을 서로 배척하지 말고 서로 그것을 받아들일 수 있는 그런 묘미를 찾아내는 것이 각자가 할 일이고, 또 일반적으로도 그러한 조화는 상식적인 개념입니다.

음악을 보십시오. 음악의 조화가 이렇게 나타나면 이질이 있지요. 바이올린 플레이 하는 것, 첼로 플레이 하는 것, 합창하는 것, 이런 게 다 질이 다른 게 모여 있는데 그것을 통합시켜 가지고 조화를 만들지 않습니까? 그러니까 그러한 조화를 우리가 생각 한다면 이질이 꼭 필요합니다.

그 이질이 크면 클수록 그 평화의 잠재력은 더 중요하고 더 크고 깊습니다. 제가 참 북한을 많이 왔다 갔다 하면서 그것을 찾으려고 애를 썼습니다. 이 두 체제의 이질이 어떤 것이며 동질이 어떤 것인지 그런 걸 찾자. 이질만을 찾으면 동질로 만들 수가 없습니다. 보통 통일이라는 것은 한편에서 잘하면 다른 편에서는 굽어 들어가고, 흡수하는 것이 통일이 아닙니다. 정복한 통일은 물론 강압으로 해서 전쟁처럼 하지만, 평화적인 통이라는 것은 그 이질을 인정하고, 상대방을 관용하고 포용해야 됩니다.

왜 그런 얘기가 중요하냐면, 보십시오. 6·15가 역사적으로 또 인류 역사적으로 기가 막히는 그러한 합의였습니다. 1장은 우리 민족끼리 하자는 것으로, 그것은 그저 상투적으로 하는 얘기입니다. 그러나 2장 2조에 보면 체제와 이념과 생활방식과 모든 것이 다르더라도, 우리는 서로 인정하고 존중하고 조화를 시키자는 것입니다. 그게 통일입니다. 20년 전에 만든 6·15 합의서가 바로 그겁니다.

20년이 지나도록 왜 한 번 더 읽어보지 않습니까? 그게 그렇게 중요한 것입니다. 평화의 개념이 거기에서 나타났습니다. 그러면 제가 그동안 50번 정도 북에 남에 왔다 갔다 하면서 찾은 이질성이 크게 4가지가 있습니다.

첫째, 북은 집체 집단의식을 가지고 있습니다. 집단의 가치가 중요합니다. 거기에서 정당도 그렇고, 민족도 그렇고, 국가도 그렇고, 이게 중요합니다. 남한은 전부 개인주의입니다. 집단주의가 아니고 개인주의입니다.

둘째, 개인주의를 북돋우는 것은 사유재산을 가진 자본주의지요. 북쪽은 사유재산이 아닌 공유재산입니다. 그것은 사회주의지요. 사유재산과 사유재산이 아닌, 큰 차이가 있습니다.

그리고 셋째로 굉장히 큰 차이로 북한은 평등을 지향하는 나라입니다. 모든 사회주의 나라가 그런 겁니다. 사회주의가 어떻게 나왔습니까? 자본주의가 서로 불평등 되어 가지고 인간성을 상실하니까 칼 마르크스가 가지고 나온 것이 마르크스 혁명 아닙니까? 사회주의는 평정을 찾는, 평등을 구가하는 사상입니다

그런데 자본주의는 평등이 아닙니다. 자유입니다. 그런데 인간은 자유롭게 그냥 놔두면 불평등해집니다. 힘 있는 사람, 머리 좋은 사람, 능력이 있는 사람, 다 다릅니다. 그래서 인간에게 자유를 줘 가지고 그냥 가만히 놔두면 불평등한 사회가 되어버립니다. 불평등한 경제구조가 되면 거기에는 착취가 생기고, 착취가 생기면 거기서 반란이 생기고, 사회 불안이 생기고, 전쟁이 생기고, 다 그렇지 않습니까?

그런데 북한은 사회주의이고 평등을 구가합니다. 북한만큼 평등한 사회가 없습니다. 제가 거기 가면, 제가 이제 과학자니까, 제가 다 조사합니다. 당신의 월급이 얼마냐? 좀 실례지만 정말 내가 대학교수들한테도 의사들한테도, 장사하는 사람들한테도 다 물어봅니다. 그러면 그 월급이 2배 이상이

없으며, 병원장하고 금방 들어간 의사하고 월급이 2배 이상, 또 대학교 학장하고 교수 금방 된 젊은 교수하고 2배 이상 되지 않습니다. 제가 그거 다 적어봤어요. 야, 이거 어지간히 평등한 사회구나 하는 그런 생각이 들었습니다.

그런데 평등도 좀 먹을 것도 있고 평등해야지, 다 가난하면 물론 평등하지요. 이 세상에서 제일 평등한 곳이 어디입니까? 공동묘지입니다. 가보십시오. 다 평등하지. 그러니까 평등하게 가난한 것은 자랑이 아니에요. 그러니까 가난한 문제는 좀 먹을 수 있도록 해야 됩니다. 제가 북한이 못 먹는다는 얘기는 아닙니다. 사회가 평등을 위해서 완전히 그 부를 무시하고 그러면 안 된다 이런 얘기입니다. 그렇죠.

그 다음에 북한처럼 저렇게 민족주의 나라가 없습니다. 북한의 민족주의는 참, 그 도를 넘을 수 없을 만큼 민족주의입니다. 모든 것을 민족에 대한 긍지, 이런 것을 어딘가 찾아내서 가르칩니다.

우리 대한민국은 세계주의입니다. 민족이 중요한 게 아니고 세계가 중요한 거예요. 세계에 가서 무슨 상을 타고 와야 인정을 받는 것이지, 우리 민족 안에서 뭐 잘한다고 잘난 게 아닙니다. 우리는 세계주의고, 북한은 민족주의입니다.

이와 같이 남북이 차이가 있는데 이 차이들은 정치적으로 교육을 통해서 만들 수 있는 것입니다. 또 변화할 수 있는 것입니다. 개인주의가 집단주의로 변할 수 있습니다. 사회 환경 교육 과정에서 변할 수 있는 거예요. 그리고 민족주의와 세계주의도 변할 수 있는 것입니다. 평등과 자유, 자유면서도 평등한 이런 것으로 조절할 수 있습니다.

그래서 이 이질성을 인정하는 것입니다. 이 이질성을 될 수 있는 대로 마찰시키지 말고 서로 포용하는 그런 묘미를 찾자 하는 것이 6·15 합의문이었습니다. 굉장한, 엄청나게 혁명적인 합의문입니다. 그래서 그것을 우리가 보면, 통일하는 과정에서 이질성을 어떻게 하든지 좋게 만들자, 스스로 대립되지 아니하도록 만들자하는 것이 중요합니다. 어떤 이질성은 유지를 해야 합니다. 색깔도 레인보우 칼라가 쫙 있어야지 서로 서로 비슷하게 닮아가 버리면 그 아름다움이 없어집니다. 그 이질성이 그만큼 중요하고 그렇기 때문에 우리는 다르기 때문에 다른데도 불구하고 서로 포용하자고 하는 용기, 그것만큼 또 중요한 게 없습니다.

그래서 본론으로 미국에 있는 동포들은 특별한 게 있습니다. 미국만큼 이질적인 사회도 없습니다. 굉장히 이질적인 사회입니다. 다른 교수님들도 많지만 제가 학교에서 미국 아이들 앞에서 강의를 수십 년 했지 않습니까? 하지만 깜짝깜짝 놀라는 것은 여기에 모든 인종이 다 들어와 있어요. 한 50명 들어오면 동양사람, 흑인, 남미 사람, 중동 사람, 유럽 사람은 말할 것도 없이 다 들어와 있습니다. 그게 미국입니다.

그런데 한번은 대한민국의 어디로 가서 초청 강의에 들어가니까 이상해요. 완전한 한국 사람뿐입니다. 내 눈에는 일생에 한 오십 년 동안 이질성만 보다가 보니까 그랬습니다. 그런데 왜 이질성이 중요하다고 보느냐 하면 이질성이 없으면 평화가 없습니다. 조화를 만들 길이 없습니다.

그래서 남북이 이렇게 이질적인 것을 하나의 걸림돌로 생각하지 말고 우리가 가지고 있는 하나의 좋은 점으로 생각하자 이거예요. 그런데 이질성만 가지고 동질성을 만들기 어려운 것은 그대로 이질성을 남겨둬야죠. 그런데 남북에 동질성이 있습니다. 굉장히 많습니다. 이건 제가 뭐 상식적으로 발견했는데, 제가 북에 가서 깜짝깜짝 놀라지요. 제가 깜짝 놀란 한마디는 "저놈 인간, 언제 사람 될라고 하느냐" 이런 말을 합니다. 북한에서 "저놈 인간 언제 사람 될라고 하느냐?" 그건 내가 어릴 때부터 들어왔습니다. 그 것을 만주에서 들었고, 대한민국에서 들었습니다. "언제 사람 되느냐?" 그건 뭐냐면 우리 의식 속에는 인간과 사람이 구별된다 이거예요. 이거 굉장히 중요한 우리 민족의 관습입니다. 의식 구조 안에 그게 있습니다. 그러니까 사람은 인간이 좀 발전되어야, 개조되어야 사람이 되는 것입니다.

북에서는 그것을 굉장히 중요하게 생각해서, 주체사상은 '사람 중심의 사상'이다. 그렇게 얘기를 했어요. 그게 무슨 말인지 모르다가 주체 학자들하고 토론 많이 하고 보니까 결국 주체사상에서 사람은 인간을 사람으로 개조시키는 역할이 주체교육이었습니다. 교육이 뭐냐? 사람을 만드는 거예요. 뭐로부터? 인간으로부터 사람을 만들자 이겁니다. 우리 민족이기 때문에 그게 무슨 말인지 탁 들어옵니다. 여러분들도 다 들었어요, 그게 무슨 말인지. 그것 때문에 우리에게 그것은 변할 수 없습니다. 교육 가지고 만들어 낼 수도 없습니다. 그것은 살면서 자고로 우리 민족의 얼속에 박혀 있습니다. 사람이 돼야지.

둘째는 "저 사람은 양심이 없나? 양심도 없어? 양심에 가책도 없어?" 이런 얘기입니다. 양심이라는 하나의 절대 가치관을 가지고 있습니다. 누가? 우리 민족입니다. 우리 민족만큼 양심이라는 말을 적당하게 정확하게 쓰는 민족은 제가 알기로는 없습니다. 그 절대 가치를 우리는 존중하는데 무엇인지는 모르죠.

양심이 무엇인지 정의할 수가 있습니까? 아무도 정의를 못 합니다. 그러나 양심이 있습니다. 그러한 우리 민족의 관습이랄까 이런 걸 제가 나는 남이나 북이나 오며 가며 많이 들었습니다.

그리고 우리 민족은 경험을 중요하게 생각하는 민족입니다. 경험이 뭡니까? 고생 아닙니까? "고생은 돈 주고 못한다." 내가 어릴 때 많이 얘기 들었지요. 고생을 해야 인간이 된다. 그런데 경험이라는 것이 없으면 인간의 의식이 발달되지 않습니다.

제가 미국 와서 과학철학을 열심히 했는데, 과학철학에서 인간 의식이라는 것은 경험에서 나오는 겁니다. 모든 개념은 경험에서 나오는 겁니다. 그 경험이 깊고, 아픈 그러한 민족은 경험이 많은 지혜의 기반이 됩니다. 교육은 지식의 기반이 되지만 경험은 지혜의 기반이 됩니다. 지식과 지혜의 차이가 어디에 있느냐? 지혜는 우리가 판단하는 능력을 말합니다. 지식은 비교를 하지요. 요건 좋고 나쁘고 그런데 어느 게 좋다고 판단해서 선택하는 것은 지혜가 하는 것입니다.

그래서 우리나라 사람은 경험이 많고 또 지혜로운 사람입니다. 이런 생각이 납니다. 이런 데서 우리 민족의 긍지를 찾아야지 돈 몇 푼 더 번다고 긍지를 찾고 폭탄 몇 개 더 가지고 있다고 긍지를 찾는 것이 아닙니다. 그것은 살기 위해서 그랬다고 해도 그렇게 해서 우리 민족의 긍지를 찾으면 다른 민족의 뒤만 따라갈 뿐입니다. 그래서 우리 민족의 긍지는 우리 민족에게 있습니다. 조선 인간은 이런 거다. 그것을 우리가 좀 알고 공부하고 학생들에게 토론도 많이 시키고, 통일교육을 해야 된다고 생각합니다.

그러면 본론으로 들어와서, 여기 미국에 온 사람들 대부분은 한국 사람들이에요. 북한에서 온 사람들은 없습니다. 그런데 우리 민족 800만이 외국에 사는 데 그중에 200만이 미국에 살고, 또 200만이 중국에 삽니다. 우리 민족 800만 중의 절반이 그 중에 절반은 미국에, 또 다른 절반은 중국에 삽니다. 세계 양대 진영 가운데 제일 중요한 데 가서 삽니다.

그런데 중국에 사는 우리 민족과 미국에 사는 우리 민족은 굉장히 큰 차이가 있습니다. 중국에 사는 사람들 거의 대부분이 북한 사람들이죠. 사회주의를 신봉하는 사람들입니다. 중국에 계시는 우리 동포들, 저도 그중에 하나로 있다가 나왔지만, 동포들은 중국 사람이라는 것에 긍지를 느낍니다. 또 중국이 북한하고 이념이 같은 데 대해서 긍지를 느낍니다.

그런데 미국에서 온 우리들은 너무나 다양합니다. 물론 북한을 조금 긍정적으로 볼라 그러면은 색깔론을 붙여가지고 친북인사니 '종북인사'니 하는 등, 제가 그런 얘기를 많이 듣고 살았죠. 평양에 가지 말라는 데 자꾸 간다고 그래요. 그렇게 여기 미국은 좀 살기가 어렵고, 다양한 사회입니다. 그럴수록 오히려 조화를 쉽게 터득할 수 있는 곳이 미국입니다. 오늘 제 얘기 변변치 않은데 주지하는 것을 보니까 여러 조직이 합해 가지고 하시데요? 그 얼마나 우리가 다양한 모습입니까? 다양한데 일을 같이할 수 있다 이거지요. 같은 목적을 위해서 다양한 단체들이 모여서 같이 일을 할 수 있다는 것을 이 미국에서 우리가 배웁니다. 그것을 배워놓으면 남북통일의 과정에서 남북을 왔다 갔다 할 때 보십시오. 이질성이 너무 첨예하게 마찰이 되면 사회불안, 의식적인 불안, 그런 공백 상태가 생깁니다. 그래서 우리는 미국에서 보고, 세계를 다 보고, 미국이 또한 세계를 다 보지 않습니까?

우리가 통일된 조국을 위해 이질을 좀 더 끌어안을 수 있는 그런 생활방법과 태도를 배워야 합니다. 우리 동포들은 국제결혼한 사람이 얼마나 많을까 몰라도, 국제 결혼하는 것이 아주 좋은 경험입니다. 물론 문제도 많지만 말할 수 없는 경험을 줍니다. 그래서 경험적으로 지혜적인 차원에서 본다면 우리 민족이나, 미국에 있는 우리 민족이 잠재적으로 굉장한 지혜를 가지고 있는 민족입니다. 거기에 대해서 우리가 긍지를 느끼고 무슨 같은 걸 자꾸 하려고 하지 말고 다른 조직과 다른 영향을 가지고 있는 사람들이 같이 합해 가지고 더 높은 차원의 공동선을 추구하는 그것이 평화를 하는 것입니다. 미국에서 우리가 생활 가운데 평화적으로 살지 않으면 남북 통일하는 데 도움을 줄 수가 없습니다.

그래서 우리는 평화적인 통일을 위해서 미국에서 우리가 살고 있는 다양한 사회 경험을 그대로 살려 가지고 조국통일에도 이바지할 수 있는 일을 할 수 있지 않겠느냐 이렇게 생각하면서, 북한을 제대로 알아야 합니다.

미국의 새 대통령에게도 북한을 제대로 가르쳐주자 이거예요. 북한을 제대로 누가 가르쳐줄 수 있느냐? 우리가 가르쳐야 됩니다. 미국 사람들 북한 왔다 갔다 해도 북한 알 수가 없어서 이해도 못 합니다. 언어도 모자라고, "저놈 인간 언제 사람 돼." 그러면 그게 무슨 말인지 모릅니다. 그래서 우리는 미국에서 살면서 좀 더 민족적인 긍지를 특별한 의미에서 느끼면서 또 우리가 할 일을 하는데, 그 할 일이 북한을 옳게 이해시키고 남한을 옳게 이해시키며 미국에도 옳게 이해시켜야 돼요.

이번에 코로나 바이러스 처리하는 거 보니까 대한민국이 말할 수 없는 선진국이데요. 미국은 말할 수 없는 후진국이에요. 이래서 세계질서가 좀 바뀌는 이러한 역사적인, 인류 역사적인 조류에서 우리 민족이 큰 역할을 할 수 있다고 생각하며, 또 그렇게 큰 포부를 가지고 젊은 사람이나 나이가 좀 든 사람이나 협력해서 해야 된다고 생각합니다.

■ 아, 저희 지금 질문이 계속 들어오고 있는데, 마지막 토픽에 말씀하셨던 굉장히 인문학적인 그런 쪽에서 선생님께서 말씀을 잘 해주셨는데요, 질문 중에 하나가 다음과 같습니다. "저희는 이제 미국 동포이기 때문에, 같은 민족이기 때문에 한반도 평화가 중요하기도 하지만, 미국 내에서의 우리가 할 수 있는 역할이 무엇일까?"라는 고민을 하는 활동가들이 굉장히 많습니다. 이어서 어떤 질문이 있었냐면 "다양성이라는 말은 많이 듣고 있지만 이질성이 없으면 조화가 없고 평화가 없다는 말씀을 두고두고 생각해 봐야겠고, 이질성에 대해서 생각을 해보겠습니다."라는 것이었습니다. 그리고 이어진 질문은 "미국의 정치 내에서 북핵 문제만 집중이 되어 있는 외국 정책을 진정한 의미에서 평화로 바꿔 나가기 위해서 박 교수님께서는 무엇이 가장 시급하다고 생각하십니까?" 이런 질문이었는데요. 미국 정치권 내에서는 너무 북핵 문제만 언론이건 정치인들이건 그런 게 컨스추레이션이 있다고 생각이 드는데 우리가 정치인들을 교육 시키고, 또 싱크 탱크에서 북한을 색안경을 끼지 않고 바

라보는 그런 모습들도 필요하겠지만, 지금 현재 우리가 어떤 것이 좀 가장 시급할 것인가? 어떻게 이것을 바꿔나갈 수 있을 것인가? 라는 질문인 것 같습니다.

우리가 먼저 옳게 인식을 해야 된다고 봅니다. 어떤 게 옳게 인식하는 거냐, 핵문제에 관해서는 북한이 핵을 지금 가지게 됐지요, 그런데 현실적으로 몇 가지를 제가 얘기 드릴게요. 첫째, 북한 변하지 않는다. 자본주의 국가가 되지 않는다. 변하지 않고 자본주의 국가가 되지 않는다는 건 무슨 얘기입니까?

동독과 서독이 통일된 그런 흡수 통일은 안 된다 이 말입니다. 그런데 대한민국에서는 정부 차원에서까지도 독일식 통일만 지금 생각하고 있는 것 같아요. 북한이 변해야지, 그렇죠. 변하고 있다고 자꾸 얘기해요. 뭐 셀룰러폰이 수십만 대가 있고 택시가 나오고요, 그거 다 나온 것은 국가에서 경영하는 것으로, 국가제도가 다릅니다. 편리하게 사용하는 것이지 그렇다고 해서 소유권이 바뀌고, 체제와 생활 방법이 바뀐 것은 아닙니다. 그래서 우리는 북한을 있는 그대로 잘 이해해야 합니다.

북한의 핵은 이미 강 건너 갔다. 저는 그리 생각합니다. 비핵화는 되지 않습니다. 되지 않을 뿐만 아니라 미국에서 원하지도 않습니다. 비핵화를 해버리면 북한의 이용 가치가 떨어집니다. 미국의 입장에서 볼 때 저는 그렇게 생각을 합니다. 그러면 핵을 가지고 있는 북한을 우리가 인류 사회에서 받아들여야 한다고 나는 생각하는데, 그게 굉장히 어렵지요.

그런데 제가 북한에 가서 어떻게 얘기 하냐면 핵 다 포기해라 이거야, 다 포기해라, 달란 거 다 주라고 합니다. 그 대신 평화를 위해서 북미 관계를 정상화시키고 평화조약을 맺으라고 합니다. 평화조약은 반드시 중국 혹은 러시아가 포함된 미국, 남북 6자가 적어도 포함되고, EU까지 들어오면 더 좋고, 국제적인 틀 속에서 한반도의 평화체제가 보장되는 평화조약이 만들어져야 한다고 합니다. 그리고 국교를 각각 정상화시켜라. 그러면서 북한에서 제가 그럽니다. 당신들은 이미 핵 국가다. 핵과 핵 과학 있지, 핵과학자들이 있지, 실험해서 다 만들어봤지, 3개월만 있으면 핵폭탄 몇 개 또 만든다. 그런데 지금 만들어 놓은 것, 부수라는 거 다 포기해라. 저는 그렇게 얘기합니다. 그래야 평화로 가지, 그 몇 개 가지고 있다가 결국은 평화가 나오지 않습니다.

국제 정치는 주고받아야 되는데, 북한은 마침 줄 게 있습니다. 핵무기, 핵 능력, 이게 북한이 줄 겁니다. 그것을 다 넘겨주고 평화와 국제 정상화를 받아라, 저는 그렇게 생각합니다.

■ 북이 조건부 핵을 포기하겠다고 했지만 '포기하지 않을 것이다'라는 것은 '미국도 북핵을 포기하지 않을 것이다'라는 이유 때문이라고 생각하시는 건가요?

'포기하지 않을 것이라'고 믿으면 포기하지 않는 것이에요. 그것을 우리가 객관적으로 증명해낼 수가 없습니다. IAEA에서 얘기하는 스페셜 인스펙션, 특별 사정을 한다고 해도 핵폭탄은 크지 않은데, 어디에 숨겨 놓는지 어떻게 알아요? 그러니까 뭐 사람 사는 데까지 다 뒤질 수도 없고, 믿지 않으면 불가능해요. 그래서 북한은 와서 볼 데 다 봐라, 우리는 하나 없이 다 없앴다. 그렇게 선언하면 국제 사회에서 받아들여야 되요.

■ 무슨 말씀이신지 알 것 같습니다. 다음 질문으로 지금의 미중 대결은 얼마나 갈지, 트럼프 혹은 바이든 각기 당선 경우에 이 대결이 어떻게 변할지, 이 상황에서 남한 정부의 선택은 어떠

해야 할지 말씀해주시면 감사하겠습니다.

굉장히 중요하고 어려운 질문입니다. 지금 이렇게 봐야 돼요. 모든 외교 정치, 외교 정책은 국내 정치에 연관이 됩니다. 지금 트럼프가 시진핑 맞아 끌어안고 한 게 엊그저께 같은데, 이제는 코로나 바이러스 전염병을 차이나 바이러스라고 그러잖아요. 완전히 적화시키고 악마화시켜요. 그리고 지금 미국 선거에 외국 정부가 관여를 해서 정보를 망치고 있는데 어느 나라가 하고 있느냐, 아무 증거가 없으면 중국이 했다고, 트럼프가 또 그래요. 그건 뭐냐면 국내적으로 반중국은 먹혀 들어갑니다. 워낙 공산주의나, 중국에 대해서, 중국의 모택동 사상 이런 거에 대해서 환멸을 느꼈기 때문이어요. 그러나 그게 그렇게 오래가지는 않을 겁니다.

왜냐? 중국은 구소련처럼 미국과 군사적인 대결을 원하지도 않고 가능하지도 않습니다. 중국의 외교 정책을 보면 상당히 다양해요. 문화적인 외교 정책도 굉장히 많습니다. 인간적 외교도, 제가 유럽에 가보면 중국 사람들의 경제적인 외교정책 굉장히 많습니다. 옛날 구소련과 미국 사이는 그런 경제적인 교류, 문화적인 교류, 그런 교류도 없었고요.

중국이 근래에 와서는 중국적 사회주의 있잖아요. 중국적 사회주의가 뭐냐? 유교적 사회주의라는 말입니다. 유교적. 그래서 유교를 굉장히 교육과정에서 권장을 하고, 미국이나 해외에도 유교사상연구소를 만들겠다고 그러면 돈 지원을 제법 잘 해줍니다. 그만큼 중국은 옛날 군사대결하던 구소련하고, 그 양대 세력의 세력 다툼처럼 그런 상황으로 몰려 들어가지 않을 것 같습니다. 또 미국 선거가 끝나면 미중 관계는 경제적인 의존도가 너무 강하기 때문에 현실적으로 경제적 손익을 따져 가지고 국교 관계가 그렇게 나빠지지 않을 것 같습니다.

그리고 한 가지, '중국이 북한을 움직인다.' 그거 잘못된 것입니다. 움직일 생각도 없습니다. 중국입장에서 볼 때 북한은 자기 나라가 아니고, 더구나 중국으로서는 남북통일이라는 것은 예정일뿐입니다. 조선 사람들이, 한국 사람들이 해야 될 일이지, 중국이 함께 할 게 아니라는 것입니다. 그렇게 얘기한 이유는 무엇이겠습니까? 중국이 제일 싫어하는 게 뭡니까? 다른 나라가 간섭하는 일입니다. 특히 대만 문제입니다. 대만 문제는 우리 국내 문제다, 그러니 거기에 대해 두말도 하지 말라는 것입니다. 그렇게 한다면, 중국도 한반도에 내정간섭을 할 수 없는 것이지요. 그래서 그러한 것도 있고 해서 북한이나 한반도에 결정적인 영향을 이렇게 저렇게 미치지 않을 것 같습니다.

■ "한반도 통일이 바람직한지? 어떻게 생각을 하고 계신지?"라는 질문이 있었습니다.

아까 말씀드렸지만 한반도 통일의 유일한 방법은 6·15선언입니다. 6·15선언의 2장에 나오는 그런 방향으로 할 수밖에 없습니다. 그렇게 하려고 하면 외세가 관여할 수도 없고, 할 필요도 없고, 오히려 걸림돌이 되지요. 중국도 걸림돌이 되고 미국도 걸림돌이 될 겁니다.

그렇다고 해서 우리 민족끼리, 남북이 할 전망이 있느냐? 저는 문 대통령이 들어왔을 때 전망이 있다고 봤는데 지금은 좀 다릅니다. 최근에 한국 방문을 두어 번 가보니까 대한민국에서 통일 정책이 없어요. 통일 정책이 안 보여요. 대한민국에서 가만히 있으면 그거 '신인내'라 했죠. '무슨 인내'라 그랬어요. 기다리고 있으면 북이 망하든가 변하든가 한다, 그러면 우리 능력, 경제의 힘 등등으로 해서 우리가 흡수할 수 있다는 것입니다. 절대 안 된다는 생각이지요. 이것은 절대 안 됩니다. 북한은 그런 사회가 아닙니다. 그래서 그게 안 되면 그냥 기다릴 수밖에 없잖아요? 70년 기다려도 무슨 일이 있습니까? 이제부터는 점점 더 어렵게 됩니다.

그래서 용단을 내려서, 그냥 백두산에 가서 물 떠오는 정도가 아니고, 실질적으로 공동 프로젝트를 같이할 것을 하나하나 찾아야 됩니다. 꼭 같이할 프로젝트를 외교 같은 것도 그렇습니다. 이따금씩 독도 문제도 그렇고 이건 남북이 서로 이해를 같이하거든요. 그런 거는 한목소리를 내자 이거예요. 제 생각에는 한목소리를 내자, 문화적인 이런 것도 같이 협연도 하고, 남북이 서로 교환 연주도 하고, 해외도 나가고 해야 합니다. 우리가 외국에 알려줘야 할 게 많습니다. 의식과 문화와 이런 것을 외국에 많이 알려줘야 한다고 생각합니다.

그래서 통일 방법은 6·15 방법밖에 없고, 그렇지 않으면 흡수통일은 북한이 망하지 않고 변하지 않기 때문에 불가능하고, 무력통일은 어불성설입니다. 그러니까 연방 통일밖에 없습니다. 연방 통일이란 거, 낮은 단계의 연방이라고 그랬는데, 그게 무슨 말인지 설명을 좀 잘해달라고 그래야 합니다.

제가 볼 때는 낮은 단계의 연방은, 미국이 연방을 처음 시작할 때 미국에도 중앙정부, 연방정부의 힘이 약했어요. 그러다가 점점 힘이 더 많아졌지요. 처음에는 좀 약한 그런 거를 낮은 단계의 연방제라고 그랬지요. 그런 의미에서 평양 정부와 서울 정부를 그대로 두고, 제3의 정부, 연방 정부가 필요하다고 저는 철저하게 믿습니다. 경험적으로 그것밖에는 없습니다. 그것을 개성에 만들 던지, DMZ에 만들 던지, 그렇게 해서 제3의 정부랄까, 여기에서는 아까 말씀드린 이질성을 조화시키는 작업을 해야 되요. 동질성을 권장시키는 작업을 해야 합니다.

교육부터 먼저 시작해야 됩니다. 남과 북이 급선무로 해야 할 것이 한 가지 있습니다. 대학교를 같이 하나 만들어야 해요. 평화대학이면 더 좋고. 그래서 북한의 학자들, 북한의 학생들, 연구하는 사람들이 남한과 같이 한 방에 앉아가지고 토론해요. 제가 평양 김일성대학교에 가서 학생들하고 토론을 했는데, 토론이 잘 됩니다. 서울에 있는 사람들하고 토론시켜 놓으면 굉장히 좋아요. 그런 것을 우리가, 이 정부에서 앞장서서 해야 된다고 생각합니다.

> ■ 평화대학 너무 좋은 구상인 것 같습니다. 계속 잘 추진이 됐으면 좋겠습니다. 어쩌면 마지막 질문일 수 있을 것 같은데요, 아까 말씀하셨던 무지, 북에 대한 무지를 깨야 된다, 북에 대한 오해를 먼저 깨야 된다, 우리가 먼저 알아야 된다, 그런 말씀을 하셨는데 경험상 어떠한 것들이 우리 자신의 무지를 깨고, 그리고 또 미국 사람들을 대했을 때, 정치인들을 대했을 때, 어떤 것들이 효과적으로 의견을 나누는 데, 설득을 하는데 도움이 되는지 좀 나눠주시면 감사하겠습니다.

북한에서 유행어가 우리식 사회주의입니다. 중국에서 유행어는 중국식 사회주의입니다. 우리식 사회주의라는 것은 중국식이 아니라요. 그럼 우리식이 뭐냐? 그것을 북한 사람들한테 저도 가서 많이 묻고 하는데 자기들도 잘 모릅니다. 정치 구호로 나온 것이지요. 그게 정치 구호의 선을 넘어서 실질적으로 개념이 되고 또 이론이 되고 이렇게 돼야 됩니다.

제가 보는 북한의 우리식 사회주의는 주체식 사회주의입니다. 그 주체식 사회주의에는 아까 제가 말씀드린 몇 가지 집체적인 민족적인 평등을 지향하고 있습니다. 거기에다가 북한을 움직이는 것은 김일성 체제와 김일성 의식과 김일성 문화입니다. 이것이 3대째 내려왔다고 그 과정을 그렇게 볼게 아닙니다. 그러면 북한이 추구하는 경제제도는 어떤 거냐? 부의 분배는 어떻게 하는 것이 바람직한지, 그 사람들이 생각하는 그런 몇 가지 큰 질문을 가지고 연구를 해야 됩니다. 대한민국에 북한 학자들 많데요? 보니까 굉장히 많던데요? 그런 사람들 연구를 해야죠.

북한에는 굉장히 핵심적인 개념으로 생활비라는 게 있습니다. 생활비는 누구든지 벌어야 되고, 또한 누구든지 보장이 돼야 합니다. 그런데 생활비는 큰 차이가 없습니다. 먹고 입고 자고 이런 거 아닙니까? 주택은 전부 다 국가에서 나오는 거고, 먹고 입는 것 뭐 뚱뚱한 사람은 좀 더 먹어야겠지만 그게 중요한 게 아니기 때문에, 생활비가 비교적 평등합니다.

그 생활비가 보장됩니다. 그러니까 굶는 사람 없는 거예요. 교육도, 뭘 교육을 시키든 간에 보장을 합니다. 그런 식으로 북한 사람들은 북한 사회의 개념을 정립한다는 것을 우리가 알아야 됩니다. 대한민국의 북한 학자들이 뭘 가지고 연구를 하는지 모르겠어요. 그 탈북자들이 북한 비난 하는 그런 것으로요? 탈북자들만큼 북한을 모르는 사람 또 없습니다. 북한을 교육하는 교재가 또 없어요. 제대로 된 교재, 그러니까 미국에 있는 학자들이나 한국의 학자들도 이제는 북한에 대해 연구를 하고, 외국사람 또 한국사람, 우리 동포들한테도 우리 스스로를 좀 알아야 하겠다는 것입니다.

몇 년 전 일이지만 제가 이 얘기를 하다가 평양 사람들 오고, 서울 사람들 오고 다 이렇게 앉아 있는데, "아 우리 조국에서"라고 북에서 오신 선생님들을 향하여 얘기를 했거든요. 그러니까 남에서 오신 분 한 분이 손을 딱들더니, 박한식 교수님은 북을 조국이라고 봅니까? 이러더라고요. 그래서 저는 원래 거기에서 태어났기 때문에 그런지 몰라도 "물론이죠, 북한도 내 조국이고 남한도 내 조국입니다"라고 했습니다. 분단된 게 내 가슴이 아프지, 왜 아닙니까? 제가 그렇게 얘기한 것이 상당히 점수가 올라갔어요. 더구나 북한 측에서는 점수가 더 올라갔어요. 그건 야담이구요.

■ 미국 사람들과 대화를 할 때 경험상 이런 것들은 좀 설득이 되더라하는 그런 경험담 있으시면 말씀해 주십시오.

미국 사람들이랑 대화할 때 제일 중요한 것은 물론 '노스 코리안 이즈 코리안 캐릭터시티(?)'이지만, '한국은 사회주의 인가?'하는 문제를 두고도, 미국 사람들은 몰라요. 뭐 요새 선거하는데 '메디컬 케어 솔루션'을 말하고 있지만, 국가에서 준다 하니까 '사회주의(socialism)'이다? 그게 무슨 사회주의입니까?

사회주의는 사유재산이 없어야 돼요. 미국의 버니 샌더스 같은 사람이 사유재산을 말살합니까? 북한은 사유재산이 없습니다. 그러니까 사회주의 경제가 다르다는 걸 우리가 알아야 합니다. 미국 사람은 더구나 알아야 해요. 그러면 북한 같은 사회주의가 잘할 수 있는 게 뭐냐? 못하는 건 많지요. 잘할 수 있는 게 뭐냐? 이걸 의논하고, 우리가 배울 게 없느냐 하면, 환경문제 하는 건 우리가 배워야 되요.

▌박한식 교수님이 저희 이제 참가하신 분들, 그리고 미주 동포들한테 하시고 싶은 말씀이 있으시면, 전달사항이라든지 파이팅이라든지, 부탁드립니다.

북한을 있는 그대로 보아야 합니다. 있는 그대로라는 것은 왼쪽이냐 오른쪽이냐 그게 아니고 제3의 국가라는 걸 알아야 합니다. 그리고 북한을 가부장제로서의 국가라는 것, 그건 우리 유교를 가지고 있는 사람들은 알지요. 가부장제도는 서울에 가도 뭐 기독교도 많고, 뭐 불교도 많고 그래도, 아 무슨 명절날이 되면 뭐 경부선 등등 전국적으로 기차가 꽉 차버려요. 부모님들한테, 어른들한테 세배 가지요. 그 얼마나 아름답습니까? 그게 남쪽에만 있습니까? 북쪽에도 있습니다.

그런 것은 외국 사람들은 몰라요. 외국 사람들도 부모 나이가 많으면 시설이나, 요양원에 갖다 넣고 해결하려고 그러죠. 우리는 우리 통일 문제를 생각하면서, 아까 제가 대학교 얘기도 했는데, 그런 평화대학도 우리가 하나 있었으면 좋겠고, 교과 같은 것도 인류 평화를 위해서 인류가 가지고 있는 문제를 해결하는 데 도움이 되는 방식으로 그렇게 했으면 좋겠어요.

■ 오늘 수고해주신 박한식 교수님 정말 감사드립니다.

아니, 저 유럽에서도 한국에서도 오셨다고 하는데, 여러 종류의 분들이 오시면 얘기 할 줄거리를 찾기가 어렵습니다. 이분을 생각하고 저분을 생각하고 말할 수도 없으니까. 변변찮은 얘기를 들으려고 모이셨는데 많은 실망이 되더라도, 격려하는 의미에서 잘 들어주셔서 고맙습니다.

4. 미국 민주주의, 어디서 와서 어디로 가나?

미국 민주주의 중요하지요. 미국의 민주주의를 제대로 잘 이해해야 미국의 정치를 이해하고 거기에 대한 반응을 준비할 수 있습니다. 대한민국도 그런 입장이고 조선도 미국을 정확히 알아야하고, 알려고 애쓰고 있습니다. 그래서 좀 과학적이랄까? 제가 생각하는 미국 민주주의가 어떻게 일어났으며 어떤 경로를 거쳐서, 누구에 의해서 영향을 제일 많이 받았으며, 지금 상황이 어떻고 앞으로 전망이 어떻게 되느냐? 저 나름대로 주관적으로 말씀 드리겠습니다.

민주주의는 말할 것도 없이 정치이념이지요. 정치이념이 제대로 된 이념이랄까? 포괄적 역할을 하는 이념으로 보면 모든 이념보다 시기적으로 앞서서 나온 것이 민주주의입니다. 정치이념은 여러 가지로 볼 수 있습니다. 하나는 철학적인 체계로 볼 수 있습니다. 자유다, 평등이다, 인권이다, 이렇게 하는 철학적인 가치관을 중심으로 정치이념을 보는 방법이 있습니다. 제가 그렇게 하려고 하는 것은 아닙니다. 그다음 중요한 것은 정치이념이란 항상 정치권력을 정당화시키는 도구로 사용돼 왔고 앞으로도 사용될 것이라는 점입니다. 정치이념을 정당화시키는 도구가 곧 정치이념입니다.

그러면 정치이념이 필요할 시기가 언제냐? 서구에서 물론 민주주의가 나왔는데 이것이 나올 때 어떤 사회 정치적 문화적 상황에서 나왔느냐 하는 것을 알아야 합니다. 무엇이 생산되기 위해서는 그 사회가 진통을 겪고 어디로 갈지 모르는 갈팡질팡하는 그런 사회, 역사적인 시점에 있을 때 새로운 이념이 창조되는 것을 기대할 수 있습니다. 말할 것도 없이 민주주의가 유럽에서 나왔는데, 그 당시는 중세 교황 권에 의해서, 혹은 종교의 권위에 의해 지배받던 중세, 곧 소위 암흑시대가 끝났을 때입니다. 끝난 게 그냥 끝나는 게 아니라 끝나기 위해선 여러 가지 각 분야에서 운동이랄까, 발전들이 나왔습니다. 무엇보다 먼저 나온 것은 종교개혁입니다. 마르틴 루터가 구교에 대해, 말하자면 항의를 해서 신교가 나왔는데, 신교의 교파를 이것저것 따지더라도 신교의 핵심은 개인의 창의성입니다. 개인과 하느님과 직접 대화를 하고 직접 관계를 형성하는 것이 신교이고, 가톨릭은 그 중간에 교회 차원에서 하나의 권위 있는 조직을 형성한 교황청이 있습니다. 그런 걸 다 버리고 개인이 절대자와 관계를 맺는데 신교의 의미가 있습니다.

이 신교가 개인주의를 숭상하게 됩니다. 개인의 창의성과 개인의 자유의지의 절대성, 이런 것을 중요하게 생각합니다. 그렇게 종교혁명이 일어났습니다. 그게 하루나 이틀 만에 일어났다가 그친 게 아니라 지금도 계속되고 있습니다. 투쟁도 되고 있고요. 중세 이전에는 어떤 권위인가요? 옛날의 모든 권위는 인류역사에서 인간의 불평등에 기반을 두었습니다.

플라톤의 '철인 왕'(哲人王)이라는 개념을 보면 철인은 지식이 많은 사람이고 지혜롭고 덕망도 있고 그러니까 지도층에서 활동해야 하고, 철인이 아닌 사람은 지배를 받는 것이 자기들한테도 더 좋다. 이것이 소위 플라톤의 '필로소퍼 킹'(Philosopher King) 아닙니까? 그것이 다른 모습으로도 나타났지만 결국 인간이란 불평등하다, 어떤 사람들은 능력이 있기 때문에 지배를 할 수 있다, 그렇게 인간사회를 보는 것이 치자(治者)의 능력, 지적 판단력 능력에 기반을 두는 것에서 권력의 정통성을 찾는 게 옛날 철학이었습니다.

인간평등 사상에서 시작된 경제이론

그러다가 인간이 평등하다는 생각이 나오기 시작했어요. 그게 종교개혁에도 있겠지만 문예부흥 이런데서, 예술이나 문학이나 사회학이나 철학, 정치학에서, 제가 아는 모든 분야에서 감성이 아닌 개인의 이성을 숭상하는 풍조가 생기기 시작했습니다. 중세는 지도자에게 감성적으로 무조건 충성을 하고 권위를 부여했는데, 이젠 인간이 감성이 아니라 이성적으로 판단하기 시작했습니다. 이성적으로 판단하는 이론을 만들어내게 됩니다. 여기서 굉장히 중요한 게 경제이론인데 바로 자본주의 원조라 할 수 있는 아담 스미스가 나왔습니다. 그것을 이어서 케인스가 나왔고 미국으로 건너왔으며 유럽도 마찬가지입니다.

아담스미스의 '보이지 않는 손'(Invisible Hand)은 각자가 개인의 이익을 추구하면 전체 공동체의 선이 형성된다는 것입니다. 그러니까 부분과 부분이 좋으면, 자기들이 권익을 추구하는 것이 합해지면 공동체 전체의 권익과 이익이 달성된다. 이렇게 보는 것이 아담 스미스였습니다. 그런데 그게 각각 자기 이익을 추구하면 흩어지지 않고 어떻게 공동선을 위해서 모아지느냐 하는 것은 자기도 설명을 못했어요. 그래서 이걸 '보이지 않는 손'이라 했습니다. '인비저블 핸드(Invisible Hand)', 그게 아담스미스입니다.

민주주의와 사회계약론

아담 스미스보다 한 발짝 더 나아가서 영국의 존 로크가 있었어요. 16세기 사람인데 사회계약설을 가져왔습니다. 치자(治者)가 정치를 하는 것은 머리가 더 좋거나 권위가 더 있거나 혹은 하나님으로부터 은혜를 받아서 치자가 되는 게 아니고, 계약에 의해서, 사회계약에 의해서 치자가 되는 겁니다. 치자와 피치자 사이엔 계약관계가 형성되어 그 계약을 이수하는 것이, 계약에 순응하는 것이 사회질서를 유지하는 것이다. 그런데 계약을 하는 데는 개인적인 것을 다 합하면 공동선이 나오는 것이 아니고 거기엔 플러스알파가 있다, 이거에요.

개인이익을 다 보태가지고는 사회 공동선이란 게 나올 수 없다, 거기엔 알파가 붙어있다. 이렇게 한 것이 존 로크에서 장자크루소로 서구사상사에서 넘어옵니다. 장자크루소의 'General Will'이라는 개념, '일반 의지', 그런 개념이 만들어졌습니다. 인간 이성을 이렇게 보고 저렇게 봐서 이성이 중요한 것으로 이성에 의해 만들어진 사상체계가 이념이 되서 권력을 정당화시키는, 그 줄거리를 타고 나타난 것이 민주주의입니다. 그전에는 정치이론이 없어요. 힘이 있는 사람이 다스리고 또 하나님 섭리에 대해 해설을 잘할 수 있는 위치의 종교지도자가 다스리고 하던 그런 것은 정치이념으로 지도자를 정당화하거나 합리화 시킬 필요가 없었습니다.

그런데 민주주의가 되니까 여러 사람이 자기 생각이 옳다하고 그렇게 나오니까 민주주의 안에서도 여러 가지 종류, 심지어는 민주주의라고 하기는 어렵지만 무정부주의 이런 것도 나오기 시작했습니다. 민주주의가 무엇을 제일로 주장하며 나왔냐하면 '독재를 해선 안 된다', 그게 군주이든 교황이든 독재를 해선 안 된다는 것이었습니다. 그렇습니다. 독재에서부터 해방되어야 한다. 권력을 가진 사람이 권력을 남용해선 안 된다는 겁니다. 그래서 그때 민주주의라는 것은 유럽 전체 민주주의에서 통하는 건데, 정부가 약한 정부이면(권력) 행사를 적게 하는 것이 적을수록 좋은 정부다, 그것을 끝까지 밀고 나가면 무정부주의가 제일 좋다는 얘기죠? 그렇게까지는 민주주의 이론가들은 나가진 않았습니다. 그래서 민주주의 이론에서 중요하게 나타난 것이 사회계약론입니다. 존 로크가 집대성시킨 계약론입니다. 그게 영국을 통해 미국으로 넘어왔어요.

미국 민주주의는 자유민주주의가 아니다

그러니까 미국의 민주주의는 작은 정부일수록 좋다, 이게 전혀 아닙니다. 영국이나 유럽에서는 그런 원칙이 있습니다. 정부가 확장되는 걸 다 경계하고 그러지요. 민주주의라는 이름으로. 그런데 미국은 아닙니다. 미국은 국민에 의해서 권위를 이양 받으면 얼마든지 큰 권한으로 행사해도 괜찮다는 것입니다. 정부 권한이 크고 작은 게 문제가 아니라, 그것이 국민들의 소위 피치자(被治者)들의 공리에 의해서, 또 그 사람들의 자유의지에 의하는지 그게 중요하다는 것입니다. 그래서 저는 미국이 자유 민주주의(Liberal Democracy)가 아니라 '참여민주주의(Participant Democracy)'라고 말합니다. 처음에 이것을 영어로 말하다 한국말로 번역을 하니까, 누가 또 "우리나라에서 참여민주주의를 얘기한다."고 하는 사람이 있다고 해서, 고(故) 노무현대통령이든가요, 어쨌든 그게 이제 미국의 데모크라시가 됐는데 보통사람이 참여하는 겁니다.

정부에 참여한다는 건 선택권을 가진다는 겁니다. 그런데 정강 가운데서 정치가의 가치관이나, 정책의 다양성에서 선택한다는 것이 얼마나 어려운지 모릅니다. 미국 민주주의만큼 어려운 게 없습니다. 제가 볼 때 불가능하리만큼 어렵습니다. 보통 선거하는 사람이 국가를 위해서나 자기를 위해서나 비교해서 제일 좋은 걸 선택해야 되거든요. 비교에서 선택하는 중요한 원천이 시장경제에서 나옵니다. 과거 농경사회에서는 선택이 별로 없었습니다. 공업사회에서 공업물자가 나오고 하니까 자기가 다 먹을 수도 없고 그것을 다량으로 생산해서 시장에서 팔아야 합니다, 시장경제가 없으면 발전을 못합니다. 물론 그것을 자본주의라고 하지요. 물건을 사고 파는 사람들, 생산자와 소비자가 만나는 곳이 시장인데 그곳을 중심으로 사람 사는 도구를 만듭니다. 그게 도시의 시작입니다. 서구에서 시장을 중심으로 도시가 만들어졌습니다. 시장에 가면 무얼 합니까? 비교해서 선택합니다. 선거와 똑같습니다. 나한테 좋고 나쁘다 다 비교를 해가지고, 내가 사려고 하는 물건에 대해 정보를 갖고 있어야 해요. 정보가 없으면 참여민주주의가 안됩니다. 정보는 교육만 갖고 되는 게 아니에요. 사회, 언론 사회전체적인 선택을 할 수 있도록 훈련을 받아야 되요. 민주주의란 게 어려운거에요. 그러나 미국이 지금까지 그렇게 왔지요 참여민주주의로 많이 했는데 이게 표를 갖고 권력을 차지하는 것, 권력이란 게 굉장히 강합니다.

경제도 정치도 독점하는 미국

강한 권력이 어디서 유래됐냐하면 한국 정치학자들이 잘 연구 안하는 거같은데 마키아벨리가 미국 민주주의에 지대한 공헌을 했습니다. 마키아벨리가 민주주의 찬양자는 아닙니다. 그 반대입니다. 독재자들이 마키아벨리에게 영감을 받고 권력을 잡으려 했던 것이 미국민주주의죠. 그런데 최근엔 선거를 통해서 선택을 받아야 되죠. 그러다보니 자기를 잘 팔아먹어야 하죠. 자기에 대한 긍정적인 정보를 갖고 광고도 하고, 물건 파는 거랑 똑같습니다. 광고를 하고 자기 물건이 좋다고 시장에서 말을 합니다. 얼마나 좋냐? 그거 좋다. 시장이 없으면 자유가 없습니다. 저도 청과 가게나 백화점에 가서 얼마나 즐기는지 모릅니다. 뭘 살까, 요걸 먹을까, 조걸 먹을까, 즐거운 겁니다. 그게 인생을 행복하게 만드는 거죠. 선택의 자유가 있는 겁니다. 그래서 민주주의가 중요합니다. 그런데 미국은 시장과 달리 자기 것을, 혹은 자기를 좋게 선택하는 게 목적이 아니고 남을 까는 게 목적이 됐어요.

경제적인 선택은 자기 것을 광고만 하면 됐는데 정치의 선택은 상대방을 끌어내리는 겁니다. 미국이 얼마나 상대를 까 내리는 캠페인을 하는지 모릅니다. 그것도 다 거짓말로 합니다. 트럼프가 조 바이든이 대통령 떨어졌다고 하지 않았습니까? 하도 큰 거짓말을 하니 'Big Lie' 라고 하잖아요. 상대방이 떨어졌다고 얘기하는 겁니다.

민주주의가 신빙성 있는 정보가 점점 고갈되고 있습니다. 그게 미국이 직면한 민주주의의 결점입니다. 민주주의 위기중 하나가 바람직한 정보가 없다는 것입니다. 그뿐만 아니고 여기엔 비교를 해가지고 경쟁을 해야 하는데, 경쟁을 시키는 것이 건전한 자본주의 아닙니까? 그런데 미국은 경쟁 안되는 게 두군데 있습니다. 하나는 'Monopoly', 독점하는 거예요. 큰 기업들 보십시오. 독점 다 하지요. 그것을 닮아 대한민국도 보니까 텔레비전 살 때마다 삼성을 사는데, 요새는 LG하고 독점을 해요. 그만큼 독점을 못 막는 게 미국 민주주의의 병폐입니다. 정치적인 독점은 정당이 두 개뿐이라는 것이에요. 요새는 공화당, 민주당 선택할 것도 없어요. 그만큼 나빠요. 둘 다 나쁜데 둘 다 나쁜걸 보태면 하나 좋은 게 되느냐, 그렇지 않습니다. 상대방 까 내린다고 자기가 올라가는 것도 아닙니다. 그래서 양당제인데 미국도 그렇고 우리 대한민국도 그렇습니다.

미국 민주주의의 병폐 양당제

미국민주주의에서 가장 중요하고 고쳐야 할 병폐가 양당제도입니다. 그래서 이 당 아니면 저 당이죠. 제 3당이 없으면 사람들이 다양성 있는 선택을 할 수 없습니다. 정당도 여러 정당이 있어야 하고 정책도 여러 개 있어야지 좋은 민주주의입니다. 그렇게 보면 불란서 민주주의가 미국이나 영국보다 훨씬 앞섰어요. 저는 그렇게 봅니다. 그럼 여기는 왜 양당밖에 없는가?

제도를 그렇게 만들어놨어요. 그것을 또 악용을 해서 자기한테 유리하게 한다고 그러는 거죠. 그게 뭐냐면 들어보셨어요? 특정후보나 특정 정당에 유리하도록 선거구를 확정하는 게리맨더링(Gerrymandering)을 아시죠? 지방정부 의원도, 중앙정부, 국회의원도 마찬가지입니다. 상원의원은 조금 다르지만 선거구 하나에 한 사람을 뽑는 것이 단일선거구라고 그러지 않습니까? 그것 때문에 문제입니다. 하나만 뽑으니까. 선거구역을 요렇게 자기 정당에 유리한 인구가 분포된 걸 만들어가지고, 그렇게 해서 선거지도를 보니까 이건 긴 벌레 같다고. 그런 벌레가 있어요. 게리맨더(gerrymander)라는 벌레인데, 그래서 게리맨더링이라고 합니다. 그런 건 다수가 이기는 게 아니에요. 소수라도 선거 구역을 자기한테 유리하게 할 수가 있잖아요. 누가 봐도 잘못됐지 않습니까? 그것을 못 고쳐요. 왜 못 고치냐? 두 당 사람들한테 고치라고 하니까 자기 발에 총을 쏠 사람 어디 있어요? 두 당 뿐인 것을 여러 당이 가능하도록 만들어야 합니다. 두 당 아니라도 국회의원에 당선될 수 있고 국가의 중요한 의결을 하는데 당이 될 수가 있습니다. 일본도 다수 당이고 불란서도 다수당입니다. 그런데 미국과 영국은 양 당뿐이에요. 실질적으로, 대한민국이 양 당을 받아놓으니까 문제가 자꾸 나옵니다. 부패도 나오고 문제가 됩니다.

이걸 조정하기 위해선 굉장히 간단합니다. 제가 이걸 조교수로 있을 때 글도 쓰고 발표해도 누가 보는 사람도 없어요. 어떻게 해야 되냐면 한사람 뽑는 것, 소선거구제를 중선거구제로 하면 이 문제가 다 해결됩니다. 왜냐하면 선거구 하나에 3명, 5명 이렇게 뽑거든요. 지금 불란서도 그렇고, 일본도 그렇습니다. 그럼 제일 큰 당, 이 당 저 당 아니고 제3당이라도 낄 자리가 있어요. 한군데서 다섯 명 뽑으면 그중에 3당, 4당, 5당까지 들어가서 낄 자리가 있어요. 선거제도만 바꾸면 되는데 사람 머리 써서 바꾸면 되는데 안 바꿔요. 자기 이해가 걸려서 안 바꿉니다. 그것도 미국의 문제입니다.

지금 'Electoral College'라고 하는 선거인단이 있습니다. 대통령 뽑는 그 것도 근본적으로 비민주주의입니다. 그런 걸 더 좋은 민주주의로 고쳐야 되는데 안 고쳐요. 이해관계 때문에 안 고친다는 것입니다. 그것을 누가 자꾸 닮느냐? 대한민국이 그대로 닮습니다. 민주주의에 맞도록 하지 않고 자기 당 이해에 맞도록 지금 하거든요. 상대방 비난하고 하는 게 대한민국 보니까 미국과 똑같아요.

미국 정치의 미덕은 승복문화

우리가 생각할 건 존 로크로 대표되는 사회계약, 정치계약 개념이 미국으로 건너왔습니다. 다수결이라는 개념이 건너왔어요. 다수의 결정에 승복해야지요. 미국 와서 제일 마음에 들고 감탄한 게 승복 문화가 있습니다. 정치 문화 중에 승복 문화가 굉장히 아름다운 것입니다. 잘못되면 인정(Concession)하는 거예요. 자기가 졌으면 승복하는 걸 제가 수십 년 미국에서 봤습니다. 그런데 이번에는 선거하고 나서 도날드 트럼프가 1년이 넘어도 승복을 안 해요. 자기가 대통령 될 수 있다. 되고 싶지, 하지만 된 게 아니에요. 그런데 거짓말을 자꾸 되뇌거든요. 이건 도날드 트럼프로 끝나는 게 아니라 앞으로 후진 민주주의 모습이 바로 그겁니다. 승복을 안 합니다. 끝까지 물고 늘어집니다.

우리도 옛날에 많이 그랬습니다. 옛날에 자유당 때 절대로 승복 안했습니다. 이번에 오히려 이재명 대선후보 과정 보니까 다른 사람 금방 축하해주고 승복하대요. 아주 아름답게 됐습니다. 그런 점에서 보면 미국 민주주의보다 대한민국 민주주의가 더 앞섰어요. 거기에 대한 긍지를 우리가 가져야 합니다. 우리가 미국 민주주의보다 앞섰다고 얘기하면 사람들이 눈 번쩍 뜰 거예요. 승복하는 얘기 해보세요.

아무튼 미국 민주주의가 영국에서 건너오면서 많이 변했어요. 영국이 한참 식민지국가를 확장해서 '해가지지 않는 나라'라고 했는데 그만큼 물리적으로, 군사적으로 세계에 확장 시키며 식민지 만들어 놓으면 자기 나라 영토 확장되었지요. 거기서 세금도 받아들이고 자기 땅처럼 사용하는 게 대영제국의 식민지 아닙니까? 미국에 대부분 기독교인들이 왔습니다. 그 사람들을 일컬어 청교도(淸敎徒)라고 그러죠. 청교도들이 미국에 대량 왔습니다. 1300 몇 년부터 오기 시작했습니다. 주로 많이 온 게 1630년대에 청교도가 굉장히 많이 왔습니다.

청교도들은 우리가 상식적으로 알지만 가톨릭을 비방합니다. 가톨릭을 좋아하지 않아요. 그 교회의 일사불란한 질서체제, 의식체계를 좋아하지 않는 것이 청교도들입니다. 이런 사람들이 와서 보스턴, 뉴잉글랜드 지방에 정착했지 않나요. 영국의 나쁜 건 그대로 다 가져왔어요. 저도 기독교인입니다. 죄송합니다만 기독교가 역사적으로 봐서 인종 차별하는 데 앞장섰어요. 영국이 인도 들어가서 인도사람들, 사람 취급했습니까? 인종차별 앞장세우고 들어가는 거예요. 기독교는 불행하게도 인종차별 딱지가 붙은 종교입니다.

미국의 원죄, 군사주의와 인종주의

국가를 세우려고 하니까 종교적인 기둥이 있어야 되겠다고 해서 청교도들이 만든 게 하버드대학입니다. 1636년에 만들어졌습니다. 1630년부터 1635년까지 청교도들이 대량으로 건너왔습니다. 건너와서 교회지도자들이 보니까 자기들은 자꾸 늙어가고 하니까 후세대 중심적인 종교지도자를 양성 못하겠거든요. 그래서 만든 게 오늘의 하버드 대학입니다. 그것을 1636년에 작은 신학교로 만들었어요. 그런데 청교도들이 와보니까 큰 문제가 있어요. 농사를 지을 땅은 얼마든지 있는데 땅이 자기 것이 아니지 않습니까? 여기 먼저 온 사람들이 있습니다. 몽골, 알라스카 이런 곳을 통해 넘어온 사람들, 아메리칸 인디언, 우리는 원주민이라고 합니다. 와보니까 땅이 없지, 그 다음에 농부가 없어요, 누가 농사를 지어요? 그때 영국은 한참 산업화 되고 있는데 제일 핵심적인 산업이 직물산업(textile)입니다. 목화는 기계화로 안 됩니다. 손 가지고 따야 해요. 그만큼 노동이 필요하거든요. 노동자가 없어요. 그래서 이 두 가지를 해결하려고 그냥 강하게 나간 것이 염치도 없고 도덕적인 기본도 없이 노예를 데려와서 농부를 만들고 땅은 총으로 점령해서 빼앗았어요. 이 두 개가 미국이 범한 원죄라고 생각합니다. 이 두 가지 원죄가 미국을 잡고 있습니다.

원죄는 문자 그대로 잘 사라지지 않습니다. 땅을 넓히려 한 게 군사주의입니다. 무력 가지고 총 가지고 했으니까요. 그리고 노동자를 데려와 팔기도 하고 사람취급 안 하는 게 인종주의입니다. 그러니까 인종주의와 군사주의가 오늘날까지 미국을 움직이고 있습니다. 미국은 인종주의 나라입니다. 대한민국이나 조선의 인종, 일본의 인종, 인도의 인종은 미국 사람들이 백인우선주의 입장에서 보면 열등한 민족이지요. 그러한 원죄에서 오는 의식구조를 미국은 탈피 못합니다.

그 다음에 군사주의죠. 미국이 무기 갖고 하지 않는 외교는 없습니다. 전부 무기를 갖고 합니다. 그래서 하다가 여기저기 걸려 있죠. 지금 한군데 걸린 것이 북한 아닙니까? 무기로 눌러도, 눌러도 안 눌러지거든요. 여기서 폭발을 하든가 앞으로 어떤 결론이 날지 모르지만 제가 볼 때 절대 비핵화는 불가능하고 하지도 않을 거고, 되지도 않을 겁니다. 미국도 조선의 비핵화를 원하지 않습니다. 지금 상태가 제일 좋습니다. 미국의 공리를 위해서. 미국의 공리라는 것은 경제적 그런 것보다도 미국의 그늘사회, 그늘정부인 'Deep State'를 봐야 합니다. 딥 스테이트의 핵심이 3개가 있는데 하나는 군산복합체입니다. 군산복합체가 미국 경제를 살리고 미국을 움직이고 있습니다. 군산복합체는 다른 것과 달라서 숫자들이 전부 비밀입니다. 미국 무기를 어느 정도, 누구한테 파는지 전부 다 비밀이고 찾아내기가 굉장히 어렵습니다. 그리고 군산복합체 돈은 어디서 나옵니까? 국민 주머니에서 나오는데 세금 식으로 나옵니까? 누가 얼마 냈다는 게 표도 안 납니다. 그러니까 군산복합체의 경제는 자본주의의 건전한 경쟁원칙에서 움직이는 게 아닙니다. 군산복합체는 경쟁이 없습니다. 비행기 만드는 보잉이나 이런데서 '가격이 얼마다' 하면 끝나는 거지 흥정도 할 수 없어요. 자본주의가 이미 끝났습니다. 군산복합체의 경제에서 자본주의는 이미 끝났습니다.

착취를 당해도 불만 안 나오는 미국의 중산계급

그리고 또 중요한 미국의 상황은 '지구화'(Globalization) 되는 거예요. 미국의 산업혁명이 1700년대 중반부터 시작됐습니다. 세계적으로도 그렇죠. 산업혁명이 그전에 일어난 게 아닙니다. 산업혁명이 일어나니까 중산계급들이 생기기 시작합니다. 왜냐하면 산업혁명이 일어나니까 시장경제를 만들지요. 사람들이 시장에 가서 사고 그래야 하는데 시장경제를 움직이려면 세 가지 요소가 있습니다. 하나는 사는 사람이 있어야 되요. 미국 와서 듣기 싫도록 듣는 게 소비자(Consumer) 경제입니다. 경제를 움직이려면 소비만 하면 된다. 산업을 움직이려면 소비만 하면 된다. 이걸 원활하게 하려면 소비를 해야 한다는 겁니다. 내 생각에 소비를 조장하면 환경이 나빠지고, 좋지 않은 게 많은데, 그게 케인즈 경제이론입니다. 케인즈 학문의 모순을 지적하고 더 나은 경제이론 만들어야 합니다. 그게 우리 민족한테 주어진 도전이라고 봅니다. 조금 전 말씀드린 대로 소비자가 있어야 되요. 소비자는 돈이 있어야 하니까 돈을 제법 벌어야 되요. 중산계급이 돈을 못 벌면 시장

경제가 살 수도 없고, 시장경제가 살수 없으면 자본주들도 살 수가 없어요. 그러니까 소비하는 사람들, 생산하는 사람들이 서로 공존하는 거죠. 그냥 착취만 당하고 살 수는 없습니다. 대한민국도 마찬가지지만 미국에서 재미있는 현상은 착취를 당해도 불만이 안 나옵니다. 칼 마르크스가 보기엔 착취하면 피착취계급에서 불만이 나오고 계급의식이 나오고, 계급투쟁 나온다고 하는데 절대 안 나옵니다. 계급의식이 나오기 전에 자기 계급 안에서 경쟁이 생깁니다. 그러니까 노동자들이 자본주들한테 반기를 드는 것은 이론에 그치고 실질적으로는 그렇지 않습니다. 중산계급 사람들이 자기들 안에서 어떡하든 윤택한 생활을 하려고 경쟁합니다. 계급 안에서 경쟁하는 거지요. 계급과 계급사이 경쟁은 이제 물 건너갔습니다. 그렇기 때문에 사회주의혁명, 칼 마르크스적인 혁명은 이제 우리가 기대할 수가 없어요.

'빨갱이' 단어 미국이 만들어내

미국에서 오래 살고 보니까 사람들이 쉬운 생활을 하려고 하지, 돈 좀 더 준다고 어려운 걸 배우고 새로운 기술 배워서 하려고 안 해요. 그래서 자본주의로 봐도 자본주의가 제대로 성장 못하는 것이 지금 미국입니다. 그러면 사회주의로 미국이 나갈 수 있느냐? 그 사회민주주의랄까? 그렇게 나갈 수 있느냐? 그것도 문제가 있습니다. 덴마크나 스웨덴이나 노르웨이나 모두 사회민주주의 아닙니까? 미국에선 사회주의 개념이 없습니다. 미국에서 사회주의는 다 왼쪽이고 다 나쁘게 생각하고 그렇습니다. 사회민주주의는 다 빨갱입니다. '빨갱이'라는 말이 미국서 나왔습니다. 우리가 창조한 게 아닙니다. 미국이 'Red's Fear'는 미국에서 나왔습니다. 붉은 것에 대한 공포, 그 말이 매카시 상원의원에서(매커시즘) 나왔습니다. 공산주의 때려잡는 상원의원입니다. 미국은 지금도 사회주의라면 대단히 싫어합니다. 그런데 정부가 좀 인민들을 위해서 뭘 직접 하겠다거나 버니 샌더스 상원의원 같은 사람의 의견이 나오면 전부 다 주류세력에서는 '저건 빨갱이다' '저건 레드다' 하고 대화 하지 않으려고 합니다. 이게 미국의 현상입니다. 그래서 요새 부상하는 건 반(反)중국 공산주의, 반러시아 공산주의입니다. 공산주의를 반대해서 나오는데, 공산주의가 자본주의를 반대해서 싸우는 건 몇 십 년 전에 지나갔습니다. 냉전과 더불어 지나가 버렸습니다. 그래서 미국의 지금 처지는 어떻게 해야 경제적, 정치적, 사회적 어려움을 극복하고 계급과 계급사이의 문제점을 해결하느냐 하는 것입니다. 그러나 해결책이 없습니다. 해결책을 얘기하는 학자들도 없습니다. 그러니까 '자본주의를 그대로 살려야 된다.' '자본주의가 박 교수 얘기처럼 그렇게 망하지 않는다.' 이렇게 얘기하는 사람들이 있는가 하면, 자본주의라는 건 앞길이 막연하다. 비관적으로 보는 두 그룹 밖에 없습니다. 저는 이 두 그룹에서 비관적으로 보는 게 더 현실성 있는 고찰이라고 생각합니다.

미국 민주주의는 'Money Talkcracy'

우리는 새 대통령, 새 정부가 나오면 몇 가지 본질적인 인권을 중요하게 생각할 수 있는 정치제제와 인간사회를 구상해야 됩니다. 그게 통일된 나라입니다. 통일된 나라가 어떻게 생겨먹었나? 저는 "인권이 보장된 나라가 이상적인 바람적인 나라다. 지상낙원의 세계다."라고 말합니다. 그런데 그건 다 목적입니다. 수단이 있어야죠. 살기 위해 먹어야 하고 먹기 위해서 밥을 먹고, 맵게 먹고 하는 것처럼 그렇게 풀어나갈 수 있습니다. 선택의 자유가 암만 있어도 뭐를 선택해야 할지, 어떤 선택이 가능할지, 그것을 위해 뭘 알아야 되는지 결과가 어떻게 되는지 정보가 있어야 합니다. 그 정보를 어디서 구합니까? 교육에서 구하는 겁니다. 교육이란 건 자유를 위해서, 인간의 존엄성을 위해서, 교육이 없으면 실현 불가능합니다. 교육이 있어야 어느 길을 갈지 어느 것을 선택할지 알 수 있습니다. 지금 미국이 이당저당 나와서 국회의원들, 상원의원들 나와 있는데 정신이 없어요. 이 사람 옳다 저 사람 옳다 하는데, 미국에선 돈 많은 사람이 선거에서 이깁니다. 1달러, 3달러, 5달러 보내달라고 하는데 그것을 보내니까 계속 더 와요. 돈 경쟁 이외엔 경쟁하는 게 없습니다. 이게 무슨 민주주의입니까? 민주주의는 옛날에 사라지고 'Money Talks', 돈이 얘기합니다. 'People talks'가 아닙니다. 그래서 Democracy를 'Money Talkcracy'라고 바꿔야 한다고 내 저서에서 발표했는데 그것을 덜 인용합니다. '머니토크러시', 미국민주주의는 돈이 움직이는 사회입니다. 대한민국도 이렇게 따라가면 안 됩니다.

남북이 공조하는 통일프로젝트

과거에 중세가 종말 되고 나서 지침을 못 갖는 혼돈상태에 나온 것이 무엇입니까? 중세가 끝나고 나서 강하게 왕권을 다시 복귀 하고 강하게 해야 된다고 나온 사람들이 마키아벨리나 토마스 홉스 이런 사람들 아닙니까? 그 대신 반대로 나온 사람들이 여럿이 있습니다. 존 로크, 루소 이런 사람들입니다. 그때와 같은 비교될만한 혼란한 상태가 지금 와 있느냐? 이게 중요한 질문입니다. 그때와 같이 혼란상태가 와 있다면 민주주의가 새로 탄생하는데 비견할 새로운 이념이 지금 어디선가 나와야 됩니다. 그게 사회민주주의도 아닌 것 같아요. 그래서 그것을 남과 북에서, 대한민국과 조선 인민공화국에서 모여 가지고 우리는 이것저것, 왼쪽도 갈만큼 가봤고 오른쪽도 절벽까지 가봤고 하니까, 같이 모여서 인류가 살아날 미래를 구상해야 합니다. 집단적 지혜를 모아서 인류가 살아날 미래를 구상해야 됩니다. 미국도 우리한테 배우지 않으면 자기들이 어떻게 찾겠습니까? 미국이 이런 갈팡질

팡한 상황에 있다는 것을 저는 강조하고 싶습니다.

우리식 민주주의를 해야 한다

　우리가 역사를 제대로 보고 통일이념을 만들어야 합니다. 이념 없이 통일을 만들자고 하면 안 됩니다. 연방제가 나와 있고 연합제도 나왔는데, 연합제는 자기가 무슨 말을 하는지도 모릅니다. 통일이 아니라 분단을 정당화, 정착시키는 것에 불과하다고 봐요. 연방과 연합을 초월하는 창조적 연방제, '단군연방제'로 하든가 어떤 식으로든 합리적으로 해야 합니다. 우리 철학과 민주주의에 부합한 새 민주주의를 창조해야 합니다. 우리식 민주주의를 해야 합니다. 미국도 어찌 보면 미국식 민주주의입니다. 민주주의 좋은 게 많지만 우리식 민주주의를 창조하는 지성인들의 노력이 필요하다고 생각합니다. 멀리 보지 말고 남북이 머리 맞대고 통일이념을 만들어야 한다고 생각합니다. 북과 손잡고 행동을 같이 하는 프로젝트를 해야 합니다. 북은 어떻든 핵 국가이고 일본과 미국이 무시할 수 없는 현실상황입니다. 남북이 공조할 수 있는 프로젝트가 아주 필요합니다. 일본에 대한 비판 정책은 남과 북이 같이 하는 게 옳습니다. 나아가 항상 제가 말하는 '개성 통일 평화대학교' 프로젝트를 남과 북이 같이 하면 통일하는데 첫 단추가 채워질 것입니다.

5. 미국 대선 후유증과 미국 민주주의의 장래

제가 제목을 흥미 있고 그럴듯하게 내놨는데 내용을 좀 알아보니까 한마디면 다 끝나요. 더 할 얘기가 없어요. 그래서 대통령 안 될 사람이 대통령 자리 앉은 게 잘못이다. 그 말 하면 끝입니다. 그런데 북미관계도 있고 한미관계도 있고 중미관계도 있고 굉장히 지금 복잡하지요. 그래서 이런 저런 얘기를 좀 '미국 민주주의의 장래'라는 것에 대해 말씀드리고자 합니다. 제가 미국 민주주의가 좋아야 하고 또 잘되지 않으면 인류사회 정치가 잘되지 않는다고 지금까지 생각하고 있어요. 그래서 미국민주주의를 우리가 참다운 민주주의로 만드는데 일익을 해야 됩니다. 한국이 미국을 닮아서 이렇게 저렇게 하지만 한국이 미국을 닮을 게 아니고 미국더러 민주주의라는 것은 이렇게 해야 한다고 가르쳐야 됩니다. 그만큼 우리는 자질이 있고, 역사도 있고, 경험도 있고, 안목도 있습니다. 그러한 큰 포부를 가지고 이 '사랑방'에 오셨기를 바랍니다.

미국 민주주의라는 것은 역사적으로 봐서 우리가 옳게 이해를 해야 됩니다. 미국 민주주의는 영국이나 유럽의 민주주의, 또 서구의 민주주의라는 것과도 다릅니다. 이론적으로 우리가 생각하는 민주주의, 역사적으로 나타난 민주주의와는 다릅니다. 미국 민주주의의 핵심이 어디 있느냐, 그것을 우리가 옳게 이해를 해야 됩니다. 핵심이 어디 있냐면, 미국은 영어로말하자면, Participatory Democracy, 곧 참여 민주주의에요. 그 대신에 유럽 민주주의는 Liberal Democracy 즉, 자유 민주주의에요. 그전에 자유민주주의가 도전을 쭉 받으면서 같이 자라난 것이 사회민주주의입니다. Social Democracy, Liberal Democracy, 미국은 Participatory Democracy 라고 하는 것이 왜 그러냐하면, Social Democracy하고 Liberal Democracy의 쟁점이 어디에 있는가 하는 차이입니다. 정부의 사이즈, 얼마만치 강한, 큰 권력 행사를 정부가 해야 되느냐 하는 것입니다. 작은 정부일수록 더 좋다, 이렇게 판단한 것이 자유민주주의입니다. 그게 존 로크나 이런 사람들에 의해 그랬죠. 장자크루소도 그랬지만 정부활동이 너무 강하면 이게 민주주의가 아니라 이거에요. 인권이라는 것은 정부의 개입을 배척하는 게 인권 운동이었습니다. 그래서 요새도 미국에서는 서구적으로 생각하는 사람들이 많지요. 그래서 정부가 큰일을 하고 많은 일을 하면 그것은 사회주의라 그럽니다.

요새 도날드 트럼프가 엉뚱한 얘기 하는 것 보세요. 다른 사람들은 소위 지금 Democratic Party, 즉 민주당은 전부 사회주의라 그럽니다. 그 사람들이 사회주의라고 그러는 이유가 '사회보장제도'(social security) 때문이지요. 여기서 상당한 Food 프로그램도 있지요. 국가가 활동이 큽니다. 사람 사는데 그것보다 더 큰 것은 사회민주주의입니다. 유럽의 사회민주주의(Social Democracy in Europe), 그런 거예요. 그러니까 서구에서 학자들이 논쟁할 때 민주주의의 본질은 정부의 권한이 얼마나 크냐에 따라 달려 있다는 것이지요. 그래서 조금 작아지고, 덜 가지고 하는 이런 것 가지고 학자들이 매번 논쟁하고 그랬어요. 그런데 미국의 학자 등 여기 건너온 청교도 학자들을 보면, 우리가 정부의 사이즈, 크기가 어느 정도냐 그것을 물을 때는 아니라는 것입니다. 정부가 무슨 일을 어떻게 하느냐에 따라서 민주주의냐 아니냐가 결정되는 것이지, 많은 역할을 한다고 해서 민주주의가 결정되는 것이 아니라는 것입니다. 정부가 자그마하면 그게 민주주의라고 그렇게 생각하는 것은 낙후적인 생각입니다. 그렇게 시작된 것이 미국입니다. 그래서 저는 저서에도 미국의 민주주의(Democracy)는 자유민주주의(Liberal Democracy)가 아니에요. 이건 참여민주주의(Participatory Democracy)입니다. 참여민주주의, 그것이 미국적인 민주주의입니다.

대한민국도 과거에 어떤 정권이 참여정권이라 그랬는데, 그러한 의미에서 정치 슬로건이 나오는 게 아니고, 국민이 참여하는 정치권력은 항상 정당하다, 정당성이 있다 이렇게 보는 것이 미국입니다. 왜 이런 말을 하냐하면 미국에서는 정치 참여가 미국 민주주의의 핵심입니다. 그러니까 정치 참여에 의해서 모든 걸 결정하지 않습니까? 의회 같은 걸 다 뽑아놓으면 그 사람들이 입법을 다 하고 국민들이 참여하지 않으면 정통성이 없어지는 게 미국 민주주의입니다.

그런데 미국 민주주의가 쭉 오다가 1970년쯤 되면 미국 민주주의가 위기를 당하게 됩니다. 미국 민주주의가 그렇게 오는 가운데 미국에서 특별히 나타난 것이 중산계급입니다. 유럽에도 칼 마르크스 얘기에 의하면 중산계급이 없고 그냥 있는 자와 없는 자, 브루주와 프롤레타리아를 방치해놓으면 부의 불평등한 분배에 의해서 의식구조가 다 달라서 계급 사이에 계급투쟁이 일어난다는 것이지요. 이게 칼 마르크스 이론 아닙니까? 그런데 계급투쟁이 유럽에서 안 일어났어요. 영국도 독일도 안 일어나고 하나도 안 일어났어요. 왜 안 일어났느냐? 그것을 연구한 학자들은 뭘 하는지 모르겠어요. 왜 안 일어났느냐 하는 것은 간단한 거예요. 여기 가진 게 있는 사람이 있고 없는 사람도 있습니다. 그래서 양극화가 돼 있으면 전쟁이 일어나고, 계급투쟁이 일어난다고 그랬지요? 그런데 중산층(Middle Class)이 그 중간에 자리를 차지해 버렸어요. 계급투쟁이 일어나지 않았어요. 중산계급이 이 계급도 아니고 저 계급도 아닌, 중화하는 계급이 나타났거든요. 중산계급이 나타나고 나니까 제가 관심을 특별히 돌린 것은 중산계급의 문화라는 거예요. 중산계급이 어떤 문화를 가지고 있느냐? 어떤 의식 구조, 가치관을 갖는지 이걸 알아야 됩니다. 중산계급이 없었더라면 미국 민주주의가 발생하지도 않았다고 나는 생각합니다. 그만큼 중요한 겁니다. 중산계급이 없으면 미국 적인 민주주의는 불가능합니다. 미국 민주주의는 말할 것도 없고 미국적인 민주주의도 불가능합니다.

그런데 대한민국을 보면 중산계급도 없어요. 없는 걸 피부로 느껴요. 우리 해외에 있는 사람들이 한 번씩 한국에 가보면 중산계급이 거기 있습니까? 생활권이 음식 값만 하더라도 어디 가면 우리는 미국 봉급 가지고 명함도 못 낼 만큼 비싸고 또 뒷골목에 가면 굉장히 쌉니다. 한국의 영화, 여기에서 '기생충'이라는 영화, 상도 많이 받고 그랬잖아요. 거 보십시오. 사회가 그렇게 갈라져 있는 거예요. '기생충'에서 그 계급사회 관계를 굉장히 잘 보여줍니다. 복잡하고 신학적이고 철학적으로 복잡하게 되어 있습니다. 그게 대한민국입니다. 그게 또 미국입니다.

중산층이 없어요. 왜 중산층이 없어졌냐? 중산층을 만들게 했던 원인들이 싹 사라졌어요. 무엇이 중산층을 만들었는가? 시장입니다. 농업사회에서 공업사회로 넘어오니까 시장문화가, 시장경제가 발전했어요. 시장에 가서 팔아야 돈 갖고 자기가 필요한 것을 삽니다. 시장에는 시장 의식이 있습니다. 문화가 있습니다. 시장에 가면 항상 비교를 합니다. 잘 잘못을 비교하고 손익을 비교하고 더 깨이도록 행동하는 거예요. 더 깨이도록 행동합니다. 그게 시장문화인데 그런 문화가 있어야 시장에서 물건 사고 파는데 관계되는 심리적인, 행동적인 이런 요소들이 그대로 나타나지 않습니까? 시장문화라는 게 있습니다. 가장 합리적인 문화이고 비교를 합니다. 개량적인 시장에 가면 모든 것이 돈으로 절약이 됩니다. 값이 결정이 됩니다. 아무리 머리 좋은 사람, 뭐 정신적인 그것도 전부 거기서 결정됩니다. 저는 어디 가서 얘기 하면 제 강사 값은 없습니다. 제가 강사 하는 것을 돈으로 가치 매기는 걸 저는 즉흥적으로 항의합니다. 공짜면 공짜고, 주려면 많이 줘라. 내가 일을 하는데 도와주라. 그 뭐 몇 백 불씩 강사료라고 하며 주고 하는 걸 저는 오히려 수치로 생각합니다. 그래서 시장문화의 발산이 되고 시장문화가 생기니까 중산층이 생깁니다.

시장문화에 어떤 사람이 갑니까? 물건 사는 사람, 물건 파는 사람 갈 거 아닙니까? 그 사람들의 손에 돈이 있습니다. 재산이 좀 있는 사람들이 시장에 참여를 합니다. 그 시장에 참여하는 사람은 누구입니까? 소비자입니다. 소비할 물건을 사가지고 오거든요. 소비문화가 나타나게 됩니다. 중산계급이 원하는 소비문화이고, 양의 문화와 질의 문화가 아닌 이런 문화들이 나타납니다. 비교 문화로서 절대 가치를 추구하는 것이 아닙니다. 비교가 되니까 그렇습니다. 미국만큼 서로 출마자들이 상대방을 비난하면서 출마하는 데도 별로 없습니다. 비교하니까요. 내가 더 훌륭한 후보다 하는 것을 입증할 생각을 안 하고 상대방이 나보다 더 못하다 하는 것, 그것만 힐뜯게 되어 있습니다. 지금 미국 정치가 다 그렇습니다. 선거 양상을 보면 상대방을 힐뜯는 거 그게 선거운동입니다.

민주주의의 원래 장점은 거기에 있는 게 아닙니다. 그래서 우리가 더 나은 민주주의를 만들려고 하면 선거 공약을 내놓고, 이런 공약대로 하면 국익에도, 우리한테도 도움이 된다고 이렇게 해야 합니다. 제가 어릴 때 대한민국의 선거운동 하는 거 보면 상대방 비난 별로 그렇게 하지도 않았어요. 그런데 요새는 전부 다 미국 닮아가지고 사사건건 상대방 비난하거든요. 그것은 이제 중산계급의 문화가 잘못 발전이 되어서 그렇습니다. 그래서 그 사람들이 또 누구냐면 생산자들입니다. 공장에서 일하는 사람들입니다. 말하자면 월급쟁이입니다.

월급을 받는 사람, 소비를 하는 사람, 시장에서 생활을 하는 사람. 그런 사람들이 어디에 삽니까? 도시에 삽니다. 그 도시가 옛날부터 어디서 시작됐냐 하면 시장에서 시작되었습니다. 세계여행을 해 보십시오. 오래된 도시가 처음 나왔다고 하면 이것은 과거의 어떤 시장에서 출발이 됐습니다. 우리는 경험적으로 볼 수가 있습니다. 그래서 이제 시골하고 달리 도시문화는 시장문화를 밑받침해서 도시문화와 시장문화가 이렇게 같이 자랍니다. 그 가운데서 중산층이 왜 나타나느냐 하면 월급쟁이 때문이거든요. 미국도 보십시오. 사람들 90% 이상 월급쟁이입니다. 월급쟁이는 월급을 자기가 올리고 내리고 못해요. 생산하는 사람들은, 농사짓는 사람들은 좀 부지런히 해가지고 농사를 많이 지으면 재산이 더 있게 되죠. 그렇지만 월급쟁이들은 딱 정해진 월급입니다. 저는 은퇴한지 지금 5년이 넘는데, 은퇴하고 나서도 꼭 같이 월급을 거기에 비준해서 줍니다. 그만큼 삶이 보장되어 있는 것이 중산계급입니다.

크게 잘 살도록 못해주더라도 식생활을 할 수 있도록 되어 있는 것이 중산계급입니다. 그 중산계급들 때문에 사회가 안전합니다. 중산계급들은 시민의식이 있습니다. 시민의식이라는 것은 공동체에 대한 책임감을 느끼는 것이 시민의식입니다. 시민사회가 그렇지 않습니까? 한국도 요새는 시민사회가 왜 저 꼴이냐? Civil Society 혹은 Civic Society, 즉 시민사회라는 게 민주주의의 핵심입니다.

대한민국은 제대로 된 Civic Society도 경험 못해봤는데 요새는 민주주의에 앞장섰다고 하지만 그게 빠진 겁니다. 아무튼 이제 중산계급이 소비를 하고, 봉급이 생기고, 봉급을 또 올리려고 운동을 하지요. 노동조합도 만들어가지고 쟁의도 하지요. 조합을 만들어 놓으면 힘이 생기죠. 왜냐면 혼자 내가 일 안하겠다, 그러면 혼자서 손해지만 집단파업을 해 보십시오. 얼마나 힘이 큰가? 그런 식으로 되는 것이 중산계급입니다. 그래서 중산계급이 소비를 하지 않으면 그 상류층에 있는 경제 구조가 살 수가 없습니다.

그러니까 미국에도 근년에 와서 경제 문제가 있으면 있을수록 소비하라, 소비하라 그러거든요. 미국에서 자란 사람들은 알 거에요. 소비 안하면 경제가 망한다. 소비하라고 그러지 않습니까? 우리 옛날 생각하면 돈을 적금해야지 왜 소비를 해요? 건전하게 살려 하면 말이지요. 그런데 그 소비문화에 대해서도 우리가 더 앞으로 더 생각을 많이 해야 됩니다. 그래서 이제 중산계급이 되어 버리면 파면을 못합니다. 업주들이 파면을 못합니다. 왜냐하면 그 사이에 공업은 농업과 달리 눈만 감았다 하면 자꾸 기술이 발전되어요. 기술이 발전됨으로써 다량으로 생산할 수 있고 노동을 적게 해서 기계화시켜 가지고 좋은 물건을 만들 수 있고 그렇지 않습니까? 그래서 대량생산(Mass Production), 대량소비(Mass Consumption), 이런 상황으로 나가게 되요. 그러면 공장주와 업주는 소비자가 필요한데 소비하는 사람들이 국내에서만 있는 것이 아닙니다.

이제 세계화가 되었습니다. 1970년에 이렇게 세계화 되어 가지고 세계 시장이 하나가 됩니다. 세계 시장이 하나가 되기 전에는 그 시장에서 소비자를 확보하고 이렇게 했지요. 그런데 세계 시장이 되어버리니까 물건을 만들어 가지고 자기 나라에서 팔아먹는 게 아니고 세계 시장에 내버려요. 그러니까 세계화가 됨으로써 각 나라에 있는 중산계급의 위치가 취약하게 됩니다. 세계화가 되어서 노동자가 월급을 더 달라고 쟁의하려고 하면 보따리 싸가지고 외국에 가든가, 아니면 자본주가 가든가 공장주가 가든가 합니다. 그것도 아니면 외국의 이민자들을 데리고 와서 헐값에 노동을 시키고 그렇지요? 그래서 1970년 이후에 미국에는 줄곧 오늘날까지 중산층이 파괴되었습니다.

그래서 트럼프 같은 사람은 중산층이 파괴됐다고 미국의 직장을 다시 가져 온다 그러는데, 그건 수박 겉핥기지 그렇게 되지 않습니다. 세계 경제는 이제 하나가 돼 가지고 큰 눈덩어리처럼 굴러가고 있습니다. 그래서 트럼프가 이와 같은 중산층이 없는 상황에서 나타난 거예요. 트럼프라는 사람을 볼 필요가 없습니다. 미국 사회가 어떻게 해서 트럼프 같은 사람이 나와서 대통령이 될 수가 있었는지 그것을 알아야 돼요. 선거는 끝났습니다. 합법적으로 깨끗하게 끝났습니다. 그런데 트럼프는 자기가 이겼다는 거예요. 그런 엉터리 얘기가 어디에 있습니까. 그러니까 트럼프는 독재자 중에도 실패한 독재자예요. 성공한 독재자면 이름이 좀 날건데 이 사람은 실패한 독재자이기 때문에 자기가 한 일에 대해서 책임을 져야 되고 아마 적지 않은 기간을 노후에 감옥에 가야 될 거에요. 그게 정의로운 겁니다.

그래서 이제 미국의 민주주의도 중산계층이 없어졌으니까, 중산계층이 좀 나타나고 할 때는 공장도 많고, 노예제도 없애고, 노예 해방전쟁까지 일어났는데, 요새는 미국에 노예시대가 다시 돌아왔어요. 문화의식구조로 보면, Black Lives Matter 운동입니다. 그게 계급투쟁입니다. 경제적으로 뭐 돈 더 달라 이게 아닙니다. 의식구조의 대립입니다. 착취와 비착취의 대립입니다. 칼 마르크스가 다시 생존 했더라면, 자기 이론에 맞도록 인류역사가 다시 돌아간다고 생각 할 수도 있습니다. 그래서 미국 민주주의의 위기가 아주 본질적인 것은 중산 계층이 붕괴되어서 민주주의가 안 된다고 그렇게 봐요. 그렇기 때문에 도날드 트럼프도 나타나고 Military Industrial Complex인 군산복합체도 나타나고 언론의 횡포도 많이 나타나고 그렇지요. 그런 것은 이제 Deep State(그림자 정부)라는 새로운 현상이 지금 나타나고 있습니다. 이미 많이 나타났어요. 미국을 알려고 하면 군산복합체를 알아야 하고, 민주주의가 어떻게 중산계급이 없어진다는 것을 알아야 합니다. 그 다음에 Deep State 라는 것을 좀 연구해야 되요.

저는 트럼프가 미국한테만 오점을 주는 사람이 아니고, 인류역사에 큰 죄를 준 사람이라고 생각합니다. 그 사람은 백인우선주의에다가 인권을 무시하는 그런 사람입니다. 그리고 모든 것을 다 무기가지고 해결하려고 하는 사람입니다. 그는 평화주의자가 생각도 할 수 없는 그런 노선을 걷고 있는 것이 도날드 트럼프입니다. 그런데 왜 그런지 대한민국은 한때 트럼프 인기가 높았지요. 미국의 우리 동포들도 트럼프 인기가 상당히 있는 것 같아요. 지지하는 것은 다 본인의 의사니까 그렇지만 공부를 좀 하고 트럼프가 어떤 사람이라는 것을 좀 알고 지지하고 싶으면 지지하고 비판하려면 비판을 해야 될 것 같습니다.

미국 대통령 선거에서 독재자가 나타났어요. 이와 같이 완연한 선거 결과에 승복하지 않은 어느 후진국의 독재자도 저는 기억을 못합니다. 선거하고 나서 한 달이 넘었는데, 자기가 이겼다는 겁니다. 아직까지 현실을 현실대로 안 보는 겁니다. 자기가 보고 싶어 하는 현실이에요. 한심한 것은 그런 트럼프를 맹목적으로 지지하는 군상들이 적지 않습니다. 아마 미국 국민의 25%는 거기에 속할 겁니다. 제가 미국에 오래 살고 미국을 사랑하는 사람으로서 개탄하는 것은 트럼프 같은 사람을 맹목적으로 지지하는 사람들이 적지 않다는 겁니다. 그게 한심한 얘기입니다. 그건 다시 청산을 할 수 없습니다. 트럼프는 돈도 있고 감옥에 가든가 그건 문제가 아닌데, 미국 인구의 한 4분의1이 그런 식으로 생각도 못하고 원칙도 없고 양심도 없고 사물을 볼 줄도 모르고 이렇게 타락된 것이 또 미국입니다.

그래서 그게 변하려고 하면 시민사회가 활성화 되고 교육이 제대로 되어야 됩니다. 교육 중에 제일 나쁜 것이, 제가 한 50년 교육생활 해서 아는데 미국에서 종신재직권인 테뉴어(tenure) 시스템입니다. 출판 몇 개 하고 나면 저도 일찍 받았지만 종신 동안 파면 안 되는 직장이 되어버립니다. 종신교수(Tenured Professor)가 되는 겁니다. 그렇게 되면 사회문제에 대한 의식이나 이런 걸 점검하지 않습니다. 그냥 보장된 것 가지고 부유한 중산층으로 삽니다. 대학교수들이 그렇게 사는데 만족하고 있지요. 그래서 교육부터 바꿔야 됩니다. 테뉴어라는 것은 옛날에 조셉 맥카티, 이런 사람들이 빨갱이 잡고 할 때 양심적인 학자들을 때려잡으니까, 그것을 보호하기 위해서 국가에서 특별히 도움을 주고 만든 것이 테뉴어 시스템입니다.

그런데 요새는 테뉴어 시스템, 그 원칙하고 관계없이 출판 몇 개 더 하면 그만 테뉴어 시스템을 줘요. 그거 너무 잘못된 것입니다. 제 책에서도 미국 테뉴어 시스템을 없애야 된다고 했습니다. 저는 테뉴어 시스템 받고, 즐기고 있으면서 또 그런 얘기도 했습니다. 제가 테뉴어 없었으면 학교에서 쫓겨났습니다. 평양가지 마라고 하는데 그것을 무시하고 가니까 그때 야단났어요. 우리 학교에서 총장까지. 결국은 테뉴어 있기 때문에 제가 법정에서 이길 수 있었지요.

미국은 참여민주주의지, 자유민주주의가 아닙니다. 자유민주주의에서는 무기 사고 싶으면 사지요. 그게 아니에요. 참여민주주의는 참여하는 인민, 국민들의 의사가 있는 겁니다. 장자크 루소에 대해 우리 많이 들어봤지요. 프랑스 정치 이론가인데 이 사람이 얘기한 것 중에 제일 중요한 것이 General Will, 우리말로 '일반 의사(意思)'입니다. 그것은 개개인의 의사를 수학적으로 합해 가지고 만든 게 아니고 '일반 의사'는 따로 있는 거예요. '일반 의사'를 많이 이용합니다.

북한에서도 "주체사상은 '일반 의사'다." "인민들이 생각하는 각각을 합하면 그게 바로 주체 사창의 단위다. 주체사상은 별도로 어떤 원칙에 의해서 만들어진 것이다." 이렇게 보는 것처럼 민주주의도 그렇게 봐야 된다고 봅니다. 그래서 민주주의라는 것은 하나의 가치관의 체계이지 그것이 현실적으로 미국에서 실현된 이념이 아닙니다.

그래서 우리는 대한민국 민주주의를 생각할 때나, 대한민국의 역사와 문화와 풍토와 지정학적인 모든 것을 고려해서 창의적으로 민주주의를 만들어야 합니다. 민주주의는 미국이 그대로 얘기했습니다. 국민에 의해서, 국민을 위해서, 국민에 의한 정부, 헌법에 나오지 않습니까? Democracy of the People, for the People, by the People. 미국이 지금 그렇게 하지 못하고 있습니다. 그렇게 하는 국가를 우리 대한민국과 조선민주주의 인민공화국이 손을 잡고 만들어야 합니다. 진정한 민주주의, 진정한 인민주의를 만들어야 됩니다. 북에서도 남에서도 실패를 해가면서 경험이 많습니다.

그래서 우리가 가지고 있는 경험을 토대로 해서 다른 민족은 꿈도 못 꾼 그런 일들을 해야겠고, 그렇게 통일의 길을 이다음 '사랑방'에서 더 논의 하겠습니다.

6. 조선민주주의 인민공화국, 우리는 몰라도 너무 모른다

■ 저희 박한식 '사랑방' 11월 모임에 화기애애하게 많이들 참여
해 주셨습니다. 전 세계에서 참여를 하시는 저희 '사랑방'이 오
늘도 훈훈합니다. 오늘의 제목은 "조선민주주의 인민공화국,
우리는 몰라도 너무 모른다."입니다. 약간 어떻게 보시면, "어?
이런 제목 써도 되나? 조선민주주의 인민공화국이라고 우리가
말을 해도 되나?" 뭐 그런 생각을 하시는 분들도 있을 텐데요.
박한식 교수님이 왜 그런 제목을 정하셨는지 한번 이야기를 들어
보고, 모두 좋은 자리 그리고 좋은 시간이 됐으면 좋겠습니다.

이번 제목에서 "조선민주주의 인민공화국" 제가 그렇게 꼭 붙이라고 그
랬습니다. 이름을 불러줘야지요. 북한, 북한 그러면 남조선이라고 해야 합
니다. 대등하게 하려고 하면. 북한, 남한 이러면 안 됩니다. 그래서 조선민
주주의 인민공화국으로 하자고 했습니다. 그게 정체성인데, '몰라도 우리는
너무 모른다.' 이런 제목 하나 붙여보자 그랬습니다. 어디서 그런 착상이 나
왔냐 하면 서울에서 이름 있는 분이 이렇게 말씀하셨어요. 북한은 우리보다
GNP 대비 1인당 평균 소득이 50분의 1밖에 안 된다. 또 북한은 우리보다

해외 수출하는 무역량이 400분의 1밖에 안 된다. 따라서 남과 북의 체제 경쟁은 오래전에 끝났다. 이렇게 얘기한 분이 있습니다.

누구신지 아십니까? 그 얘기를 누가 했는지 잘 아시는 분은 가만히 계시고 모른 척하세요. 그 사람 이름이 문재인 전 대통령입니다. 꼭 이렇게 얘기한 거예요. 몰라도 너무 모르는 사람이 청와대에 앉아 있었습니다. 촛불혁명으로 국회도 다수로 만들어가지고 일을 하라고 만들어놨는데, 북한을 이렇게 모릅니다.

지금 제가 인용한 것은 마치 탈북자가 북한에 대해서, 북조선에 대해서 묘사한 것과 꼭 같지요? 체제 경쟁은 400분의 1, 50분의 1밖에 안 되고 떨어진다, 그러니까 그 체제는 더 이상 존속할 가치가 없다, 이런 얘기입니다.

그게 어디로 연결이 됐냐 하면 동독 식으로 연결이 됩니다. 이렇게 이 분도 생각을 하는 것 같아요. 그런데 그분이 다른 분이 아니고 문재인 대통령이었다는 점에서 굉장히 답답합니다. 한국 사람들은 죄다 국가보안법, 그전에 반공법 이렇게 해서 빨갱이 때려잡고 사람들 모함시켜가지고 '친북이다 종북이다'라고 하는 그런 정치 풍토, 문화 풍토가 됐기 때문에 북한을 악마화 하고 있습니다.

제가 북한에 많이 같다고 그랬는데 처음 가니까 깜짝 놀란 거예요. 거기가도 우리 조선 말 하더라는 것, 이게 제가 제일 깜짝 놀랐습니다. 제가 남쪽에서 공부할 때는 북한이 정말 많이 바뀌어서 말도 하나도 못 알아듣는다, 이렇게 교육받았는데 가보면 그렇지 않아요. 예컨대 그만큼 우리는 악마화 시키는 그런 정치적인, 의식적인, 문화적인 여건에서 지금까지 살고 있습니다.

북한을 모른다. 우리가 모르는 거 다 아니까 그런 정도로 대통령까지도 그렇게 묘사하니까, 모르지요. 그런데 모른다, 모른다, 자꾸 해본들 알아질 수도 없습니다. 북한의 정체가 어떠냐? 알아야 돼요. 그래서 나머지 시간에 제가 몇 가지를 가지고 북한의 정체를 짚어 봐야 된다고 봅니다. 이 몇 가지만 가지면 북한의 정체가 드러납니다. 이런 의미에서 말씀 나누고자 합니다.

제일 처음은, "세상에 그것까지 모릅니까?"입니다. 북한은 사회주의 국가입니다. 왜 그것까지 모릅니까? 그것까지도 몰라요. 사회주의 국가는 어떤 거냐? 인류가 나오고 나서 서구에서 이념들이 생기면서 자본주의 민주주의가 먼저 생겼습니다. 자본주의를 해놓고 나니까 어떤 사람은 우수하고, 어떤 사람은 월등하고, 능력이 있고 덜 있고 이래서 부의 분배가 불균등하게 되어가지고 결국 양극화가 되지요.

그러니까 그것이 계급의식도 생기고 그래서 그것을 없애기 위해서 칼 마르크스나 기타 사회주의 국가들이 나왔지 않습니까? 그래서 사유재산을 용납시켜 놓으니까 부의 불균등이 금방 일어납니다. 그래서 사유재산을 없애는 것이 사회주의의 중요한 하나의 업적입니다. 이제 북조선도 사유재산이 없습니다. 부를 축적해가지고 재산을 모으고 하는 일은 가능성도, 그런 능력도 없고, 또 그럴 의향도 없습니다. 사유재산이 없다는 거, 그게 사회주의라는 거, 이 정도는 알아야 됩니다.

남쪽 사람들을 보면 땅을 많이 사가지고, 어떤 생각에서 그런지는 몰라도 땅값이 너무 올라 빈부차가 심합니다. 북한은 사회주의입니다. 사회주의는 자유가 아니고 평등을 추구하는 정치이념입니다. 북한의 사회주의는 보통 사회주의가 아닙니다. 북한은 우리식 사회주의입니다. 조선식 사회주의라는 것, 그게 무슨 뜻이냐? 그것을 또 찾아내야 됩니다.

우리식이라는 것은 요새 쓰는 것이지 과거에는 쓰지 않았습니다. 과거에는 그냥 사회주의입니다. 민족주의와 합해가지고 정책이나 이런 거는 좀 각광을 받았지만, 결국은 우리식 사회주의다 하고 이 사람들이 얘기하는 것은 주체사상 때문에 그랬습니다. 우리식 사회주의라는 말은 주체식 혹은 주체사상식 사회주의라는 말을 의미합니다. 그럼 주체식이 무슨 얘기냐? 그것을 간단하게라도 우리가 이해를 해야 됩니다. 거기에서 서너 가지 요소를 우리가 꼭 이해해야 됩니다.

첫째, 우리식이라 함은 주체사상에서 제일 중요한 사람 중심의 사상이라는 것입니다. 사람에 관한 사상입니다. 모든 이론이 거기에서 나옵니다. 그런데 거기에서 더 중요한 것은 사람이 사람 구실을 해야 된다, 이런 얘기를 주체사상에서 많이 합니다. 앞서 언급한바 있습니다만 사람이 사람 구실 못 하면 인간에서 끝나는 거예요. "저놈 인간 언제 사람 되려고 하느냐?"라고 할 때 주체사상에서는 사람이 된 인간은 다릅니다. 그래서 인간 개조론 같은 게 많이 발달됐지요. 물론 여러 가지 복잡한 철학적인 내용이 있겠습니다만, 사람이 됐다는 것은 의식이 있다는 거예요. 의식을 가지고 사는 사람이다, 이런 얘기입니다. 그런데 그 의식이 뭐냐, 이게 주체사상입니다.

사람이 발전된다는 것은 생물학적인 존재에서 사회정치적 존재로 변한 것을 의미합니다. 그래서 교육을 하고 이렇게 해서 사회, 정당, 국가, 민족 이런 것이 내 개인보다 앞서요. 그러나 내 개인도 국가와 밀접한 관계가 있고 또 인민과 밀접한 관계가 있어서, 전체는 하나를 위하고 하나는 전체를 위한다는 그런 원칙이 주체사상의 인생 인간관입니다. 우리가 공부할 때부터, 탁아소 때부터 아이들을 교육시키는 것이 인간을 만드는 겁니다. 인간을 개조하는 것입니다.

제가 교육가로서 미국에 오래 있었지만 미국도 마찬가지로 인간 개조가 수반되지 아니하는 교육 발전은 교육의 허점입니다. 사회 공헌도 할 수 없고 사회는 더 파괴적으로 되고 그렇습니다. 미국 교육이 지금 인간 성장과 인간 개조와는 관계없이 경제적 인 것, 제도적인 것, 이런 것만 굴러가고 있습니다. 그러니까 사회가 이 모양으로 되고 있죠. 아무튼 그래서 인간이 중요하고, 그러한 의식을 가지고 있어야 된다는 것입니다. 거기에 또 다른 이름도 있습니다. 의식성, 창의성, 창조성 이런 것도 있는데 결국 의식성이 제일 중요합니다.

둘째, 주체사상에서 중요한 것은 '세 가지 스스로 해야 된다는 원칙'이 있습니다. 자주, 이건 정치적인 것을 의미합니다. 정치제도나 정치이념이나 내 것을 만들자 이겁니다. 다른 사람, 다른 나라가 하는 것 베껴 와서 내 걸로 하지 말고 내 것을 만들어야 되겠다는 것입니다. 주체사상의 기둥 요소가 세 개 있는데, 이것이 첫째 기둥입니다. 둘째 기둥은 안보입니다. 안보, 안보를 함으로서 평화로운 사회를 지켜나가자는 것입니다. 외국에서부터 침략이나 이런 걸 할 수 없게 하자는 이것이 두 번째 기둥입니다. 자주, 자위, 그다음에 셋째가 자활입니다. 자활은 생활을 스스로 하자는 것입니다. 경제적인 자립이 되자, 이런 얘기입니다.

그런데 제가 수십 년 사회발전 관련 공부를 하는데, 이념과 체제와 모든 걸 초월해서 어느 사회든지 동서고금을 막론하고 국가가 생기면 이 세 개가 있어야 됩니다. 이 세 가지를 유지해 주기위한 요소로서 첫째는 이념이 있어야 됩니다. 국가 사회가 굴러가려고 하면 이념적인, 가치관적인 틀이 있어야죠. 미국적인 민주주의는 지금 바닥났습니다. 요새 보니까 미국 민주주의는 더 이상 지탱 못 할 것 같아요.

아무튼 그러한 이념적인 것이 중요합니다. 그래서 북조선에서는 주체사상을 김일성 수령이 만들었습니다. 주체사상의 창시자가 누구냐고 뭐 그러는데, 제가 고 황장엽 선생하고 친하게 지냈지만, 그 사람은 주체사상에 공헌한 거 별로 없습니다. 남쪽에서는 그 사람이 주체사상의 창시자라고 그러는데, 그건 좀 엉터리예요. 주체사상을 만든 사람은 김일성입니다. 처음에는 반일본, 이런 식으로 출발했지요. 사상이란 게 철학적인 이론적인 체계가 아직 안 섰지만, 그게 1960년 70년, 80년, 90년, 2000년 이렇게 오면서 수십 년 동안 말할 수 없이 발전되었습니다.

지금 주체사상은 완전한, 또 참 복잡하고 거대한 사상 체계가 되어 있습니다. 또 인간관도 체계화 되어 있습니다. 경제에 대한 이론도 되어 있고 모든 것을 주체사상이 지금 관할하고 있습니다. 그게 조선민주주의 인민공화국입니다. 그래서 그것을 알아야 되고, 그다음에는 이제 국가가 이렇게 이념이 생겼으니까 아까 말씀드렸듯이 안보를 해야죠. 안보는 누가 했습니까? 안보는 김정일 위원장이 했습니다. 무엇으로써? 무기 만드는 걸로써 했습니다. 어떤 무기? 핵 국가가 되었습니다. 김정일 위원장이 핵 국가를 만들었습니다. 핵실험을 김 위원장이 생전에 했을 때 다섯 번이나 실험하고 완전한 핵능력을 갖추게 되었습니다.

그래서 핵 국가로 왜 만들었는가 하면 결국 스스로 지키자, 안 그러면 언제 날아갈지 모르겠다는 것입니다. 이란 날아가는 거 보라, 리비아 날아가는 거 보라, 그 사람들도 핵무기를 계속 개발했으면 상황은 달라졌을 것입니다. 이라크는 개발 시작도 안 했지만, 안 했는데 핵무기 이름 덮어씌워가지고 국가를 망하게 했잖아요.

그런데 북한은 지금 명실공이 핵 국가입니다. 이걸 부정할 수가 없어요. 그런데 이상하게도 요새 조 바이든이 들어오게 되는데 제가 볼 때 바이든은 북한에 대해 '완전하고 검증가능하며 불가역적인 비핵화(CVID)'를 주장하지 않을 겁니다. 그것을 조건으로 우리가 대화를 하고 정상이 만나고 그렇게 하지 아니할 겁니다. 다만 핵을 수출 안 하고 더 이상 만들지 않으면 정상적인 국교 활동을 할 수 있도록 하는 것이 제가 보는 조 바이든입니다. 변화가 그렇게 되었고, 그래서 사실은 북조선은 핵 국가이기 때문에 아무도 건드리지 못합니다. 일본도 못 하고 물론 미국도 못 합니다.

미국은 사실 다른 나라는 몰라도 북한이 핵 국가가 되는 것을 개의치 않는 것이 미국입니다. 반드시 비핵화시키려 하지 않는 것이 미국의 국익에 맞는다고 그 사람들은 오래전부터 판단했습니다. 그래서 6자회담 보십시오. 북한이 이행할 수 없는, 가져올 수 없는 것만 다 골라가지고 못 하는 것만 요구를 했거든요. 북한이 그 요구를 받아들이면 미국이 부담스러워 해서 안 되요.

6자회담도 그렇고 지금 CVID, 완전히 돌이킬 수 없는 비핵화가 어떻게 됩니까? 핵 과학이 있지, 핵과학자가 그대로 살아 있지, 원료가 다 있지요. 그리고 다 없앴다고 그럽시다. 신뢰가 없는, 국제적인 신뢰가 없는 상황에서 어떻게 다 없앴다 하는 걸 믿습니까? 그러니까 완전한 비핵화는 실현 불가능하다는 걸 우리가 알아야 됩니다. 그렇기 때문에 미국이 주장했다는 것도 우리가 지혜롭게 판단해야 됩니다.

그러면 앞으로 어떻게 해야 하겠느냐? 앞으로는 핵 확산 금지 하는 데 북한이 중요한 역할을 해 주기를 바이든 행정부에서 기대하지 않나 하는 그런 생각이 듭니다. 그래서 핵으로써 스스로 방위하는 것, 자위를 했죠. 그다음에 남은 게 자활이거든요? 경제적으로 스스로 살아야 되는데 그 몫이 셋째의 김정은이 몫입니다. 이 세 가지가 다 되면 그냥 나라가 굴러갑니다.

세 사람이 세습제를 했으니까 넷째는 누가? 김정은이 아들이 있다. 뭐 이따위 얘기 하는데, 이 세 사람이 세습한 게 아니고 필요에 의해서 세 지도자가 나와서 세 가지 국가의 중요한 기둥을 만든 겁니다. 아직 세 번째 것인 경제는 못 만들었지만 말입니다.

이 세 가지를 추구하는 것은 보통 나라가 다 그렇게 합니다. 그래서 북한을 이상한 예외적인 나라로 보지 말고 보통 나라가 하는 짓을 한다고 생각해야합니다. 그런 정책을 가졌다 하는 것을 우리가 이해하고 이 세계가 북한을 보통 사람, 정상적인 사회다 하는 것을 아는 것이 매우 중요하다고 생각합니다. 그래서 이제 북한이 이렇게 됐고, 그다음에 제일 중요한 거 하나가, 북한을 공격하는 게 무엇으로 공격합니까? 인권 가지고 공격하잖아요? 누구든지 다 북한 그러면 인권 박탈하고 인권이 없다 그러거든요.

자 그럼 인권도 한번 따져봅시다. 북한 사람들에게 인권이라는 것은 종류가 다릅니다. 그것을 우리가 알아야 되요. 유엔인권헌장에 인권의 종류가 서른 개 나와 있습니다. 30개의 여러 가지 종류가 있습니다. 그런데 미국은 자유 이것 하나 가지고 생각의 자유, 언론의 자유, 집회의 자유, 결사의 자유, 자유만 자꾸 갖다 붙이거든요. 그래서 자유롭지 못하면 그냥 박탈한다. 뭐 그렇게 됐어요. 인권을 박탈한다는 그것 가지고 지금 북한을, 북조선을 때려잡았잖습니까?

그런데 북에서는 인권 중에 제일 중요한 것이 생명권입니다. 뿐만 아니에요. 유엔에서 제삼국에서 온 사람들은 다 생명권을 인권의 핵심으로 봅니다. 그러면 생존권의 싹이 자꾸 나오는데 이 세상에 나오면 살 수 있는 인간 본연의 권한이 있다 이거 아닙니까? 그런데 북한은, 자 식량이 없어서 굶고 이러는데, 누구 때문에 그렇습니까? 국제사회, 더구나 한국을 포함해서 제재 때문에 못 먹습니다. 그러니까 북한 아이들의, 북한의 생존권을 박탈하는 것은 북한 정부가 아닙니다. 해외가, 외국이 북한의 생존권을 박탈하고 있습니다.

생존권 외에 사람들에게 또 중요한 것이 평등권입니다. 사회주의가 그렇다고 말씀드렸죠? 사회주의는 평등을 앞세우는 거다. 그런데 북한은 어떻습니까? 진짜 눈으로 봐도 저렇게 평등한 사회는 내가 여행도 많이 좀 했지만 못 봤습니다. 월급 받는 것을 제가 비교를 해보니까 병원 원장, 병원 금방 들어온 의사, 대학 학장, 대학에 금방 들어온 조교수하고 비교해 보면 압니다. 쉽게 얘기해서 이런 사람들의 식당 매니저하고 식당에서 접시 닦는 사람하고 월급 차이가 2배 이상 나지 않습니다.

미국은 수천 배가 납니다. 직장 안에서 그러니까 무엇이 생깁니까? 계급이 생기지요. 사실 칼 마르크스가 지금 살아 있었으면 넌지시 웃을 거예요. 유럽 안에서 자본주의의 내재적인 모순 때문에 계급이 생기고, 계급투쟁이 생기고, 계급분쟁이 생기고, 이런 게 다 생긴다고 그랬는데 안 그렇게 됐거든요. 왜? 중산층이 나타났기 때문에 그렇습니다. 시장화 되면서 중산층이 나타났거든요. 그런데 중산층이 이제 없어졌어요. 여러 가지 이유에 의해서 중산층이 없어졌습니다. 제가 책에서도 그랬고. 중산층이 왜 생겼고 왜 없어졌느냐? 그것을 경험적으로 또 이론적으로 따져보니까 미국은 이제 중산층이 없는 나라로 돼버렸습니다. 중산층이 없으면 민주주의가 안 됩니다. 돈 많은 사람 돈 더 벌려고 혈안이 되어 있지, 돈 없는 사람은 입에 풀칠을 한다고 고생하지, 민주주의 생각하고 국가와 공익 이런 걸 생각할 사람이 누가 있습니까? 중산 계층이 없으면 민주주의가 살아나지 못합니다. 미국은 지금 그런 상황에 놓여 있습니다.

한국은 중산 계급이 채 생기기 전에 없어져버렸어요. 제가 서울에 한 번씩 가면 중산 계급 사람들은 안 보입니다. 호텔에 가 있으면 커피 한 잔에 수천 원 해요. 5천 원인가 7,500원 이래요. 그런데 큰 호텔에서 나와 뒷골목에 가면 거기는 진짜 하층 사람들이거든요. 백투백 이렇게 양극화되어 있는 사회예요. 중산 계급이 채 생기기 전에 중산 계급을 없애버렸어요. 그러면 민주주의도 안 됩니다. 그래서 북으로 돌아가면 북에는 중산층이라는 게 없습니다. 다 중산층이지. 왜냐하면 사유 재산이 없고 또 사유재산이 없기 때문에 모을 돈도 안 생깁니다. 어디서 모읍니까? 그 사람들은 월급 받는 걸 월급이라, 봉급이라 그러지 않고 생활비라 그럽니다.

생활비를 버는 사람들은 비슷합니다. 밥 한 그릇 먹는 것은 큰 사람이나 작은 사람이나 비슷하잖아요. 그러니까 상당히 분배 정의랄까 이런 것이 되어 있습니다. 그게 그 나라의 장점입니다. 그리고 아프면 병원 가고 이런 것도 그렇고, 또 교육 같은 것은 100% 학교 다니고 문맹률도 굉장히 낮습니다. 문맹률이 거의 완전히 없어졌습니다. 또 자살하는 사람도 별로 없습니다. 그래서 우리 북하고 남하고, 남의 대통령께서 북을 그렇게 얘기하기 전에, 북을 척도 하는 경제지표가 무엇이 되느냐 그것을 봐야 됩니다.

북 같은 또 남 같은 이런 다른 사회를, 질적으로 다른 사회를 예컨대, '애플 앤 오렌지'같은 이 두 개를 비교 못 하게 되어 있거든요. 그런데 '애플 앤 오렌지'를 억지로 비교를 하는 거예요. 그러면 안 돼요. 애플은 애플대로, 오렌지는 오렌지대로 그 특유성을 살려가면서 우리가 둘 다 먹어야 된다는 것이지요. 아무튼 그건 다른 얘기이고, 이렇게 해서 북한에서는 돈 가치가 없습니다. 대한민국에 가면 돈이 없으면 참 한심해요. 돈 없이 어떻게 거기에서 삽니까? 북한에서는 돈 많으면 그거 고민입니다. 외국에 나가서 친구가 돈 몇 백 불이라도 주면, 들어갈 때 선물이나 사 가려고 하면, 그거 많은 사람들 아시죠? 고민입니다. 그 사람들은 돈이 좀 생기면 어쩝니까? 국가에 갖다 바칩니다. 국가에서도 공적으로 이용하려고 하고요.

그래서 그와 같은 사회라는 걸 우리가 알고, 절대 우리가 통일을 해가지고 같이 살아야 되는 당사자인데, 북을 볼 때 그런 식으로 우리는 큰 애플, 사과가 큰 거고, 너희는 벌레 먹어 찌그러진 작은 사과다, 그렇게 비교하면 안 됩니다. 우리는 좋은 사과를 가지면 좋다하고, 좋은 사과를 만들어야 돼요. 우리는 더 좋은 사과를 만들고, 남쪽에는 오렌지다 그러면 오렌지로서의 가치를 우리가 인정해줘야 돼요. 그래서 남북이 서로 볼 때 같은 척도로 하지 말고 더 현실적으로 과학적으로 의미가 있는 척도를 가지고 비교해야 된다고 생각합니다.

그래서 이제 '북한을 몰라도 너무 모른다.' 제가 그래 좀 드라마틱하게 이런 제목을 붙인 것은 우리 이웃과 외국 사회, 또 처음 맞는 사람들한테도 '북한은 이러하다'는 것을 알려줄 필요가 있다는 것을 말하려 한 것입니다. 우리 '사랑방'에서 많이 얘기 들었는데 '북한은 이렇다'고, 제 얘기 한 사실을 잘 아시는 분이 이곳에도 몇 분계십니다. 틀림없을 거예요. 틀렸거든 나한테 가르쳐주세요. 고맙습니다.

7. 우리식 사회주의, 어디서 와서 어디로 가야 하나

  정치이념이나 정치제도라는 것은 하나의 수단입니다. 목적이 뭐냐? 행복하게 사는 것입니다. 행복은 어디서 오느냐? 행복은 인권을 향유하는데서 행복이 옵니다. 모든 종류의 인권을 말합니다.

  2022년 지금, 이 세계가 무질서한 세계입니다. 지금 한치 앞을 볼 수 없는 그런 무질서 상태에 있습니다. 혹자는 냉전이 계속되는 것처럼, 구소련은 갔지만 중국이 나와서 미국과 양 체제에 경쟁 혹은 충돌까지 예상하는 그러한 새로운 세계 질서를 구상하는 사람도 많고, 또 다른 종류의 세계 질서를 구상하는 사람도 많습니다. 우리는 우선 세계질서라 하는 것이 무슨 말이냐? 사회질서, 나라의 질서, 질서라는 것은 예상할 수 있는 경지의 모습이 유지되는 것을 질서라고 합니다. 일반적으로 인류역사에 보면 질서를 만드는 관계라는 것은 다 상하관계에 있습니다. 상하관계는 대부분 다 군사력에 의해서 혹은 경제력에 의해서 상하가 결정되는 그러한 상황이었고 한 20세기 동안은 인류역사가 상하관계를 유지하려고 서로 경쟁하고 싸움하고 했던 것입니다. 결국은 인간이 같이 살기 위해서는, 함께 살기 위해서는 질서가 있어야 되겠다는 것이지요. 그 질서는 이웃과 질서, 사회질서도 있지만 국가 내에서 큰 질서가 있습니다. 이 지구에서 나라와 나라 사이에 형성된 질서, 여러 가지 종류의 질서를 여러 차원에서 생각할 수 있습니다. 그런데 사회질서나 혹은 우리가 얘기하는 문화 이런 것은 일반적으로 나라 안에 혹은 체제 안에 있는 질서를 의미하는 것 같습니다. 사회적 통합(social integration)을 해야겠지요. 또 질서가 형성되고 서로 분리가 되면 질서가 없어지고 이렇지 않습니까? 그런데 그러한 상황에서 보면, 세계질서라는 것은 나라와 나라 사이의 관계를 볼 때 세계질서라고 합니다. 그 외는 사회질서라고 하던가, 이념이라든가 다른 표현이 많지만 세계질서라고 이야기할 때는 일반적으로 나라와 나라의 관계가 어떻게 질서정연하게 형성되어 있느냐 이것을 보는 것입니다. 그래서 나라와 나라가 없을 때 나라가 생기기 전에는 세계질서라는 것도 없지요. 그런데 나라가 생기고 나면 나라마다 자기의 정통성이 있고, 법률도 도덕도 습관도 있고 나라마다 다 다르지 않습니까? 다름과 다름 사이에 어떤 관계를 유지하는 것이, 또 어떻게 하는 것이 가장 질서로우냐 하는 것이죠. 인간관계의 질서나 사회조직관계의 질서, 국가 내에서의 여러 가지 지방색 등등으로 이어집니다.

종교적인 다양성에서도 질서가 있을 수 있고, 세계적으로는 물론 더 큰 차원의 질서가 있을 수 있습니다. 그런데 우리는 어떻게 하다 보니까, 남북이 어떤 질서의 파생물로 나오느냐면, 냉전의 질서의 파생물로 나왔습니다. 냉전이라는 것은 인류역사가 나오고 여러 가지 종류의 질서가 형성됐다가 없어졌다가 그랬습니다. 중세의 오랫동안은 종교의 원리에 의해서 종교와 비종교 사이의 질서, 그런 것이 중요했고요. 그런데 2차 대전이 끝나고 나서 냉전으로 우리가 흘러 들어갈 때는 훨씬 복잡한 세계 질서를 형성하는 내용들이 진행 되었습니다.

지금 세계 질서의 위기라 함은 첫째, 무엇보다도 물리적인 질서의 서열을 봐야 됩니다. 그것은 군사력입니다. 뭐니 뭐니 해도 옛날부터 인류역사가 나오면서 질서는 군사력에 의존하여 질서를 만들었습니다. 그러다가 이제는 무력이 아닌 종교적인 도덕관이나 국가사회적인 도덕관에 의해서 질서가 합리화되는 그러한 경향이 많았습니다. 국가와 국가의 질서는 아직 제대로 형성될 때가 없었습니다. 남북한의 관계, 북은 북, 남은 남, 각각의 국내적인 질서, 이런 것을 우리가 생각해서 어떤 질서를 추구해야 된다는 것이지요. 그런데 그 추구하는 질서가 우리가 보고 있는 외부의 국제사회나 지구사회에 있는 질서와 서로 조화가 되어야 됩니다. 그렇게 되지 않으면 국내 질서가 존속되기가 어렵다는 생각이 드네요.

중세를 다 지나고 세계질서가 차이가 많습니다만, 지금까지 오면서 이념이라는 것이 나타났어요. 정치이념이라는 것이 나타났습니다. 정치이념은 특정한 질서를 정당화시키는 방법으로서 쓰여 왔습니다. 정치이념이라는 것은 철학적인 가치관을 가지고 있는 것이 아니고, 현실적인 정치권력, 군사력을 발동시키는 정치의 권위, 이것을 합리화시키고 정당화시키는 역할을 해왔습니다. 그래서 우리가 이제 공산주의와 민주주의를 거쳐 오면서 어떻게 공산주의는 정치권력을 정당화시켰으며, 자본주의적 민주주의는 어떻게 권력 쟁취와 권력의 행사를 정당화시키느냐 하는 연구를 철저하게 해야 됩니다.

지금 미국 대학교에서도 정치이념에 대한 강의가 없습니다. 공부도 하지 않고 그렇습니다. 그냥 실리적인, 말하자면 이득을 추구하는 그런 공부밖에 안하고 있지요. 그것은 잘못된 것입니다. 남과 북을 옳게 이해하고 그것을 둘러싼 세계질서를 이해하기 위해서는 남과 북의 이념을, 정치권력을 정당화시키는 이념을 비교하고 철저하게 이해를 해야 됩니다. 남과 북의 각각 이념이 달리 발전하고 있는데, 이념이라는 것은 여러 가지가 있겠지만 핵심적인 것은 분배의 정의입니다. 북은 어떤 것을 정의로운 분배로 봤느냐? 분배의 대상은 물질도 있을 수 있고, 문화적인 가치도 있을 수 있고 정치적인 가치도 있을 수 있습니다. 그러나 분배가 어떻게 되어야 하는 것을 공산주의는 A라고 얘기했고 자본주의는 B라고 얘기했는데 그 A, B를 우리가 잘 알아야 합니다. 더구나 조선반도 같은 상황에서 이 두 이념들이 나타났는데 우리나라에 대결돼있는 두 정치이념이 굉장히 함축성이 있고 굉장히 포괄되어 있고, 이론적으로 굉장히 질서가 정연한 것입니다. 구호에 그치는 민주주의와 구호에 그치는 우리식 사회주의에서 끝나는 것이 아닙니다. 이 두 가지를 우리는 분명히 알아야 됩니다. 더구나 미래를 걱정하는 사람들은 분명히 알아야 됩니다. 대선을 꿈꾸는 사람들은 여기에 대해서 분명한 자기의 역사관이 있어야 됩니다. 그것을 우리가 알아야 되는데 북에서 표방하는 우리식 사회주의가 왜 지금 어떤 상황에서 있으며, 그것과 국제사회가 어떻게 연결이 되어 가지고 있는지 알아야 합니다. 국제사회와 맥을 통하지 아니하는 정치이념이나 정치체제의 모습은 융통성도 없고 발전성도 없습니다.

정치이념이라는 것은 수단이라고 그랬지요. 권력을 수단화시키고 정당화시키는 것인데 특정한 정치이념은 특정한 정치집단과 혹은 개인 정치인들을 정당화시키는 그런 역할을 해왔습니다. 그런데 정치이념의 본연적인 역할은 권력의 정당화에 그칠 수가 없습니다. 권력정당화에 들어가는 그런 정치이념들은 대부분 다 정치이념이 개인화가 되고, 개인 이성에 이익을 갖다 붙이기 때문에 정치이념은 소위 순수성도 결여하고 설득력도 없어집니다. 그래서 남과 북의 이념이 굉장히 차이가 있지요. 어느 정도 차이가 있느냐? 북은 북대로 남과 다른 것만 다 모아놨어요. 여러 가지 중에 남은 남대로 북과 다른 것만 다 모아놨어요. 다른 것을 모아 놓지 않으면 반공법에 걸리기도 하고, 북은 북대로 작위적인 정치신념과 정치체제의 우월성을 믿기 때문에 자기들이 원하는 것만 다 만들어 놓은 게 북입니다. 그래서 북과 남의 정치이념은 하나도 비슷한 게 없습니다.

정치이념 이전에 있는 문화의 관습이나 이런 건 공통점이 굉장히 많습니다. 남과 북이 굉장히 권위주의적인 사회입니다. 권위주의는 공산주의가 아니고 민주주의가 아니고 권위주의는 권위주의입니다. 권위주의는 남과 북이 동등하지만 권위주의를 정당화시키고 제도화 시킨 데는 극과 극의 차이가 있다고 볼 수가 있지요. 저는 개인적으로 어떤 종류의 기독교를 믿고 있습니다. 그런데 기독교에서 얘기하는 '땅 끝'이라는 말이 있지 않습니까? 그것을 얘기하는 신학자들의 말을 들어 보십시오. 땅 끝이라는 것은 차이가 굉장히 많지만, 그래서 땅 끝이지요. 그런데 완전히 다른 것만 있으면 땅 끝이 아닙니다. 땅 끝은 극히 다르면서 또 본질적으로 같은 데가 있어야 땅 끝이 되는 것입니다. 그래서 남과 북은 땅 끝처럼 차이가 있지요. 제도의 차이, 문화, 가치관, 의식구조, 이런 차이가 다 있지요. 그런 차이가 다 있는 그 저변에 같은 것이 틀림없이 있습니다. 없으면 땅 끝이 되지 못합니다. 땅 끝과 땅 끝은 흑과 백의 검은색과 흰색의 관계처럼 전혀 다르게 보이지만 관념적인 철학적으로 생각하면 더구나 변증법적인 음양사상의 철학적 견지에서 보면 땅 끝과 땅 끝, 검고 흰 것이 남남에서 끝나는 게 아닙니다. 그 밑에 흐르는 것은 같은 것입니다.

그러니까 음양철학도 그렇고 변증법 철학도 그렇고 공부를 해야 됩니다. 이거 하나를 공부하기 위해서 상당한 시간도 보내고 우리가 토론도 많이 해야 됩니다. 그러니까 그런 것을 연구하면 남과 북은 땅 끝과 땅 끝이구나. 다른 건 다르되 그렇게 같을 수가 없구나. 같을 수가 없구나, 할 때 통일할 수밖에 없구나, 통일이 되겠구나 하는 결론을 유도하게 됩니다.

냉전이라는 세계질서 세계문화가 우리 둘로 하여금, 남과 북 사람들로 하여금 이 모양 이 꼴로 되게 했느냐? 이걸 연구해야 됩니다. 북은 절대적으로 단체주의입니다. 남은 절대적으로 개인주의 아닙니까? 공산주의는 단체주의입니다. 자본주의는 개인주의입니다. 우리나라에서 만든 것도 아닙니다. 개인주의는 자본주의에서 나오는 시장문화로 다 개인주의입니다. 거기에 겹쳐서 서양사회를 크게 움직인 기독교 신학에 의해서, 기독교 종교에 의해서 개인주의를 만들어 놨습니다.

옳다, 그르다 하는 것을 떠나서 남은 개인주의다, 철저한 개인주의구나, 이런 것을 우리가 알아야 되요. 모든 것이 거기에서 나옵니다. 개인의 이해 타산에서 나오는 것이지 국가나 사회의 필요에 의해서 사람들이 움직이는 것은 아닙니다. 제가 며칠 전에 영화 시리즈 길던데 〈사랑의 불시착〉을 보았습니다. 북한 사람들이 사는 모습과 남한 사람들이 사는 모습이 나오는데 극과 극의 차이가 있습니다. 그게 어디서 나오느냐? 집체주의, 단체주의와 개인주의, 실용주의 여기에서 차이가 나옵니다. 이것을 우리가 조화시킬 수 없느냐? 얼마든지 조화시킬 수 있습니다. 왜냐하면 실용주의도 단체주의도 개인주의도 사람이 만들어낸 것입니다. 하늘에서 떨어진 게 아니고 만들어 낸 것은 고칠 수가 있습니다. 그런 의미에서 남과 북을 세계적인 입장의 견지에서 보면 이렇게 차이가 있는데, 우리나라에서 조화시키는 모습을 역사에 또 세계역사에 보여주자는 것입니다. 그게 저의 집념입니다. 우리가 다 그런 방향으로 생각을 같이 했으면 좋겠습니다.

북이 많은 영향을 입은 중국도 그렇고, 그전에는 러시아에서 공산주의가 왔지만 러시아의 공산주의는 토착화되지 못했습니다. 그러나 중국의 공산주의는 상당히 토착화되었습니다. 인민공사라는 게 생겨났습니다. 공산주의식으로 같이 사는 인민공사 안에는 사유재산도 없고 개인주의는 용납하지 않습니다. 그런 것을 북에서 말하자면 배워왔습니다. 그래서 북의 인민공사 혹은 집단생활은 중국과 어느 나라에서도 볼 수 없는 철저한 단체주의입니다. 단체주의고 국가주의입니다. 그래서 저는 북을 미국에 소개할 때, 북에도 중요한 인권이 있다. 우리가 이해를 못하는 인권이 있는데, 그 인권은 국가를 가질 권한으로서의 인권이라고 그 사람들은 생각 한다고 했습니다. 인권이라는 것은 양도불가능하며, 보편타당성이 있고, 누구나 구애를 받지 말아야 되는 게 인권 아닙니까? 자유만 인권입니까, 평등만 인권입니까? '국가권', 국가를 가진 주권 이게 인권이라고 저는 미국에서 그렇게 많이 얘기합니다. 그게 대표적인 나라가 DPRK, 북조선이라고 저는 얘기를 합니다.

아무튼 이제 남북의 구체적인 차이가 어디서 왔느냐? 인류 역사에서 왔습니다. 냉전이라는 사회, 문화의 대립, 여기에서 왔습니다. 옛날에는 서로 부정하는 대립 없이 서로 다른 것을 인정하고 살았습니다. 예컨대, 신을 인정하고 신을 인정 안하고 하는 그것은 따로따로 자기들만의 문제로 살면 됐습니다. 그런데 냉전 이후에, 냉전을 포함해서 기독교가 앞장서서 절대 다른 종교를 용납하지 않고, 다른 종교를 평가절하 시킵니다. 북의 신념체계는 제가 볼 때 종교적이지 않은 것이 아니라 종교입니다. 북의 이념이 종교성을 가졌다, 이것을 알아야지 경험적으로 북을 알게 됩니다. 종교성이 뭐냐 하면 다 있지요.

북은 종교성이 있고 남쪽에는 정치이념이 종교화되지는 않았습니다. 종교가 따로 있지요. 따로 모범시켜 가지고 기독교가 들어와서 수단이 되지요. 북에서는 종교가 수단이 되고 그렇지 않습니다. 그 결과 주체종교가 되어 버렸고 남쪽에서는 기독교라는 외부에서 온 종교를 활용하고 있습니다. 제가 요즘 한국드라마를 보기 좋아합니다. 거기에 지옥이라는 것이 있어요. 그런 것을 보면 벌써 세상을 볼 때 저 사람은 지옥, 저 사람은 천당 간다. 세상을 흑백으로 봐요. 대한민국 남쪽의 문제가 굉장히 큰 문화적인 의식입니다. 거기에 박차를 가하는 것이 반공법 아닙니까? 남쪽에서 자유진영의 이런 사람들이 볼 때 지옥이 어디입니까? 북한입니다. 북한을 지옥이라고 생각해요. 그런 식으로 우리가 북을 이해한다고 하면 통일이 뭡니까? 전쟁 당장에 일어납니다. 무기를 가지고 하는 전쟁이 일어나면 미국이 가담하지 않습니다. 중국도 가담하지 않을 거예요. 그러나 중국이 북을 돕는 경향은 미국이 남을 돕는 경향보다 훨씬 농도가 강합니다.

그런데 만약 우리가 전쟁을 한다고 하면 100% 남쪽이 패배합니다. 그것을 남쪽은 알아야 되요, 그 패배를 면하기 위해서 북을 지옥으로 보는 그런 반공법을 하루라도 더 가지고 있으면 통일은 늦어집니다. 그러니까 반공법은 하루 빨리 원칙적으로 없애야 옳습니다. 북을 저처럼 많이 갔고 또 많이 안가도 북을 아는 분들은, '사랑방'에 오신 여러분들도 많이 가보셨지요. 지금 남쪽에서 얘기하는 반공법으로 해서 북한을 도외시하는 것은 전부 거짓말 이예요. 남과 북의 정치이념이라는 게 가치관, 인생관 이런데서 그치는 게 아니고 분배의 정의 얘기를 하지요. 북은 평등하게 분배해야 된다고 합니다. 필요에 의해서 분배를 하지 능력에 의한 분배는 옳지 않다고 합니다. 그렇지 않습니까?

북에서는 자산을 물질과 여러 가지 기회와 이런 두 가지 원칙에 있어 분배를 합니다. 국가에 좋도록 분배를 하고, 둘째는 개인적으로는 평등하게 분배를 합니다. 국가에 좋게 득이 되게 분배를 한다는 것입니다. 그것도 엄청나게 남쪽하고는 다릅니다. 남쪽의 분배는 자기한테 득 되는 것을 따라가면 되는 것입니다. 그것을 비판할 사람도 없어요. 합법적이라고 생각합니다. 도덕에 맞지는 않는데 남쪽은 그렇게 생각하는 것 이예요. 분배의 정의라는 것이 없습니다. 그냥 분배하는 것 이예요. 남쪽도 미국도 마찬가지로 노동으로 돈을 버는 것이 아니라, 돈이 돈을 벌고 있습니다. 지금 마지막 길에 놓여 있는 미국과 그것을 따라가는 한국 같은 나라에서 돈이 중심이 돼서 모든 것이 움직여집니다.

그래서 제가 저의 저서, 『돈이 말할 때 사람들은 듣는다』(When money talks people listen)에서 미국의 민주주의는 '톡 크라시(talk-cracy)', "돈이 말하는 민주주의"라고 합니다. 민주주의보다 돈-주의이죠. 그런 것을 우리는 알아야 됩니다. 사람중심으로 해야 된다는 게 옳다 하는 것은 남과 북이 똑같습니다. 북의 주체사상이 사람 중심이라는 얘기를 입만 벌리면 하지요.

그게 빨갱이들이 하는 것입니까? 옛날부터 홍익인간 생각을 하고 이런 사람들은 다 그런 생각을 했습니다.

우리 통일국가에서는 분배의 정의가 실현되어야 됩니다. 그게 북에서 실현 되던가 남에서 실현 되던가 분배가 정의롭게 되어야 됩니다. 하루 세끼 먹어야 되지요. 집에 자야 되지요. 옷을 입어야 되지요. 그 분배는 무조건 해줘야 됩니다. 분배의 정의를 생각하지 않는 정치는 있을 수가 없습니다. 누가 무엇을 얼마나 가져야 되느냐 하는 그것을 정당화 시키고 영구화시키고 제도화시키는 게 정치학입니다. 제가 정치학자입니다. 정치학은 분배의 정의를 구현하려고 하는 학문입니다.

남과 북의 분배의 정의가 남은 남대로 안 되고 북은 북대로 잘 안되었습니다. 더 얼마든지 발전되어야 됩니다. 그런 것은 분배의 정의가 그래도 문제가 되고 있는 다른 나라의 세계질서, 즉 공산주의 질서와 자본주의 질서를 모방했기 때문에 그렇습니다. 그래서 우리는 판을 돌려가지고 세계를 바로 잡아야 되는데 바로 잡기 위해서는 우리가 우리를 바로 잡는 그 방법대로 바로 잡자 이거예요. 우리가 외부에서 배워 와서 하자는 것 그거는 전부 옛날 얘기고 어리석은 얘기입니다.

세계가 우리한테 배워갈 수 있도록 우리가 잘 살아야 됩니다. 잘 살게 해야 됩니다. 그것을 누가 해야 되느냐? 통일국가가 해야 됩니다. 통일국가는 분배의 정의가 잘 된 나라입니다. 인간의 가치를 옳게 보고, 정의로운 사회가 되어야 합니다. 〈지옥〉이라는 한국의 드라마를 보니까 정의로운 사회가 중요하잖아요? 정의로운 사회에 공헌을 하면 지옥에 안 가는 것입니다. 그 영화를 보더라도 남과 북을 막론하고 정의로운 게 뭐냐 하는 개념을 다 알고 있습니다. 상식화 되어 있습니다. 습관화 되어 있습니다. 우리가 상식과 습관에서 진리를 캐내야 됩니다. 거꾸로 가서는 안 됩니다. 우리가 연구를 해서 거기에서 나오는 것이 제대로 된 상식이어야 합니다. 상식을 파괴시키는 공부를 많이 한 사람들은 상식적으로 볼 때 제대로 살지 못합니다. 그것은 옛날부터 많이 그랬어요.

그러한 의미에서 우리는 냉전의 유산으로 받은 우리식 사회주의와 미국식 민주주의이랄까? 이것을 다시 재검토해야 된다는 생각이 듭니다. 인권을 위해서, 생존권을 위해서, 더 중요한 게 뭡니까? 깨끗한 공기에서 호흡을 할 수 있어야지요. 깨끗한 환경에서 살 수 있어야지요. 그러니까 환경문제에 대해서 우리가 통일을 추구하는 이 과정에서 세계 사람들이 우러러 볼 수 있는 환경을 위한 과학을 만들어야 됩니다. 기름 대신에 물을 부어 가지고 자동차를 움직일 수 있으면 얼마나 좋겠습니까? 그럴 가능성이 있는가는 모르겠습니다만 그래서 공기를 더럽히 아니하는 그러한 교통수단을 우리가 만들어야 됩니다. 그리고 될 수 있는 대로 기름에 의존 안하는 자연적인 자연환경을 활용하면서 우리가 행복하게 살아야 됩니다. 그런 것도 세계에 보여줘야 됩니다. 그래서 통일국가라는 제3정부를 만들어 제3 커뮤니티를 만든다고 하면 거기서는 모범적으로 해야 된다 하는 것을 보여줘야 됩니다.

세계 질서에 그래도 일정한 발언권을 가지기 위해서는 군사력이 있어야 됩니다. 인류역사에서 군사력이 꼭 필요한 것은 사실입니다. 그러나 우리가 물리적으로 생각하는 군사력이 그냥 수학적으로 양이 많으면 더 좋고 이렇게 된 날은 지났습니다. 제가 옛날에 대학원에서 논문을 하나 썼는데 그 논문은 칼 마르크스가 실수하고 이론을 정확하게 만들지 못한 이유에 대해서 였습니다. 말하자면 계급과 계급이 서로 마찰되고 계급투쟁이 일어나고 이러면 무산자가 수가 많으니까 반드시 승리한다고, 그것은 불가피하다고, 이렇게 칼 마르크스가 보지 않습니까? 그런데 무산자가 승리를 못했거든요. 무산자가 왜 승리를 못했느냐? 제가 여러 가지 제일 중요하다고 생각한 것이 기관총 발명입니다.

그전에는 총알 하나 넣고 쏘고 이렇게 하지 않았습니까? 그렇게 하니까 총 없는 사람들이 수가 훨씬 많거든요. 무산자들이 유산자들 보다 많으니까 한 두 사람 죽을 생각으로 그냥 습격해버리면 총 가진 사람이 오히려 지게 되지요. 맞아 죽게 됩니다. 그것을 칼 마르크스가 생각하고 프롤레타리아 무산자가 이긴다고 그랬지요. 그런데 저는 학생시절 기관총이 안 나왔을 때를 제가 찾아보니까, 기관총 안 나왔을 때 마르크스가 얘기했어요. 기관총 나오니까 30발 이렇게 쏘면 쏘는데, 그러니까 기관총이 발명되고 나서는 프롤레타리아 혁명이 불가능하게 되었어요.

그렇지요. 무기 개발, 기관총 나타났지요. 사람 죽이는데 상당한 스트레스가 있습니다. 그래서 과학적으로 죽는 사람을 보지 않고 멀리서 총을 쏜다든가 그렇게 했잖아요. 대포 같은 거 나오고 나서 박격포 같은 거 나오고 나서 죽는 사람은 안보거든요. 사람 죽이는 것을 비인간화 시켰어요. 그러니까 대포 같은 게 나오고 나서는 사람을 훨씬 많이 죽이거든요. 거기다가 유도탄까지 나타났고, 비행기 타고 갈 필요 없이 버튼만 누르면 사람 다 죽이고 하니까요. 사람 죽여도 괜찮다고 생각하는 것이 테러리즘입니다. 문화가 그렇게 변했어요. 테러리스트는 다 죽여야 된다, 그것을 미국에서도 고집을 합니다. 그래서 보면 무기가 소총에서 기관총으로, 대포에서 박격포나 이런 걸로 해서 멀리서 쏠 수 있다, 거기에 멀리서 보면 비행기에서도 그냥 명중을 시킬 수 있다는 거지요.

무기가 이렇게 발전되고 원자탄 같은 대량학살무기가 얼마든지 개발이 됐거든요. 큰돈 없이 국가 동원이 없도록, 대국이 아니라도 핵 국가가 되어요. 그것을 먼저 세상에 선보인 것이 조선민주주의인민공화국 아닙니까? 돈 있고 산업화되고 국제은행에서 돈을 많이 움직이는 그런 경제력이 없어도 핵 국가가 된다 이거예요. 지금 세상이 무기의 평등화가 되어 버렸어요. 거기다가 더 어려운 무기, 예를 들어서 EMP 그거는 또 의학적으로 사람을 제거하는 데 있어서, 파괴하고 그렇게 안 해도 얼마든지 제거할 수 있는, 그런 것을 미국에서 금년 안에 발표했는데 북한에서도 그럴 능력이 있다는 것입니다. 그래요. 그럼 우리도 그런 능력을 가져야지요. 그러면 돈이 필요하지요. 그 막대한 국방비 지금도 올라옵니다. 그런 식으로 해서 세상은 무기가 축적되는데 대부분 필요 없는 무기입니다.

무기사용해서 사람을 죽이고 할 때는 지났습니다. 그보다 더 무서운 게 뭡니까? 사이버무기입니다. 사람 안 죽여도 살 수 없게 만들어버려요. 현대사회가 사이버 가지고 인터넷 다 파괴시켜보세요. 하루라도 살 수 있는가? 이런 상황이 왔고 그럴 가능성은 누가 만들 수도 있고. 또 언제라도 만들어집니다. 여기에서 공포를 느끼는 것이 미국 같은 나라예요. 옛날처럼 무기 많이 가질 수도 있고 돈을 많이 움직일 수 있으니까 세계질서가 우리 중심으로 돌 것이라고 하던 것은 망상으로 이미 지나갔습니다. 그런 세계질서는 절대 오지 않습니다.

냉전시대에서 끝났습니다. 경제력도 마찬가지입니다. 미국이 경제력이 많지요. 중국도 많다고 하지요. 그러나 미중도 그렇고 다른 나라들과도 요즘 경제는 상호의존을 못하면 하루라도 살아남지 못합니다. 그러니까 미국은 중국이 필요하고 중국은 미국 등 다른 나라도 다 필요하고 그렇습니다. 상호 의존하는 이런 국가질서, 경제 질서가 생겼습니다. 평등화된 무기질서, 상호의존 해야 되는 경제 질서, 이런 것이 생겼습니다. 그뿐만 아니고 이제는 민족주의 내지, 종교적인 집단들이 상당한 정화운동을 하고 있습니다. 민족주의도 상당히 중동에서 발전이 되고 종교적인 순결성 또한 정치과정에서 사용하려고 하는 그러한 모습도 나타나고 있습니다.

이와 같은 상황에서 우리는 다행히도 북과 남을 통틀어서 보면 이런 작은 반도에 이렇게 다양하고 풍부한 경험을 지금도 하고 있고 땅 끝과 땅 끝이 만나는 그러한 상황에 있다는 것을 잘 압니다. 더구나 우리 젊은 사람들이 분단된 상황에서 진정한 민족적 긍지를 찾을 수 있다는 이게 얼마나 역설입니까? 분단된 데서 우리가 민족의 긍지를 찾을 수 있다고 말하면, 누가 그런 말을 했는가 하고 묻는다면, 박한식 교수가 그렇게 얘기하더라 하겠지요. 한국의 윤 모라는 사람이 써먹을 수도 있어요. 절대 못 써먹게 하세요. 뜻도 몰라서 그래요. 그래서 우리는 이 분단된 것을 하나의 나쁜 경험으로만 생각하지 말고 고생해서 우리가 더 지혜롭게 해야 합니다. 그런 원칙, 그런 철칙을 우리가 믿고, 세계의 역사를 우리 역사하고 서로 맥락을 이어서 이건 저거를 설명하고, 저건 이거를 설명해야 합니다.

큰 생각을 가지고 어떤 분야에 종사하든지 긍지를 가진 조선사람 혹은 한국 사람으로서 통일을 만들어야 합니다. 통일된 지역에서 다행히 살 수 있는 그런 사람들은 그 어느 누구도 경험 못하는, 실현하지 못하는 그러한 옳은 삶, 아주 이상적인 삶, 지상낙원을 우리가 만들 수 있다는 것입니다. 만들 수 있는 지혜가 있고, 지식이 있습니다. 왜? 그런 경험이 있고, 실수도 많이 했고, 지금도 남과 북에서 실수도 하고 잘한 점이 있기 때문입니다. 우리가 이걸 해가지고 우리 민족의 특이성을 발명을 하고 이런데서 끝나는 것이 아니고 인류역사가 나가야 되는 여러 가지 질서, 경제적인 질서, 의식적인 질서, 사회적인 질서, 정치적인 질서, 문화적인 질서, 그런 것을 다 이끄는 데 협력해야 합니다.

결론적으로 말씀드리면 세계질서는 지금까지 힘에 의해서 관계가 유지되고 제도가 유지되었던 그러한 질서를 안보적인 질서라고 저는 봅니다. 안보를 위한 질서, 상하, 종적인 질서에서 벗어나야 됩니다. 그 어느 누가 종적인, 노예적인 입장을 선호할 사람이 어디 있습니까? 행복할 사람이 어디 있습니까? 그러니까 지금도 미국에도 노예제도가 다시 살아날 만큼 노예문화가 다시 고개를 들고 있습니다. 우리 대한민국, 조선민주주의인민공화국에서는 노예문화가 없도록 만들어야 됩니다. 그렇기 위해서는 다 주인이 되어서 살 수 있도록 그렇게 만들어야 지요. 그렇게 할 수 있는 사회를 우리가 이론뿐만 아니고 현실적으로 만들 수 있습니다. 어디에서? 남과 북, 중간지점에서 우선 연합정부라 그러든가 연방정부가 그러든가 관계없어요. 정부를 하나 하고 이것을 더 연구하기 위해서 통일평화대학을 만들고 이렇게 하는 것을 온 세계에 알려야 합니다. 이렇게 해서 사람들이 온 세계에 우수한 학생들, 학자들이 같이 모여서 우리 인류가 같이 살아날 방법을 모색해야 합니다. 이슬람 학생도 학자도 부르고 기독교, 불교, 유교 이런 사람들 다 불러야 되요. 그래서 우리는 유교이면서, 불교이면서, 기독교이면서, 이슬람교이면서 모두 서로를 포괄해야 합니다. 이런 큰 종교들을 우리가 안고 있습니다. 이것은 어느 누구도 그렇게 못합니다. 불교 믿는 사람이 기독교를 합니까? 기독교하는 사람이 다른 종교 하지 말라 하는데, 하면 안 된다고 하는데, 저는 어릴 때부터 이 세 종교를 같이 믿어왔습니다. 지금도 그렇게 믿어 오고 있습니다. 하지만 상충되고 서로 배반되지 않습니다. 서로 보완되는 것이 옳은 종교들입니다. 그래서 우리 이러한 생각을 가지고 무질서한 세계를 질서 있는 세계로 만들 수 있는 설계도를 우리나라에서, 남북에서 만들어야 되겠다하는 생각에서 이 얘기를 해봤습니다.

8. 민중 민주주의와 인민공화국

대한민국이 민주주의가 되려고 애를 많이 쓰고 노력을 많이 했지만 제가 볼 때는 민주주의를 한 번도 경험하지 못했습니다. 그것보다 더 중요한 것은 우리가 모방하고 따르려는 미국이 민주주의 국가가 아닙니다. 이것은 폭탄선언인데 미국은 민주주의 국가가 아니고 공화국입니다. 공화주의(Republicanism)가 미국을 규정 하지 민주주의(Democracy)는 아닙니다. '민주주의'라는 말은 고대 그리스 아테네에서 썼고, 특별히 철학자 아리스토텔레스는 민주주의를 타락된 나쁜 정치로 규정 했습니다. 여러 사람이 중우(衆愚)정치로 규정 했지요. 플라톤, 아리스토텔레스, 이런 사람들이 보기에는 중우정치, 즉 모든 사람들이 참여하는 정치는 잘 되지 않는다고 봤습니다. 요즘 같은 미국이나 소위 민주주의 국가에 대한 예측 같은 선경지명의 지혜라고 생각합니다.

아무튼 우리는 민주주의를 어떻게 봐야 되며, 무엇이 잘못됐는지 봐야합니다. 대한민국이 민주주의도 아니고, 미국도 민주주의가 아니라고 얘기했는데, 그건 무슨 얘긴가요? 미국이나 영국이나 서구의 정치구조는 고대 그리스에서 상당히 교훈을 받은 것이지요. 그런데 정치 지도자가 한 사람이면 독재자(Tyranny)가 되든가 아니면 왕정이 되든가 했고, 적은 수의 사람이 집권할 경우 타락하면 과두정치(Oligarchy)가 되고, 타락하지 않고 잘되면 아리스토크라시(Aristocracy)가 되었지요.

여러 사람이 정치를 하는데 잘 되면 폴리티(polity)라고 했고, 타락되어 여러 사람이 난장판을 벌이면 데모크라시(democracy)라고 했습니다. 데모크라시(Democracy)를 모방한 나라들이 없었습니다. 무엇을 모방했냐면 플라톤이 쓴 『공화국』(Republic)에 보면 '리퍼블릭'은 이상적인 사회, 아주 잘된 사회입니다. 『공화국』은 10권으로 된 아주 방대한 작품인데, 소크라테스와 대화하는 것을 중심으로 해서 어떤 정치사회가 가장 바람직한 것이냐를 묻습니다. 가장 바람직한 사회는 여러 가지 정치제도를 종합해서 조화를 이루는 것입니다. 각 정치제도는 장점이 다 있으니까 조화를 해야 합니다. 그런데 조화를 누가하느냐? 누가 시키느냐? 이것은 플라톤이 볼 때는 지혜가 있는 사람이 해야 합니다. 그래서 철인(哲人) 왕(Philosopher King)이라는 말도 있지요. 우리가 생각하는 민주주의는 아니지요.

그러한 현명한 소수의 사람들이 지혜롭게 조화시키는 사회가 가장 좋은 사회라는 것입니다. 그래서 그 아이디어가 영국으로 건너오고 유럽을 통해 미국으로 건너왔는데, 그 정치체제는 공화제(Republicanism)이지 민주제(Democracy)가 아닙니다. 미국의 기초를 마련한 사람(founding fathers)들이 토론하는 것을 들어보면 '공화주의'입니다. 공화주의를 우리가 어떻게 실현할 수 있느냐에 관한 것입니다. 한 나라에 여러 종류의 정치제도가 있는데 이것을 조화시켜야 한다는 것이 공화주의입니다. 그런데 민주주의는 사람이 평등하게 1인 1투표를 해서 다수결이 결정하는 것이지요. 영국을 보십시오. 다수결이 결정합니까? 왕정입니다. 옛날 봉건적인 제도가 아직 있기 때문에 민주주의라고 부를 수 없습니다. 일본도 마찬가지이죠. 왕제도가 있는 곳은 민주주의라고 부를 수 없습니다.

미국의 민주주의

그래서 이것에 대해 항거하고 나온 것이 미국의 독립군들 아닙니까? 이 사람들이 올 때는 기독교 성경 한권만 들고 오지 않았습니까? 청교도들이 미국에 올 때는 그렇게 왔습니다. 청교도들이 미국에 건너와서 귀족 정치를 할 필요도 없고, 임금도 없고, 다수결의 원칙(Majority rule)을 하려고 하니까 문제가 있습니다. 다수결의 원칙을 하자니 옛날 '데모크라시'로 가야되는데 그렇게 가면 안 되겠고, 정화시키는 과정이 필요하여 대의민주주의(representative democracy)를 채택했습니다. 그냥 '데모크라시'가 아니고 투표해서 의회를 만들거나 우수한 사람들을 약간 명을 뽑아서 통치하도록 하자는 것입니다. 그러니까 그 사람들이 소수이죠. 미국에는 다수결원칙(majority rule)과 소수자의 권리(minority rights)가 서로 대립해 있습니다. 다수결원칙은 데모크라시이고 소수자의 권리는 공화주의입니다. 지금 미국 정당이 민주당(democratic party)과 공화당(republican party)이 있지 않습니까? 그게 옛날로 올라가면 거기에서 연유되는 것입니다.

공화주의는 소수가 지배하는 것을 허용 하지요. 데모크라시는 그것이 허용이 안 되는데 미국의 민주주의는 실험적(experimental) 민주주의입니다. 인류 역사에서 미국 같은 민주주의 혹은 정치 제도나 정치 이념이 없었으니까 한번 실험해 보자고 해서 '미국의 실험'(American experiment)이라고 합니다.

미국 민주주의의 모순

대한민국은 미국을 완성된 이상적인 민주주의로 생각하는데 그런 면모가 없습니다. 문제가 굉장히 많지요. 그런데 미국이 민주주의를 하려고 하면

1인 1표를 해야 하는데 가만 보니까, 능력도 없고 지식도 없고 이런 사람들이 많거든요. 오늘 윤 대통령 말씀에 지성적인 면모가 있어야한다고 하고 지식인들을 많이 추켜올렸습니다. 그런데 미국에서 민주주의를 시작할 때 어디서 문제가 생겼느냐면 많은 사람들이 아주 정치적인 센스도 없고, 무식하거든요. 그래서 1인1표라면 동등하게 표를 던져야하는데 여자들도 그렇고 흑인들의 상황도 문제였습니다. 흑인들이 1860년대에 법적으론 해방됐지만, 인간 구실을 못하게 교육도 못 받은 상황이어서, 의회 제도를 하는데 있어서 피선거권에 상당한 제한을 두게 됩니다.

아무나 뽑히지 않기 위해서 오늘도 뉴스에 나오는데, 공화당에서는 흑인들을 어떻게든 당선시키지 않으려고 하고, 민주당은 흑인들을 많이 당선시키려고 합니다. 두 정당이 다수결의 원칙과 소수의 권리, 이 두 개의 원칙이 경쟁하는 정치 판도를 가지고 있습니다. 그런데 미국은 소수의 권리를 중심으로 하는 나라입니다. 그러니까 인구 비율로는 약 18% 밖에 안 됩니다. 그래도 흑인들이 절대적으로 우세하지요. 정치 집회에서나 투표할 때 우세해서 심지어는 흑인 대통령까지 만들어냈으니까요. 미국은 마이너리티 권리가 신성하게 취급되는 곳입니다. 다수결의 원칙에 의해 다수가 독재를 하게 되니까 그것을 따라서는 안 된다고 하는 것이 미국의 현실이라는 것을 알아야합니다.

우리 대한민국은 인구의 다양성도 없고 노예제도 없었고, 여성이나 교육 못 받는 사람들이 참정권이 없는 상황도 아니어서 일하기는 훨씬 더 수월하지만, 그래도 소수자의 권리(minority right)라는 개념이 그렇게 중요합니다. 소수를 무시하고 경멸해버리면 민주주의가 아닐 뿐 아니라, 다수결은 독재로 넘어갑니다. 그런 의미에서 민주주의를 옳게 알아야합니다.

민중민주주의와 민중의 정의

우리나라는 민중민주주의 외에는 민주주의가 없었습니다. 제도적으로는 민주주의다 하지만 민중 민주주의라는 것이 실제로 있었습니다. 서울에서 학교 다닐 때 민중이라는 말을 많이 했었습니다. 학생들이 4.19 데모할 때 이것은 학생 데모가 아니라 민중 저항 운동이라고 말을 했었습니다. 우리나라의 사회 정치 운동은 역사를 바꾸는 사건들이 종종 있었던 것을 보면 다 민중들이 했습니다. 국회의원들이 하거나 대통령이 한 것이 없습니다. 민중들이 해냈습니다.

민중이라는 것은 보통사람인데 의식이 있는 보통사람입니다. 의식이 없으면 민중이 되지 못합니다. 어떤 의식이 있어야하나? 그것이 중요하지요. 의식을 위해서는 적당한 이념, 가치체계가 있어야합니다. 민중이란 의식을 가지고 있는 집단입니다. 그런데 개인의 의식과 개인의 의식을 모두 합하면 민중 의식이 되느냐, 그렇지는 않습니다. 민중의식이란 개인의식과 달리 따로 있는 것입니다. 그것을 밝히기 위해서 학자들이 필요하고 연구가 필요한 것이지요.

민중민주주의라는 것은 개인 하나 하나가 참여하는 것으로만 되는 것이 아니고 민중의 목적이 있어야합니다. 국민 하나하나가 통일을 원하기 때문에 통일을 해야 한다, 또는 원하지 않기 때문에 통일을 하지 않아야 한다고 하는 것은 잘못된 말입니다. 통일을 해야 하는 것은 민중의 염원이지 국민 한 사람 한 사람의 염원이 합해진 것이 아닙니다. 계산을 하는 국민 한 사람 한 사람의 염원이 통일이 아닙니다. 우리 사회 전체가 가지고 있는 꿈, 또는 의사라고 볼 수 있습니다. 여론 조사를 해서 통일을 원하느냐 원하지 않느냐 조사해서 통일을 해야 한다 하면 안 됩니다. 이런 것 좀 하지 않았으면 좋겠습니다. 통일은 우리 민족으로서 꼭 해야 하는 집단의 요청입니다. 개인의 요청이 누적되어 된 것이 아닙니다.

민중이 어떠한 의식을 가져야하나? 항거의식, 저항의식을 가져야합니다. 저항의식이 없으면 민중이 되지 못합니다. 저항의 대상과 목표가 무엇이냐? 일본, 미국, 국내의 왕, 재산 많은 사람, 분배, 불의 등 여러 가지가 될 수가 있습니다. 민중의 한 사람이 되려고 하면, 민중 운동이 있을 때 마다 저항의 대상이 무엇이냐를 분명히 해야 합니다. 민중의 운동은 의미 있는 행동이어야 합니다. 뜻이 있어야합니다. 뜻은 이념과 가치관에서 나옵니다. 이것이 바로 우리식 민주주의의 핵심인 민중민주주의라고 생각합니다.

그래서 남쪽에서 민중민주주의라는 것은 어떻습니까? 민중이라는 것은 인민대중을 말하고, 대중이라는 것은 전체적인 것을 의미하는데 인민대중의 이념을 만들어야 되겠다는 것입니다. 이념을 만들려면 권력을 정당화 시키는 것인데, 누가 권력 잡는 것을 정당화 시킵니까? 표를 많이 받으면 권력을 정당화 시킨다는 것은 개인의 의견을 다 모으면 전체의견이 된다는 바람직하지 못한 결론에 빠지게 됩니다.

이념이 중요할 뿐만 아니라, 민중운동에는 동지가 필요합니다. 혼자 나가서 민중이라는 간판가지고 하는 것이 아니라, 많은 대중 나가야합니다. 촛불혁명 보십시오. 촛불혁명이 민중혁명 아닙니까? 그 사람들이 의논하고 회의하고 나간 것이 아니라 그냥 불이 붙어서 나왔거든요. 100만 200만씩 전국적으로 나온 것은 단순히 개인 플러스 개인으로 보면 안 되고 전체를 움직이는 정신이 있는 것입니다. 초인간적인 얼이 있다고 봅니다. 민중의 특성을 이해해야합니다.

민중의 특성이 나타난 것이 동학 난에서 시작합니다. 1890년대에 동학 농민혁명이라고 하지요? 그때는 공업화 이전이므로 국민 모두가 농민입니다. 농민혁명이라는 말은 인민혁명이라는 말입니다. 동학 난에서 시작해서

3.1운동도 그러한 정신의 표현이고 4.19 이전에 6.25사변 나고, 전쟁전후에 양민학살이 있었지요. 학살된 모든 양민은 의식이 투철한 인민으로 보고 싶습니다. 그 사람들 훌륭한 인민이었어요. 어린이가 맞아죽어도 모두 인민의 한 사람이었습니다. 역사를 올바로 봐야합니다. 양민학살도 보십시오. 아마 제주 4.3에서 시작해서 여순사건, 노근리, 북의 신천학살, 이렇게 무수한 사람들이 그냥 희생당했습니다. 왜 그러느냐? 미국이 큰 죄를 지었다고 생각합니다. 한국은 이승만대통령 이후에 오늘 날까지 기독교 문화가 팽창되었습니다. 기독교문화가 좋은 점이 많은데 나쁜 것만 가져왔습니다. 천당과 지옥, 선택받는 사람, 선택 못 받는 사람, 구원받는 사람, 못 받는 사람 이렇게 양분법으로 나누지요? 기독교가 말하자면 악마적인 개념으로 북한 사람을 규정하고 빨갱이라고 합니다. 이 말도 미국의 기독교에서 나왔습니다. 기독교의 과오가 그렇게 많습니다. 지은 죄가 엄청납니다. 기독교와 대한민국을 우리가 잘 검토를 해야 합니다.

미국 민주주의의 모순

미국의 민주주의가 어디서부터 잘못되었습니까? 미국은 이전엔 13개주가 있었는데 지금은 50개로 각 주마다 이 제도를 어떻게 취급해야 하는가 하는 문제가 있었습니다. 주별로 인구가 많은 주도 있고 적은 주도 있는데 어떻게 할 것인가? 그래서 미국에서는 연방제를 만들었습니다. 미국 상원의원 제도는 민주주의가 아닙니다. 상원의원이 민주주의라면 유엔도 민주주의입니다. 유엔은 민주주의가 아닙니다. 유엔은 평화를 창조하기 위해서 편의에 의해 만든 기구에 불과합니다.

민주주의 제도에 대해 미국에서 잘못하고 있는 것은 우리가 제대로 알아야합니다. 한국에는 상원의원이 없지만 상원의원제도는 비민주주의적입니다. 대통령을 선거인단(electoral college)에서 선출하는 것도 민주주의라고 할 수 없습니다. 국민투표는 제일 많이 받고도 대통령 당선은 안 되는 경우가 우리 지역에 있었습니다. 힐러리 클린턴이 그랬고, 알 고어가 조지 부시보다 표를 더 많이 받고도 떨어졌습니다. 선거인단의 표를 못 받아 당선되지 못했습니다. 선거인단은 각 주의 대표로 구성되는데 하원의원 수에 상원의원 수를 더해서 주의 선거인단 수가 됩니다. 인구가 없는 주도 상원의원은 둘입니다. 몬태나 같은 주는 인구가 없어서 하원의원이 한 명 밖에 안 되는 주인데 상원의원이 둘입니다. 이러한 제도는 부조리하고 비민주주의적입니다.

미국 민주주의에서 크게 잘못된 것은 삼권분립입니다. 사법부에 위로 올라가면 대법관은 아홉 사람인데, 그 사람들이 결정하면 법이 되어버립니다. 그것이 민주적입니까? 민주주의가 절대 아닙니다. 이러한 것을 모방해서는 안 됩니다. 미국 민주주의가 잘못된 것, 민주주의가 아닌 것은 우리가 모방할 필요가 없습니다. 이념이라는 것은 자기 땅에서 창조되어야지 남의 나라에서 잘한 것을 모방하면 자기 나라에 오자마자 죽어버립니다. 남쪽의 민주주의는 미국 민주주의가 잘못된 것을 따라가서는 안 됩니다.

남쪽에서 가장 중요한 것은 통일이라는 민족적인 과업인데 그것은 미국에도 없습니다. 통일을 빼버리면 대한민국 대통령이 할 일이 절반은 없어져 버립니다. 이번에 대통령 취임사에 통일이라는 말도 없습니다. 북에 대해서는 다른 말은 없고 "비핵화를 해야 한다, 비핵화를 하면 우리가 경제적으로 살려 준다" 하는 이런 아주 비생산적인 말 한 두 마디 가지고 취임사를 끝냈어요.

그러면 우리가 민주주의, 데모크러시를 버리면 공화주의로 가야하느냐? 미국도 지금 공화주의와 민주주의 논쟁이 대단합니다. 그런데 윤대통령께서 새로 지성인의 문화를 존중해야한다면서, 지성, 과학 이런 말도 구호 비숫하게 하신 것 같은데 지성인을 중요하게 생각하는 것은 너무나 바람직하고 환영합니다. 그런데 과연 '지성인이 분배의 정의를 어떻게 하는 것이 좋겠나, 통일, 조화를 어떻게 하는 것이 좋겠나?' 하는 것을 이 '사랑방'에 계신 탁월한 교수님들과 학자님들을 포함해서 그런 아이디어를 지성에서 뽑아냈으면 좋겠습니다.

우리가 통일에 관심이 있는데 남쪽의 민중민주주의와 북쪽의 인민공화국을 비교해 보면 내용은 하나도 다를 것 없이 같습니다. 북측에서 이야기하는 인민과 남측에서 이야기하는 민중과 공화국과 민주주의가 같습니다. 그러니까 남측에 자본주의적 민주주의라고 그러는데, 민주주의면 민주주의이지 자본주의적, 사회주의적 민주주의라는 것은 없습니다.

민중민주주의와 인민공화국을 어떻게 잘 조화 시켜야 되겠는가? 그 점을 좀 들여다보면 민중이라는 것은 피지배자이고 착취의 대상입니다. 그런데 민중을 착취로부터 해방시키는 이론이 있을 때 그것이 민중민주주의의 이론입니다. 대한민국에서는 민중민주주의 이론의 개발이 빨리 빨리 되고 현실적으로 모순된 분배의 정의가 바로 잡아지면 중산계급이 생기게 되고, 중산계급이 생겨야지 민주주의의 실현이 가능합니다. 그래서 윤대통령 말씀은 듣기 좋은 말씀을 했는데 어떻게 가야되는지 그 길이 잘 안 보이는 것 같아서 아쉬움이 들었습니다.

민중민주주의와 인민민주주의의 조화를 위해서는 남측에서는 민중민주주의를 어떻게 이해하고 규정해야하겠나, 또 북에 대해서는 인민공화국인데 어떻게 이름을 썼는지 그것을 연구해야 합니다. 인민공화국이라는 이름은 하나는 인민이고 하나는 공화국인데 공화국은 제가 설명을 드렸습니다. 인민이라는 것은 칼 마르크스에도 없고, 사회주의 공산주의 사상에도 없습니다. 인민이라는 말, People 이라는 말을 생각할 때 "Of the people, by the people, for the people"이라는 표현이 있지요. 이것이 다 기만술입니다. 진짜 민주주의는 'by the people' 하나뿐입니다. 그것은 공화주의에서 뿌리를 찾을 수 있습니다.

그래서 우리는 통일된 나라의 나침판을 발견할 수 있는 정치이념을 어디에 두어야겠는가? 그것은 철저하게 '인간'에 두어야합니다. 정치이념이 모두 인간을 위주로 한다는 말을 다 하고는 있는데, 대한민국 민주주의는 어느 정도로 '인간'에 기본을 둔 민주주의인가? 우리가 볼 때 북의 인민은 인간에 초점을 두는가? 북에서 인간을 가장 중요시하는 사상은 주체사상입니다. 대한민국에는 그렇게 알려져 있지가 않고 주체사상이라고 하면 나쁜 점만 이야기하고, 국가에서 사람을 못 살게 한다, 이런 것만 얘기할지 몰라도 주체사상의 핵심은 인간중심의 사상입니다. 거기에서 중요한 역할을 한 사람이 남쪽에 와서 돌아가신 황장엽 선생인데, 인간중심의 사상이 주체사상이라는 것을 이론적으로 철학적으로 분석을 잘 한 것이 큰 공헌입니다.

주체사상을 철학적으로 정리한 황장엽선생

제가 황장엽 선생을 개인적으로 잘 알았고 토론도 많이 했습니다. 그런데 황장엽 선생을 아주 못난 인간으로 해버리면 안됩니다. 그 사람이 보따리 싸서 올 때는 대한민국이나 어떤 나라에 귀화하려고 떠나지 않았습니다. 가방하나만 가지고 처자는 놔두고 왔는데 그 분이 저에게 미국 와서 두 사람을 꼭 만나보고 싶다고 했습니다.

"제3의 물결"의 저자인 앨빈 토플러와 폴 케네디, 두 사람을 꼭 만나서 주체사상에 대해 토론하고 싶다고 했습니다. "주체사상으로 그 두 사람을 감화시키고 싶다"라고 했어요. 미국 와서 두 사람을 만나보려고 저하고 관계를 많이 하고 다시 돌아갔는데 동경에서 미국으로 오고 싶어 했습니다.

그러다 다시 북으로 돌아갔지요. 그 다음에는 모르겠어요. 자수를 하고 탈북을 하지 않았느냐? 남쪽에서 납치되어서 가지 않았느냐? 하고 나에게 사람들이 묻고 하는데 제가 출처를 줄 수가 없습니다. 그 사람이 왜 한국에 갔는지, 내가 아는 것은 그 분은 주체사상의 이론적 철학적인 기반을 마련한 북의 애국자입니다.

북의 주체사상은 인간중심의 사상이라는 것을 황장엽씨가 들고 나왔습니다. 인간학이 있어야할 것 아닌가? 김정일 위원장이 인간은 변한다하고, 세상에 날 때는 물리적인 인간으로 태어나지만 교육받고 정당에 들어가면 인간이 개조된다고 했어요. 김정일이 『인간개조론』이라는 책도 썼습니다. 동물학적인 어린 아이가 사회정치적인 의식을 가지게 되면, 창조적으로 인간성을 개량하여 비로소 사람이 된다, 사람 자격이 된다고 했지요. "저 인간 언제 사람 되려고 그래?" 이 말의 뜻을 대한민국, 조선 사람은 무슨 말인지 다 압니다. 인간이 인간으로서 있으면 안 됩니다. 자본주의에서는 인간이 욕심만 차리고 소비만 많이 하고 물질적으로 풍요하고 육체적으로 편하게 소비를 많이 하며 산다는 것에 대해 황장엽씨도 비판을 많이 했습니다. 일정부분 그러한 비판을 받는 것이 당연하다고 생각합니다.

통일된 나라의 이념 토대는 인권

통일이념이란 것은 가치관인데 모든 종류의 인권을 숭상하고 인권을 완전하게 이행하는 사회가 되어야하고, 인권은 생존권에서 시작하여 종교적인 분야까지 나아가죠. 그건 또 학자에 따라서 다르겠지요. 우리가 통일된 조국의 이념, 즉 이념이라는 것은 정책을 정당화시키는 것인데, 정책이라는 것은 문제해결을 위해서 만들어 진 것입니다. 무엇을 위해서 어떠한 정책을 왜 추구해야하느냐? 그것이 이념이 해야 할 일입니다.

이념을 만들 때 남측의 여러 부분의 학자들과 북측의 학자들이 같이 통일된 조국의 이념을 구상해보고 창조를 하는 것이 중요합니다. 제가 기금모금이 잘 되면 남측, 북측, 해외, 미국, 중국 등 학자들과 회의를 조직하고 싶습니다. 통일된 정치이념에는 이러 이러한 점을 고려해야한다는 것을 남북에서 온 사람들이 같이 토론할 수 있어야합니다.

민중민주주의를 남측에서 완성시키면 좋겠습니다. 국민들을 교육시켜서 의식과 가치관을 가지게 해서 민중으로 만들어야한다는 말입니다. 북측은 북측대로 만나기 전에 해야 할 일이 많지요. 서로 서로 충고도 하고 배우기도 하고, 남과 북 지식의 교환, 지식인의 대화가 중요합니다. 윤대통령이 지식인의 역할이 크다고 취임식에서 말했는데 진짜 큽니다. 대통령이 의미하는 것이 무엇인지는 모르겠는데 남과 북이 머리를 맞대고 대화를 할 기회를 '사랑방'에서 만들면 좋겠습니다.

9. 인류에게 22세기는 오는가?

(1) 바람직한 평화통일 설계해 보자

■ "우리에게 바람직한 평화통일을 설계해보자"라는 주제로 교수
님이 집필을 하셨습니다.

제가 미국에 와서 60년 가까이 살면서, 그중에 한 50년간 평생 연구를
한 것이 인류의 현재와 미래입니다. 제가 아직까지도 제 책에 많이 썼지만
인류한테 22세기는 오지 않을 것 같아요. 그만한 비관적인 생각이 있습니
다. 그런데 그것이 그냥 감을 잡아서 하는 것이 아니고 심리학적, 사회학적,
정치학적, 철학적, 신학적, 이런 여러 측면에서 볼 때 결론은 암흑의 미래가
인류한테 놓여있다 이런 생각을 합니다. 이전에 '세월호'가 침몰해서 큰 뉴
스가 되고 했는데, 우리 인류가 지금 78억쯤 되요. 그 인류가 한배에 타고
있습니다. 지구라는 배에 타고 있는데 나라, 종교 이런 걸로 해서 갈라지고
찢고 해서 한 배에도 방은 많습니다. 한사람이 이 방에도 있다가 저 방에도
가고 이렇게 하는데 문제는 큰 배가 지금 침몰하고 있습니다. 그 세월호가
침몰된 것처럼 침몰하고 있습니다. 거기다가 또 이 바다라는 게 가다가 암
초에 걸릴 수도 있고, 이제 물이 끝나고 절벽에 떨어질 수도 있습니다. 인류
가 타고 있는 배가 어디로 어떻게 항해하는지 여기에 우리가 관심을 둬야합

니다. 그런데 우리는 지하실 방 하나에 남과 북이 윗물과 아랫물로 갈라가
지고 밀고 당기면서 싸우고 있습니다. 수십 년 동안 싸우고 있습니다. 우리
도 모르게 이 배가 암초에 걸려 가지고 또는 '세월호'처럼 침몰해가지고 우
리가 다 없어질 수도 있는 그런 가능성이 높습니다. 더구나 한국의 지성인
들은 거기에 대한 민감성을 어느 정도 가져야 됩니다. 왜 이렇게 됐냐면 미
국이라는 나라가 과거 한 100년, 적어도 70여 년 동안 선장노릇을 했어요.
선실에서 배를 운전하고 가지만 지금도 미국이 운전하고 있습니다. 그런데
그 어떤 상황이 다가올지 모르는 이런 인류의 미래에 대해서 그 선장은 아
무 관심이 없습니다. 요새 도널드 트럼프를 보십시오. 미국에 대해서 관심
이 없고, 세계에 대해서는 말할 것도 없고, 왜 이렇게 됐냐면, 그게 도널드
트럼프 혼자가 아닙니다. 미국에서 그런식으로 생각하는 사람들이 한 20%
는 될 겁니다. 백 몇개의 극우세력들이 나와서 이런 일을 치루고 있습니다.
이 사람들이 연계를 해가지고 미국 의사당을 습격해서 테러리스트로서의
역할을 했습니다. 상상도 못할 그런일들이 일어나고 있습니다. 그래서 근래
미국이 이걸 잘 뉘우치고 고쳐서 제자리로 이 배를 항해 시킬 수 있느냐?
조 바이든 행정부는 이 배를 잘 항해를 해가겠느냐? 이걸 우리가 좀 많이
연구를 하고 생각을 해야 합니다. 왜냐하면 우리 민족만큼 경험이 많아서
지혜로운 민족이 없습니다. 제가 우리 민족의 한사람이기 때문에, 학자로서
이런 착상이 벌써 수십 년 전에 들었습니다. 우리 민족은 상당히 미래를 내
다볼 수 있고 상상도 할 수 있는 민족입니다. 더구나 인간의 지혜는 경험에
서 유래합니다. 우리나라 사람들의 남과 북을 합해서 보면 그 경험의 다양
성은 인류 어디에 갖다 놓아도 빠지지 않습니다. 우리만큼 경험을 많이 한
사람은 없습니다. 이념적으로도 제도적으로도 사상적으로도 그렇습니다.
여러 가지로 생활방식을 보면, 남북이 같이 하다보면 상당한 경험을 가진
민족입니다. 따라서 다른 데에서 찾아볼 수 없는 지혜로운 민족입니다. 그

런데 그렇지 못한 부분이 문제입니다. 그래서 우리는 이 '사랑방'을 통해서 서로 권장해서 우리라도 지혜롭게 되어서, 인류의 배가 탄 선장실에 들어가서 항해를 하자 하는 것이 저의 어린아이 같은 착상이지만, 학자는 원래 좀 나이브한 한데가 있어야 합니다. 저는 그렇게 나이브합니다. 우리 민족이 그만한 일을 할 수 있는 준비가 되어 있다고 저는 생각합니다. 그 어느 민족도 우리만큼 준비된 민족은 없습니다. 거기에 대해서 이다음 시간에 또 말씀드리겠고, 오늘은 우리가 타고, 인류가 타고 있는 배가 어떤 상황에 있느냐, 이걸 우리가 상식적으로 많이 압니다만 이 방에 계신 분들은 알아야 됩니다.

그런데 이 인류가 타고 있는 배가 물리적으로 인류를 지탱할 수 없는 상황에 지금 왔습니다. 바닷물은 올라가지요. 이제 2cm만 더 올라가면 육지의 많은 부분이 침몰하게 됩니다. 거기다 계속 지금 지구 온난화로 날씨가 지속되어 북극, 남극의 얼음은 이제 없어지고 있습니다. 그래서 요즘 제일 불쌍한 것은 흰곰들이예요. 곰들의 땅이 없어졌습니다. 이런 상황에서 곰뿐만 아니라 인류가 침몰해버리는 그런 상황이 될까 하는 걱정도 많습니다. 거기다가 공기는 나쁘지요. 여러 가지로 해서 수해도 많이 나지요. 산불도 많이 나고 토네이도, 허리케인도 계속 오지요. 이런 식으로 돼서는 물리적으로 지구가 인류를 지탱시킬 수 없다고 저는 생각합니다.

자, 그 뿐입니까? 사람 사는 것을 봅시다. 우선 인간을 봅시다. 인간이 과거하고 지금하고 차이는 과거는 그래도 사는 데는 사람들이 자살도 많이 안했어요. 요새는 인간들이 정신적인 분열증도 많습니다. 이래서 자살을 그렇게 많이 합니다. 선진국일수록 자살을 많이 합니다. 대한민국 자살률은 세계에서 1등, 2등 그러는데 자랑할 건 하나도 없지요. 그만큼 현재 사회가 복잡하고 감당하기 어려운 스트레스가 많습니다. 그래 인간적으로 마약 같은 거 얼마나 많이 먹습니까? 마약 경제가 지금 지하에서 활기를 치고 있습니다. 마약 때문에 사람들이 살 수가 없어요. 학생들, 아이들도 마약에 중독되어 가지고 죽어가는 형편입니다. 도널드 트럼프도 제가 볼 때는 정신병자입니다. 정상적인 사람이 아닙니다. 판단하는 것으로 보나 말하는 것으로 보나 생각하는 것으로 보나 정상적인 사람이 아닙니다. 이제 인류가 가지고 있는 이 문제에 하나의 대표적으로 상징되는 것이 도널드 트럼프의 정신 위생입니다. 인간과 인간관계는 어떻습니까? 사회는 인간과 인간관계에서 형성이 되는데 인간과 인간관계는 말할 수 없는 불신이 있고, 불신 뒤에는 철저한 이해관계가 없으면 친구도 되지 않고 이웃도 되지 않습니다. 전부 이해관계에 의해서 얽혀지고 있습니다. 그러니까 거기는 우리 민족이 가지고 있는 정의나 이런 걸 가지고 사람과 사람이 서로 연결되는 것이 아니고, 이해관계에 아주 연결되고 있습니다. 그런데 이해관계는 하루아침에 변하죠. 그러니까 인간 유대에 항구성이나 그런 게 없습니다. 내일 헤어지면 그 뿐입니다. 이것이 인간사회입니다. 인간이 그러니까 제도가 제대로 운영이 안 됩니다. 제도가 물론 가정도 제도고, 학교도 제도고, 군대도 제도고, 문화단체 다 제도가 있지만 정치나 제도가 제 역할을 못합니다. 다양한 제도 하나하나 우리가 따져보면 제대로 된 게 없습니다. 불행하게도 미국을 봅시다. 미국이 제일 앞장섰으니까, 가정이라는 것을 봅시다. 요즈음 보면 가정을 유지하는 것이 판사들입니다. 법정이 가정에 침투해서 가정이 유지되고 있습니다. 그러니까 이게 법이 없으면 가정조차 유지가 안 되는 그런 상황이 되었습니다. 그 다음에 학교 같은 것도 무슨 과학교육 해 가지고 돈벌이 교육이 전부 다 되어버렸습니다. 대한민국은 말할 것도 없고 미국은 그보다 앞장서서 그랬지요. 직장을 구하기 위한 하나의 수단으로 교육을 하고 있습니다. 교육이라는 것은 인간이 먼저 개조되어야 합니다. 인간이 성장이 되어야 하는 것이 교육인데 그게 아니고 돈벌이 기술을 하는 방법을 배우는 게 교육이 되어버렸으니까 교육이 제 역할을 못하고 있습니다. 모든 것이

다 그렇습니다. 군대도 마찬가지입니다. 옛날에는 전쟁을 치루는 데도 도덕이 있었습니다. 지금 미국에도 그렇고, 상식적으로 그랬지만 무기 없는 사람 뒤에 가서 총 쏴서 죽이면 안 됩니다. 그러면 자기 친구들을 오히려 죽이게 됩니다. 그만큼 도덕성이 있어야 합니다. 전쟁에도 그렇고 사람 죽이는 데도 그렇습니다. 요즘은 그렇지 않습니다. 많이 죽이면 제일이어요. 많이 죽이는 무기가 제일이어요. 그게 또 어디서 오느냐? 모든 것이 계량화 되어 가지고 질은 없고 양 뿐입니다. 전부 다 수를 헤아려요. 그게 어디서 오느냐? 시장문화의 팽배에서 오는 것입니다. 서구에서 마르크스나 사회주의가 이렇게 많이 나오니까 거기에 항의하기 위해서 들어선 것이 자본주의 시장이었습니다. 그 시장문화에서는 전부 이기적이고 획일적이고 물량적입니다.

그뿐만 아니고 정치라는 것은 분배의 정의를 유지하는 것입니다. 분배의 정의, 곧 얼마큼 어떻게 왜 가져야 하느냐 하는 것을 만들어 내는 것이 정치이론입니다. 칼 마르크스부터, 그전 플라톤부터, 서구 뿐 아니라 동양도 마찬가지입니다. 정치하는 사람은 어떻게 분배를 해서 모든 사람, 많은 사람을 만족시켜줄까? 그게 정치의 목적입니다. 그런데 그게 없어졌어요. 요즘은 많은 사람을 행복하게 해주는 것이 가버렸어요. 빈부도 극단적으로 양극화되어 갔습니다. 지금 미국 문제의 근원이 어디에 있습니까? 극단적으로 양극화되어 간 것입니다. 과거 이 양극화를 무마시킨 것이 중산계급인데 중산계급이 미국에 없어졌습니다. 대한민국은 중산계급이 나오려 해도 나오지도 못하고 아예 생기지도 못했습니다. 중산계급이 없으면 평등이 없고, 평등이 없으면 민주주의가 안 됩니다. 그래서 대한민국 민주주의가 저 모양으로 되어 있는 것이 중산계급이 고갈되었기 때문에 그렇고, 미국도 그 길을 먼저 갔습니다.

이래서 미국의 민주주의가 이런 것처럼 그 누가 미국 따라오겠어요? 그래도 대한민국 같은 나라는 얼이 빠져 가지고 미국을 따라오려고 애쓰고 있지 않습니까? 미국을 우리가 사랑한다면 저도 미국을 사랑합니다. 따라가려고 하지 말고 미국을 선도해야 됩니다. 미국이 잘 된 민주주의가 아닙니다. 잘된 민주주의가 뭐냐 하는 것을 연구하는 것이 학자가 할 일이고 지도자들이 할 일입니다. 오늘날 잘된 민주주의는 없습니다. 이념이라는 것은 그 시대의 산물이기 때문에, 그 시대가 변하면 다 변하게 됩니다. 마르크스에바가 누군지 모르겠네요. 소개한 'Ideal Types', 즉 이상형의 민주주의라는 것은 무엇입니까? 이념이라는 것은 가치에서 기반 됩니다. 민주주의의 가치의 핵심은 자유가 아니겠습니까? 자유를 하려고 하면 평등이 있어야 합니다. 그래서 자유를 위해서 꼭 평등한 사회로, 중산층이 건전한 그런 사회가 만들고 또 유지되어야 합니다. 이런 걸 위해서 학자들이 앞으로 가야 하는데 학자들이 설계자입니다. 설계 없이 집을 지을 수 없습니다.

대한민국이라는 민주주의 집은 어떤 집인지 제 눈에는 안 보입니다. 여러 선생님들께서 보이면 저한테 가르쳐 주십시오. 어떤 민주주의를 대한민국이 표방하며 가려고 하느냐? 제가 지난번에 주권방송에서 '한국적 민주주의를 창조하는 것이 바람직하다'는 이런 얘기를 했어요. 그러니까 사람들이 한국적 민주주의 그것이 중요한 얘기인데, 어떤 분이 "그거 박 교수님 처음이 아닙니다. 박정희가 처음 얘기했습니다." 그래요. 제가 압니다. 박정희가 했고 독재자들이 많이 했습니다. 저는 미국에서 공부를 했기 때문에 우리말로 번역은 모르겠는데 'real democracy(진정한 민주주의)' 라는 말도 있고, 또 요즈음은 'illegitimate democracy(불합리한 민주주의)'라는 말도 있습니다. '자유를 제한하는 민주주의', 자유가 없는 민주주의 그거는 민주주의(democracy)가 아닙니다. 그런데 박정희가 얘기하는 한국식 민주주의는 민주주의의 하나의 유형이 아니고 민주주의의가 아닌 것을 얘기하는 것입니다. 민주주의가 아닌 독재주의의 탈을 씌워가지고 미화시키려고 하는 것이 독재자들이 하는 것입니다. 제가 말씀드리는 것은 참다운 민주주의,

이상형을 설계해야 됩니다. 그것을 설계를 하는 것이 민주주의 학자들이 해야 되고 지도자들이 해야 됩니다. 민주주의의 본질은 인간의 자유에 있고 자유라는 것은 선택의 권리입니다. 자유라는 것은 선택권이 있다는 얘기입니다. 선택권이 있다는 얘기는 선택할 대상이 있어야지요. 대통령 뽑는데 미국 같은 경우 공화당에서 뽑을까 민주당에서 뽑을까 정당이 적어도 둘은 있어야지요. 그래서 선택당하는 대상이 있어야 되니까, 그 대상은 다양한 사회를 의미합니다. 민주주의가 제대로 되기 위해서는 국민들이 선택할 수 있는 대상이 여럿이 있어야 됩니다. 양당이 제일 좋은 게 아닙니다. 제일 나쁜 게 양당입니다. 다당제(多黨制)가 좋습니다. 프랑스처럼 일본도 다당제도가 되어 있지 않습니까? 어떻게 하면 다당제로 우리가 끌고 나아가겠느냐? 그거는 또 제가 평생 가르치는 것이 자꾸 입에 튀어 나오는데, 그것은 중선거구제를 하면 다당제도가 됩니다. 한 선거구에서 한 사람만 뽑으면 기필코 양당으로 나가게 됩니다. 그런 것을 연구해서 대한민국도 다당제민주주의가 잘 행사될 수 있도록 하여 국민들에게 선택의 여유를 주는 중선거구를 해야 됩니다.

그런 것도 토론을 많이 해야 된다고 생각합니다. 그래서 아무튼 미국이 이런저런 이유로 해서 환경문제에서 부터 인간관계에 이르기까지, 또 인간 자체의 질에서부터 또 정치모습까지 모두 잘못되었습니다. 잘못되니까 이게 눈덩이처럼 굴러가면서 역사를 망치고 인간사회를 망치고, 인간의 존엄성을 망치고, 이래서 인간사회가 이제는 'hell', 천국이 아니고 지옥이어요. 그런 상황입니다. 그래서 이제 미국이 이렇게 왔는데 그 저변에 있는 것은 기독교입니다. 저도 기독교인입니다만 그동안 기독교가 잘 못한 게 많습니다. 미국의 역사를 이렇게 만든 것은 기독교가 잘못된 게 많습니다. 기독교가 어디서부터 잘못 되었냐하면 선민의 의식이 있습니다. '우리는 선민이라'라는 생각입니다. 선민이니까 노예를 부렸고 선민이 아닌 것은 노예 짓을 당해도 좋았습니다. 미국이 청교도부터 그랬지 않습니까? 노예를 정당화시키는데 선민의식 때문에 정당화시켰습니다. 그것 때문에 흑인들이 정치에 참여할 수도 없고 여자들까지도 1920 몇 년까지 투표권도 없고, 이렇게 되었습니다. 남자 백인주의, 기독교 선민사상, 잘못된 선민사상, 그것 때문에 미국이 이렇게 되고 있습니다. 그래서 미국을 요즘에 보면 이 선민사상이 대단히 깊게 자리를 잡고 있습니다. 그래서 백인주의, 인종주의, 백인 중에도 특별한 백인이 중요하지요. 미국이 변함없는 방향으로 계속 항해를 하는 배를 움직이는데 책임을 지도록 해두면 22세기는 안 옵니다.

앞으로 80년 더 지탱할 수 없습니다. 그 사이에 제가 전쟁 얘기는 안했습니다만 아까 인간관계에서 신뢰가 없다고 그랬지요. 국가와 국가, 혹은 집단과 집단에는 거기도 신뢰가 없습니다. 과거에는 돈 없는 국가가 돈 있는 국가에 들어가서 그냥 복종하지요. 노예적인 국가가 많았어요. 이제는 그렇게 안 됩니다. 그렇게 안 되는 것을 인류 역사에 보여준 것이 누구입니까? 북한입니다. 조선이 보여줬습니다. 우리가 굶고 다 잃었지만은 봐라. 우리가 미국한테 굴복 안한다. 굴복 안 해도 미국을 아프게 할 수 있다. 이겁니다. 이제는 그게 조선뿐입니까? 모든 약소국가들이 강대국을 아프게 할 수 있는 수단과 방법이 얼마든지 있습니다. 그러나 방법만 있는 게 아니고 실질적으로 전쟁이 일어나게 되어 있습니다. 지금 조 바이든이 잘 못하고 또 그대로 따라가면 전쟁이 일어날 것을 우리가 배제할 수 없습니다. 그렇다고 보면 전쟁이라는 것이 과거에는 비슷한 군사력을 가진 국가들끼리 전쟁을 하게 되었어요. 약한 것은 그냥 처음부터 손을 빌고 전쟁을 하지 않는다고요. 이제는 그렇지 않습니다. 이제는 무기가, 핵무기 이런 것도 물론 있겠지만 사이버공격(cyber attack), 정보전쟁(information warfare)이 대단합니다. 이것은 중국도 그렇고 북한도 그렇고 굉장히 능력이 있습니다. 러시아도 그렇고 돈과 기계와 이것 가지고 지구를 제패하는 것은 끝났습니다. 미국이 지금까지 제패한 것은 돈과 무기입니다. 돈은 인종차별에 의해서 선택된 민족만 가지게 하고 그 외에는 돈 못 가지게 합니다. 아주 무기도 마찬가지입니다. 그래서 돈과 무기에 원죄를 쥐고 있는 미국의 그 원죄는 무엇입니까? 무기는 흑인들을 죽이는 데서 또 돈은 노예를 팔아먹고 하는 거기에서 '돈병'이 들었지요. '돈병'과 '무기병'에든 미국의 문화가 계속 될 수는 없습니다. 지금까지 그게 계속 되었기 때문에 인류의 역사가 이 모양 이 꼴이 되고 우리가 타고 있는 배가 침몰상태에 있습니다. 그런데 우리는 이런 선장을 보고 따라와서 어떻게 합니까? 지금 제가 잘 모르고 틀렸기를 바라지만 대한민국 정부에서 미국을 추종하는 게 너무 이상한 일이지요. 미국한테는 아무 정책적인 제안도 낼 수 없고 정책도 없습니다. 대북정책, 남북통일정책 이런 것에 대해 우리는 우리문제를 너무나 해결하지 못하고 있습니다. 이런 것을 미국한테만 매달리면, 우리만 망하는 게 아닙니다. 미국을 이대로 두었다가는 인류가 전부 다 '세월호'처럼 빠지게 됩니다. 이러한 상태에서 남과 북이 어떤 지혜와 수단으로, 어떤 설계를 가지고 이걸 건지느냐 하는 문제가 있습니다. 이러한 과정에서 우리는 평화통일을 해야 된다고 저는 생각합니다. 그것을 앞으로 한두 번 갈라서 계속 말씀드리겠습니다.

10. 인류에게 22세기는 오는가?

(2) 통일문화를 만들자

인류가 이대로 가다가는 22세기가 나타나지 않을 것 같아요. 22세기가 이제 80년 정도 남았는데 그때까지 저는 살지 않겠지만, 우리 아이들과 손자들은 다 살 수 있는 그러한 가까운 장래입니다. 그런데 그게 이제 없다. 그런 생각까지 됩니다. 인류가 타고 있는 이 큰 배가 지금 완전히 암초를 향해서 질주하고 있다. 저는 그렇게 생각을 합니다. 그런데 그 선장이 제일 큰 책임이 있는데 선장을 과거 수십 년 동안 미국이 도맡아 했습니다. 그전에는 또 냉전 때 미국이 주로 했지만 또 반대세력도 있고, 결국 미국을 빼놓으면 세계 질서를 우리가 논할 수 없을 만큼 중요한 일을 했습니다. 그런데 이 미국이 잘 되어야 될 텐데, 지금 미국을 보면 내란이 일어날 것같이도 얘기를 하죠?

그러니까 미국의 민주주의라는 것은 이제 땅에 떨어지고 땅에 묻혀 버렸습니다. 그래서 미국이 잘 돼야지 세계가 잘 된다고 저는 생각을 하고 그래서 미국 와서 공부를 하고 귀국도 안하고 했는데, 미국이 잘되지 않을 것 같은 그런 생각이 들어요. 그래서 그것을 생각만 아니고 이론적으로 정립해가지고 만든 책이 최근 나온 책이 『세계화, 그것이 축복이냐? 저주냐 blessing or a curse』입니다. 약 550페이지로 된 영문 책입니다. 아무튼 미국이 주도하는 세계 질서가 지금 혼란상태, 위기에 몰려 있습니다. 그런데 이 위기가 미국만의 위기가 아니고 미국이 그렇게 되는 과정에서 그 희생자로 나타난 것이 우리 조국의 분단입니다. 우리 분단과 분단 이후 75년, 80년에 나타나는 남북관계의 어려운 문제를 우리가 해결하기 위해서도 세계 질서를 생각하고 이해해야 합니다. 세계의 정치, 경제 이런 모습이 어떻게 우리 조국 남과 북에 영향을 미치느냐 이거부터 봐야 합니다. 그것을 보지 않으면 우리가 우리 문제를 정확하게 이해하지 못한다고 저는 생각합니다. 그래서 이제 우리가 분단되어서 지금 교착상태로 되어 있지요. 통일이 될 것 될 것 같다가도 금방 또 파괴되죠. 왜 이렇게 되었느냐? 될 것 될 것 같다가 안 된 것은 1972년 7.4공동성명 그때부터 흥분되어서 그랬습니다. 될 것 같다가 또 안 되고 하는 이거는 그냥 안 되는 것이 아니고 서로 악마(惡魔)화 시킴으로서 서로 공생할 수 없는 상황 때문이었습니다. 그래서 제 생각에는 이제 통일이 없으면 남과 북이 다 없어집니다.

남남처럼 평화롭게 이렇게 살 수가 없습니다. 왜? 남남이 아니니까요. 남남처럼 남북이 살 수가 없습니다. 이걸 정치하는 사람들이 분명히 이해를 해야 됩니다. 남남이 아닌데 어떻게 남남처럼 삽니까? 그래서 이제 이 분단 상황이 어디에서 왔으며 어떻게 지금 분단되어 있느냐? 이질성과 동질성이 어디에 있느냐? 그래서 이질성은 극복하고 동질성은 권장을 해서 통일문화를 만들어야 됩니다. 통일문화는 남은 남대로 북은 북대로 만들어야 됩니다. 통일되고 나서 문화를 만들자. 그것은 말이 안 되는 말입니다. 제 얘기가 조금 독선적일 때가 있습니다. 들어보십시오. 남과 북의 이질성은 정치가 만들어 내고 교육이 조작해 냈습니다. 그런데 남과 북의 동질성이 민족의 저변에 있는데 말이지요.

모든 것이 정치에서 나오고 정치교육에서 나오고 북의 주체사상도 정치교육에서 나왔지요. 정치타산에서도 나왔지요. 그 다음에 미국을 몸담으려고 하는 그런 민주주의, 자본주의도 다 어디서 나왔습니까? 다 우리가 정치적인 타산에서 만들어 냈습니다. 그래서 제가 볼 때는 남과 북의 이질성이 한 다섯 가지로 첨예하게 귀결되어 있는데, 저는 이 이질성을 극복할 수 있다고 생각합니다. 교육과 대화와 통신과 상호이해로 평화문화를 조성할 수 있습니다. 우리는 지난번에도 말씀드렸지만 안보문화에 휩쓸려가지고 안보도 제대로 못하고 평화는 말도 없이 못합니다. 안보의 노예생활에서 우리는 벗어나야 됩니다. 이런 얘기하니까 서울에도 그렇고 북쪽에도 그렇고 안보를 안 하면 우리가 살 수가 없다 이거예요. 그러니까 안보를 안 하면 살수가 없는 건 사실이어요. 그런데 안보해가지고 살 수 있습니까? 안보를 해도 더욱 더 못 삽니다. 왜냐하면 전쟁을 하게 되니까, 안보를 하게 되면 전쟁을 피할 수 없습니다. 그래서 우리는 평화를 사랑하는 민족입니다. 자고로. 평화를 추구해야지 안보를 추구해서는 절대 안 됩니다. 우리가 망합니다. 그러한 의미에서 저는 남북의 통일을 위한 평화, 즉 평화를 위한 통일이 아니고 통일을 위한 평화가 되어야 한다고 주장합니다. 통일을 위한 평화를 우리가 추구하다보면 평화도 오고 통일도 오고 안보는 제대로 해결이 되고 다 해결이 됩니다. 그것이 어떻게 해결되느냐 하는 것을 제가 조목조목 따져서 얘기를 하겠습니다.

우리는 개인도 그렇고, 사회도 그렇고, 국가도 그렇고, 지구도 환경의 산물입니다. 역사의 산물입니다. 우리는 다 그렇습니다. 역사를 알아야지 나를 이해하고 우리를 이해하게 됩니다. 요즈음 제가 대학교수를 오랫동안 하고 있지만 미국은 말할 것도 없고 한국도 역사공부를 안합니다. 누가 칼 마르크스를 얘기하면 요즘 젊은 학생들은 그게 누구야? 말도 안하려고 합니다. 그러니까 역사공부도 안하지, 이념공부도 안 해요. 철학공부도 안하지요. 공부하는 목적이 뭡니까? 견해가 생깁니다. 공부의 목적은 견해를 없애는 것이 아니고 견해를 세우는 것입니다. 그 견해라는 것은 모든 견해가 주관적입니다. 객관적인 견해는 있을 수가 없습니다. 학문의 모든 학문은 주관적이고 학문의 이론은 다 주관적입니다. 주관적인 견해를 생산하고 만들어 내는 것이 학교, 대학, 학문하는 사람들의 사명이고 역할입니다. 그것을 우리가 첫째 이해를 해야 됩니다. 남북을 우리가 볼 때 환경의 산물입니다. 분단 환경의 산물입니다. 그것을 어떻게 보느냐면 다음과 같습니다.

첫째, 분단이 왜 됐습니까? 분단에서 조금만 올라가면, 일제 식민정책이 없었다면 분단도 안 되고 전쟁도 안 일어나고 남북이 이렇게 가지 안했습니다. 일본의 식민생활을 했다는 것, 그것 때문에 우리 민족의 성격이 적어도, 북에는 직접적으로 민족주의가 아주 강하게 되었습니다. 북쪽의 민족주의는 항일사상에서 시작되었습니다. 항일사상은 김일성수령의 빨치산운동에서 그 모습을 찾을 수 있습니다. 그래서 이제 북은 굉장히 민족주의적입니다. 남은 그 대신에 사대적입니다. 남은 사대주의에서 일본을 섬기다가 일본 자리에 미국을 앉혀서 다 섬긴 게 이승만 대통령부터 역대 대한민국의 정권들이 다 사대주의를 벗어나지 못했습니다. 지금도 미국을 하늘 같이 추종하는 것이 대한민국 정부고 대한민국 국민의 의식구조 아닙니까? 대다수의 과반수랄까요?

그래서 이런 걸 우리가 알아야 됩니다. 북은 사대주의가 아니고 민족주의입니다. 이것을 우리가 철저하게 알아야 됩니다. 민족주의와 관련하여 사대주의라는 것을 좋은 말로 하면 국제주의인데, 사대주의와 국제주의가 남남이 아닙니다. 조화가 될 수 있고 서로 덕을 볼 수 있는 협력관계입니다. 그래서 민족과 세계주의 사이에서 남북이 서로 적대시하고 악마화 시킬 게 아니고 서로 배우면서 겸손한 자세를 가지면 남북관계는 좋은 결과가 나올 겁니다.

둘째, 남쪽은 개인주의입니다. 전부 개인주의예요. 개인주의를 그렇게 만든 것이 미국을 추종하고 자본주의를 추종하고 또 기독교를 비판 없이 받아들이고 이런데서 연유가 됩니다. 개인주의를 우리가 가만 보면 저도 교회에 나가지만 모두가 천당 가려고 하지요. 좋은 일하면 천당 가고, 천당 가는데 내 사랑하는 부인하고 같이 갔으면 좋겠어요. 사랑하는 가족하고 같이 갔으면 좋겠어요. 같이 안 넣어줍니다. 기독교의 천국에는 개인 개인을 넣어줍니다. 그만큼 남쪽은 철저하게 개인주의인 대신에 북은 철저하게 집단주의입니다. 얼마 전의 8차 전당대회를 보십시오. 저렇게 집체적인 사회가 어디 이 세상에 역사상에 있었겠나 하는 것을 느낄 겁니다. 집체적인 삶입니다. 그 사회는 어떤 영도자가 나와서 독재를 하고 그래서 무자비하게 철권을 가지고 총칼을 흔드는 후진국형의 독재자가 북한 사회에는 있을 수가 없습니다. 왜? 조선노동당이 지배하는 곳입니다. 조선노동당이 지배하니까 거기는 집체가 있지요. 정치위원회, 정치국에 있는 사람들이 중요한 역할을 하지요. 그 사람들이 바뀌어도 아무 관계없습니다. 우리나라에서는 소위 북한 전문가라는 사람들이 보고 북한의 정책국원의 정회원이 있고 후보회원이 누구고, "자리가 하나 내려왔다", "김여정이가 정치국 후보위원이었다가 거기서 빠져나왔다. 그거는 권력에서 밀려나온 것이다." 이런 식으로 판단하는데 그건 잘못입니다. 사람이 거기에서 나오면 개인적으로 나옵니다. 주체사상은 생물학적인 생물이라고 합니다. 그러다 그 사람이 커가지고 의식과 자주적인 생각이나 창조적인 생각이 나오고 하면 사람이 되었다고 합니다. 그러니까 인간으로 났다가 교육을 받고 사람이 됩니다. 사람이 된다는 것은 단체가 민족과 당과 국가와 집체가 나보다 중요하다고 그렇게 생각할 때 그게 사람입니다. 주체사상에서 인간개조론이 굉장히 중요하게 나옵니다. 인간이 생물학적인 존재가 개조되어서 사회정치적 생명체가 됩니다. 의식과 자주성과 창조성을 가지게 되면 그렇게 되는 것이어요. 그렇게 되면 개인이 중요한 게 아니고 전체는 개인을, 개인은 전체를 위하여 존재하는 것입니다. 전체가 없으면 개인의 존재 의미가 없는 것이 조선의 의식구조와 문화의 현실입니다. 찬성을 하든지 안하든지 둘째 치고 그것을 우리가 이해를 해야 됩니다.

 북도 마찬가지고 우리말에 남쪽 말에도 '인간이 사람이 되어야' 됩니다. 그게 교육의 목적입니다. 교육의 목적은 사람 만들기 입니다. 인간을 인간 상태 그대로 두면 사람이 안 됩니다. 자본주의 사회에서는 사람 되는 훈련을 안 시키고 사람 되는 게 무엇인지 하는 개념조차 없습니다. 그냥 자기 하고 싶은 거 하고 자동차 사고, 텔레비전 사고, 여행하는 향락이지요. 그러면 성공했다고 그러죠. 미국이나 자본주의 국가에서 성공하는 사람은 많이 소모, 소비하는 사람입니다. 남과 북의 또 하나의 큰 차이는 사회주의고 하나는 자본주의 아닙니까? 사회주의는 국가가 많이 해주고 있는 그게 사회주의 입니다. 사회주의의 기본정신은 사유재산이 없는 것입니다. 사유재산이 있으면 사회주의가 성공을 못 합니다. 그러니까 북에서는 사유재산을 허용하지 않습니다. 남에서는 사유재산 없어 보세요. 살려 하는가? 제가 보니까 지금같이 통일정책이 없는 상황을 지지하는 사람들을 보니까 전부 다 사유재산이 있어요. 그런 사유재산 몇 푼 가지고 끌어안고 죽어라 하고 그러는지 몰라도, 조국과 민족을 생각하는 것 보다 중요한 것이 자기 아파트 한 채 있는 게 더 중요합니다. 그게 현실인데 어떻게 합니까? 그러니까 우리가 통일정책을 하려고 하면 남쪽의 자본주의와 북쪽의 사회주의를 어떻게 조화적으로 결부를 시키느냐 하는 것인데 그 시키는 방법은 얼마든지 있습니다. 안 해서 그렇지요. 우리가 머리가 나쁩니까? 얼마든지 할 수가 있습니다. 그래서 우리 '사랑방'에서 그것을 만들어 낼까 싶습니다. 사회주의는 평등을 주로 하고, 자본주의는 자유를 중시합니다. 평등과 자유가 남남이 아닙니다. '평등'이 평등하게 되려고 하면 자유가 있어야 되고, '자유'가 자유가 되기 위해 의미가 있으려면 평등이 있어야 됩니다. 그래서 미국 같은 경우 옛날에 '파운딩 파더스'(Founding Fathers) 만든 사람들이 두 가지를 동시에 "리버티 앤드 이퀄리티(Liberty and Equality)" 이 두 개를 항상 같이 했습니다. 왜냐하면 같이 가능합니다. 그래서 그것을 이제 남과 북이 조화해서 어떻게 북의 사회주의와 남의 자본주의를 조화시킬 수 있는가? 그 묘미를 인류 역사에 보여줘야 되고 이 세계에 보여줘야 됩니다. 다양성이 없으면 평화가 없습니다. 다양성이 없으면 조화가 없습니다. 똑같은 음악, 똑같은 계이름만 부르는 사람을 열사람 갖다 놓고 노래시켜보면 그 조화가 나옵니까? 조화는 음정이 다르고, 음색이 다른 걸 모아야 됩니다. 악기도 다른 걸 모아야 됩니다. 그러니까 이질이 조화의 전제조건입니다. 이걸 우리가 알아야 됩니다. 남과 북이 우리가 얼마나 이질적인데 이걸 한탄할 필요가 없습니다. 나쁜 게 아닙니다. 나쁜 거 같지만 그것을 긍정적으로 보는 것이 통일문화가 할 일입니다. 이게 쉬운 건 아니지만 제가 이걸 어떻게 조화시켰냐 하는 것을 여기서 설명하기 위해서 개념하나는 소개시키죠.

변증법적 논리 들어보셨죠? 헤겔의 변증법적 논리. 변증법적 논리는 역설적인 논리입니다. 역설적인 논리, 변증논리로서 조화 안 되는 것을 조화시켜야 됩니다. 그냥 갖다 붙이면 물과 기름이 되지만 변증법적으로 갖다 붙이면 이게 조화가 됩니다. 물리적으로 그게 어떻게 하느냐? 우리 같이 연구해봅시다. 그래서 이제 사회주의, 자본주의 이런 것을 철저하게 서로 이해하는 것입니다. 그리고 통일의 길은 6·15 밖에 없습니다. 6·15가 굉장히 현명한 정책이고 철학적인 원칙입니다. 6·15 이외에는 통일의 길이 없습니다. 그런데 6·15는 뭐냐? 제1장은 우리끼리 하자. 그리고 6·15 2장 2절에 나오는 건 뭡니까? 체제와 이념과 모든 것이 다름에도 불구하고 우리는 상호 인정하고 이해를 하고 긍정적으로 생각해서 하겠다. 이제 2조입니다. 그게 얼마나 변증법적인 진리입니까? 그것을 제가 다음에 설명하지요.

6·15 선언을 얻어낸 김대중 대통령이 미국 대선기간 동안 제가 옆에서 가까이 있으면서 얘기도 많이 듣고 했습니다. 제가 정치철학을 했는데 변증

법 논리를 끝까지 압니다. 정치가들은 철학적으로 잘 모릅니다. 그래서 6·15를 지금 추구해야 되는데 문재인 대통령은 추구를 못했어요. 왜냐하면 6·15를 제대로 이해하지 못했어요. 6·15는 북쪽에서 낮은 단계의 연방제입니다. 그건 옳게 이해한 것입니다. 아무리 낮은 단계라고 해도 연방제라고 하는 건 우리가 못 따라 가겠다고 하는 것이 한국의 실정입니다. 역사적으로 김일성이가 처음 말했다고 하는데 우리는 그것을 못 따라갑니다. 낮은 단계의 연방제라고 그래도 연방제라는 연방 말만 붙으면 전부 빨갱이입니다. 저는 낮은 단계의 연방제 밖에는 길이 없다고 봅니다. 낮은 단계가 낮다 낮다 하게 되면 제일 낮은 단계가 소위 연합입니다. 그게 남쪽에서 얘기한 것입니다. 남쪽에서 얘기하는 연합제와 북에서 얘기하는 낮은 단계의 연방제가 공통성이 있다고 간주해서 우리가 서로 받아들이기로 했습니다. 그렇게 얘기를 했습니다. 2000년 6·15때에 남북이 합의한 간단한 내용인데 그것을 이해하려고 하지 않아요. 그것을 이해하려고 하면 빨갱이라고 해요. 우리는 빨갱이 문화 때문에 다 말라 죽습니다. 아직 빨갱이 문화가 그대로 있어요. 제가 빨갱이 문화 때문에 50년 동안 좋은 기회가 많아도 귀국 못했습니다.

안하기도 했지만 못했습니다. 왜냐하면 저는 중국에서 났고, 평양에도 조금 있었고, 북에서 내려왔기 때문에 우리 집 전체가 빨갱이가 되어버렸습니다. 저도 외국에 있는 학자들 가운데 친북학자라고 합니다. 처음에는 친북학자라고 하더니 요새는 '종북학자'라고 그럽니다. 친북 좋습니다. 북도 친하고 남도 친합니다. 하지만 종북 그거는 그만해라. 내가 종북이 아니다. 종북이 아니라 쌍방을 따라가는 거지 나는 종북은 하는 게 아니라는 것입니다. 그런데 이제 아까 말씀드린 대로 이질성을 잘 알아야 됩니다.

제가 말씀드리는 것이 민족과 세계, 개인과 집단, 그 다음에 자본주의와 사회주의의 얘기를 했습니다. 그러니 이걸 서로 조화를 시켜야 됩니다. 그러고 마지막 하나 더 말씀드릴 것은 남북의 차이가 어디에 있냐면 북은 이론적으로 철학적인 개념에 가치를 많이 둡니다. 주체사상이나 자주성이나 이런 것 많이 둡니다. 그런데 남은 전부 다 이해관계입니다. 이해관계는 전부 다 돈줄입니다. 그래서 남쪽에 가면 계급이 형성되어 있어요. 미국에서 계급 형성된 것은 남쪽보다 훨씬 이전에 계급이 형성되었지요. 그런데 근현대에 와서 그 계급이 경제적인 차원에 있는 것이 아니고, 사회적인, 문화적인, 의식적인 생활방식 이런데서 넘어왔습니다. 그래서 계급이 낮은 것과 계급이 높은 사람들은 돈 있는 사람과 없는 사람 사이에 서로 대화도 못하고 악수도 못하고 통하지도 못합니다. 대화가 안 됩니다. 그게 평화문화가 설 곳을 없게 만듭니다. 그래서 그러한 상황에서 이제 남쪽은 물질적이고 금전적이고 성공을 전부 다 경제적인 것에 기준을 해서 성공을 따지지요. 국가도 그런데 그건 잘못 본 것입니다.

문재인 전 대통령이 지난 6.25 경축 기념사에서 하신 말씀은 이미 백두산에 가서 서로 끌어안고 다 하고 난 이후입니다. 이후에 그분이 말씀하시기를 북한은 우리보다 무역량은 400분의 1밖에 안되니까, 이미 남과 북의 체제경쟁은 끝났다. 이미 오래전에 끝났다. 이런 말을 했어요. 그런 말을 했기 때문에 사실 북쪽 사람들이 거기에 대해서 얘기를 안했지만은 제가 볼 때는 개성에 폭파하고, 이런 거 김여정이 폭파했지요. 기분이 오죽 나빠서 폭파시켰겠어요. 그런 것 때문에 그렇습니다. 자기들은 이제 계급이 다른 계급이다. 남쪽이 꼭 그런 식이거든요. 잘 사는 사람하고 못 사는 사람들이 소통이 됩니까? 음식을 같이 앉아 먹을 수가 있습니까? 생활을 같이 할 수 없는 게 대한민국입니다.

여러분들 북조선에 갔다 온 분들도 많아서 잘 알겁니다. 월급 차이가 별로 없습니다. 그 사람들이 받는 건 월급을 주는 게 아니고 생활비를 줍니다. 그래서 우리가 저쪽을 알아도 옳게 알아야 하겠습니다. 남쪽에는 돈 없으면 생활비를 받는 게 아니고 '갑질'을 받습니다. 그러면 기분이 나쁘지요. 그래서 계급의식이 생기고 사회불안이 생기고 혁명이 생길 날이 얼마 머지않습니다. 미국이 지금 혁명이 일어난 판인데, 그게 이제 경제에서 끝이 아니고 인종문화까지 가버렸습니다. 이념까지 가버렸어요. "흑인을 사람 취급해 달라." 그런 구호를 가지고 나왔잖습니까? 제가 흑인들 너무 많이 압니다. 모어 하우스, 칼 리치, 마르틴 루터 킹 목사가 조르면 그 학교에서 제가 교환교수로 1~2년 가르치고, 지금도 밀접한 관계를 맺고 있습니다. 흑인들을 잘 압니다. 제가 여기 조지아에 온 것은 흑인한테 뭐 좀 배우려고, 흑인사회, 흑인문화를 배우려고 왔습니다. 지금까지 있다 보니까, 한 50년 지나고 나서 보니까 흑인들이 나타나기 시작해요. 그들이 손을 잡습니다. 백인 중에 교육 많이 받은 사람들은 또 흑인 편입니다. 그래서 '블랙 라이크스 매터' "흑인을 인간취급 해라." 이런 운동이 지금 일어나고 있지 않습니까?

이건 좀처럼 사라지지 않습니다. 우리는 인종차이가 없긴 하지만 이것도 우리가 보니까, 저는 깜짝 놀란 게, 제가 한 60년 간 있을 때 외국 사람이 너무 많이 왔데요. 중국 사람들뿐만 아니라 필리핀, 파키스탄, 이런데서 다 왔습니다. 보십시오. 그 사람들이 인간취급을 받고 있는가? 지금은 모르겠습니다. 결국 경제적으로도 그렇고 사회문화적으로 인간취급을 못 받습니다. 자본주의가 잘못되어 있는 한, 지금도 그렇게 잘 못 되어있는 것이 대한민국입니다.

그래서 이러한 이질성을 우리가 어떻게 조화시키며 교육적으로 동지를 만들고 해야 되느냐 하는 것입니다. 그렇습니다. 그것을 위해서 학교에서 연구를 하고 학자들이 연구를 하고 저서를 내고, 문학작품도 내고, 영화도 만들고 합니다. 이걸 어떻게 하면 사회주의와 자본주의가 공생하느냐? 개인과 집단이 공생하느냐? 편견과 자유가 공생하느냐? 추상과 현실적인 것이 공생하느냐? 이걸 우리가 연구를 해야 됩니다. 대한민국 가니까 통일연구소도, 평화연구소도, 대학마다 있데요. 연구원이라고 다 있던데 북한연구소도 많습니다. 북한연구소 간판 걸어 놓고 뭘 연구하는지 모르겠어요. 그 연구를 하려고 하면 제대로 통일문화를 연구하고 또 발전시키기 위해서는 통일대학이 있어야 됩니다. 미국이 지금까지 올라온 잘못된 거 까지 합해서 보면 그 책임이 어디 있습니까? 미국을 이끌어 가려고 만든 대학이 줄을 잘못 서버렸습니다. 그 대학이 하버드대학교입니다. 월남 전쟁 때 1960년 중반에서 70년 초반 그때까지 린드비 존슨 대통령이 "궁핍을 제거하자. 불평등을 제거하자. 정치적인 편견을 우리가 없애야 된다. 정치적인 평등, 인간 차별 없애야 된다." 그래서 모든 사람이 투표권을 가지게 하고 그게 1960년에 그렇게 만들어 졌습니다.

제가 60년을 여기서 대학원 공부를 한다고 식당에서 일하면서 미국을 많이 체험했습니다. 60년이 그렇게 혁명적으로 미국을 만들어놨는데, 사람이 못 따라와요. 교육을 그렇게 안 시키고 있으니까 돈 벌려고 흑인들도 채용하고 이렇게 했지만, 흑인문화나 이런 것을 북돋우지 못했습니다. 그래서 우리가 통일을 제대로 하려고 하면 또 한국사회에서 가지고 있는 모순을 우리가 극복하려고 하면 우리가 가지고 있는 모순들을 변증법적으로 해결해야 합니다. 대한민국의 가장 큰 문제는 미국의 가장 큰 문제와 마찬가지입니다.

빈부차이에서 시작합니다. 정치가들이 돈 있는 사람과 합세를 해서 돈 있는 사람이 계속 돈만 벌게 합니다. 그렇게 되니까 지금 여기에 최저임금이 7불25전입니다. 생각해보십시오. 7불25전 한 시간 노동에 그거 입에 풀칠 못합니다. 제가 한 5년 전 부터 은퇴하고 나서 미국에 소재할 때 사람이 좀 필요해서 일을 시키면 1시간에 15불씩 쭉 줘왔습니다. 지금은 1시간에 15불 주라고 조 바이든이 그러니까 대우가 대단하지요. 15불까지 될지 모르겠습니다. 그건 중앙정부에서 그렇게 한다고 해도 지방정부는 또 다른 얘기입니다. 이만큼 미국은 돈 없으면 이제 집 한 칸 장만할 수도 없고 결혼도 제대로 할 수 있는 비용이 없습니다. 이렇게 중산층이 고갈되어 가고 있는 것이 미국입니다. 이걸 따라오는 대한민국도 그렇게 될 수밖에 없습니다. 그래서 이것을 어떻게 조화시키기 위해서 남쪽과 북쪽을 그대로 두고 노력해야 하는 것이 6·15입니다. 그대로 받아들이고 그대로 인정하자는 얘기입니다. 그들을 인정하되 자본주의도 그대로 인정하고 나가자 이거예요. 그러면 둘 다 인정하면 통일정부가 어디 있습니까? 통일정부는 연방정부라 제3의 정부가 있어야 됩니다. 제3정부가 어디에 어떻게 어떤 모습으로 나타나야 되겠느냐 하는 것을 한겨레신문에 〈평화에 미치다〉라고 연재했던 것입니다. 거기에 보면 끝장에 가서 제가 고려평화조약을 제안한 게 있습니다. 혹시 시간 나서 읽어보시면 제가 분명하게 변증법적 조화를 해야 된다고 얘기했습니다. 변증법은 자기가 가지고 있는 모순을 해결하고 그 다음에 정반합 일 아닙니까? 정(正)안에서 가지고 있는 모순을 극복하고, 반(反)하고 연결이 되가지고 합(合)으로 승화 하는 거예요. 자기의 모순을 인정하고, 자기 모순을 극복하고 시정하지 않으면 변증법적인 논리의 출발이 안 됩니다.

11. 인류에게 22세기는 오는가?

(3) 변증법적 통일론

흰색이라는 것이 어디서 오느냐? 눈에 보이는 것은 흰색이지만 그 흰색을 생산하는 것은 검은 색입니다. 한국의 모순과 조선의 모순이 있습니다. 몇 개씩 있겠지요. 그것을 우리가 찾아야 됩니다. 그래서 그 모순을 각각 극복하는 것이 변증법적인 통일의 시작입니다. 우리가 우리나라를 가져야 할 때가 왔습니다. 왜 제가 '변증법적 통일론'이란 부제를 붙였는가 하면 다르게 설명할 방법이 없어요. 남과 북의 이질성이 이렇게 첨예하게 돼 있는데, "이걸 조화시켜라. 이걸 어떻게 평화적으로 협력 관계가 될 수 있도록 하라" 그거야 구호는 얼마든지 하지만 할 방법이 없습니다.

논리라는 게 보통 평면적으로 한두 가지밖에 없어요. 하나는 하나와 하나를 보태면 둘이 된다는 그 논리죠. 그게 아주 평면적인 논리죠. 그 다음에 a가 b보다 크고 b는 c보다 더 크다. 이러면 a는 반드시 c보다 큰 거예요. 그게 논리예요. 그런데 그런 논리에 맞지 않은 것은 사람들이 이해를 잘 못해요. 지금 우리 남북 평화 통일을 얘기하는 것은 이런 평면적인 논리가 아닙니다. 아주 고차적인 논리인데 제가 생각다 못해서 변증법적인 논리로 갖다 붙이자 했으니까 그것을 제가 오늘 설명을 저 나름대로 해야 되죠.

변증법을 옳게 설명한다는 것이 굉장히 어렵습니다. 변증법이라는 개념은 서양에서는 플라톤이 기원전 4세기에 만들었습니다. 동양에서는 자고로 음양 사상이라는 게 있지 않습니까? 음양 철학을 변증법적인 철학에 우리가 비교할 수 있습니다. 그런데 이제 서양에서는 몇 세기 동안 더 발전이 없다가 18세기에 들어와서 헤겔이 철학적으로 또 이론적으로 정리를 했습니다. 헤겔 그러면 요즘 학생들도 많이 알 거예요. 정반합이라고 그러지 않습니까? 정과 반은 낮은 단계에서 서로 반대되는 것인데, 그게 조화가 돼 합쳐가지고 더 높은 단계에서 같은 게 되는 거예요. 그런 걸 정반합이라고 그러죠.

　헤겔이 잘 설명한 정반합을 옳게 이해하는 사람이 거의 없어요. 칼 마르크스도 헤겔을 다 이용했습니다. 그러나 마르크스도 해결의 변증법을 그대로 준수하지도 못했고 이해도 못했어요. 저는 이 변증법이라는 것에 대하여 우리가 어떻게 이해해야 되는지, 어떻게 이해해야 남북 관계를 옳게 이해하는 데 도움이 되겠는가 하는데 초점을 가지고 말씀드리겠습니다.

　변증법을 꼭 우리가 알아야 되는데, 그것은 헤겔 이전에는 아무도 얘기를 하지 않습니다. 내재적인 모순(internal contradiction)이라고 합니다. 내재적인 모순이라는 개념이 굉장히 중요한 것입니다. 어느 개념이든지 어느 물체든지 어느 사건이든지 우리가 개념으로 개념화시킬 수 있는 것은 항상 그 내재하는 그 속에 내재하는 모순이 있다 이겁니다. 그러면 그 모순을 해소가 아니고 극복을 해야 된다는 것입니다. 해소하는 것은 모순을 없앤다는 건데요. 극복을 해야지요. 극복하는 것은 그 모순을 피하는 것이 아니고 그 모순을 맞대어 가지고 잘못된 모순을 파내는 거죠. 그래서 그 모순이 저해 작용을 하지 않도록 우리가 그것을 극복해야 된다는 것입니다. 이런 개념이 꼭 있어야 됩니다.

　한국과 북한을 우리가 보면 한쪽은 정이고 다른 쪽은 반입니다. 정반은 같은 차원에 있는 겁니다. 정이 있고 반은 좀 높고 그다음에 합이 더 높이 그렇게 올라가는 게 아닙니다. 정과 반은 같은 차원에 있는 것이고 동등한 것입니다. 그런데 정과 반이 어떻게 서로 이해를 해야 되느냐 하면 정이 없으면 반이 없고, 반이 없으면 정이 없습니다. 그러니까 또 좀 어렵게 얘기를 하면 정의 핵심은 반에 있고 반의 핵심은 정에 있습니다. 이렇게 생각해야 됩니다. 예컨대 우리가 색을 봅시다. 흰색과 검은 색이 반대 아닙니까?

그런데 흰색이라는 게 어디서 오느냐? 눈에 보이는 건 흰색이지만 그 흰색을 생산하는 것은 검은색입니다. 변증법적인 철학에 의하면 검은 색이라는 개념이 없으면 흰색이 흰색인지 그 개념을 모릅니다. 빛과 그늘도 마찬가지죠. 그늘이 없으면 빛이 있는 걸 모릅니다. 빛이 없으면 그늘이 보이지도 않습니다. 그러니까 빛과 그늘 사이는 서로 의존 관계에 있습니다. 이렇게 볼 수 있습니다. 그 모든 것이 그렇고 음양도 그렇죠. 모든 것이 이제 그렇게 됩니다. 그러니까 이 세상에 모든 절대적으로 좋은 것도 없고 절대적으로 나쁜 것도 없고, 모든 것은 모순이다. 이렇게 되어 있습니다. 그런데 그 모습을 우리가 찾아서 극복을 해야 되는데 한국의 모순과 조선의 모순이 있습니다. 몇 개씩 있겠지요. 그것을 우리가 찾아야 됩니다. 그 모순을 각각 극복하는 것이 변증법적인 통일의 시작입니다. 통일은 둘이 마주 앉아가지고 악수하고 그때부터 시작되는 것이 아니고, 지금부터 내재하는 모순을 극복하는 과정이 곧 통일하는 과정에 속합니다.

그것을 이제 꼭 이해를 하셔야 되겠고 그러면 우리가 한국이 정이라고 하면, 반은 누구냐 반은 북한입니다. 합이 뭐냐 합은 통일된 조국의 합입니다. 차원이 달라야 됩니다. 통일된 것은 다른 차원에서 우리가 개념화하고 다른 차원에서 통일이라는 하나의 실체가 눈에 보여야 됩니다. 그러니까 거기서 꼭 이해해 주십시오. 정반은 같은 차원에 있고 합은 더 높은 차원에 더 승화된 차원에 있다. 이렇게 봐야 됩니다. 그것을 이해하고 그래서 이제 우리가 진짜 통일 문제 얘기를 할 때 혹자들은 남쪽은 천국같이 생각하거나 북쪽을 천국같이 그러면 안 됩니다. 완전한 사람이 어디 있습니까? 완전한 물체, 완전한 사회가 어디 있습니까? 다 모순이 있습니다. 모순을 찾을 때 발전의 씨가 보입니다.

우리는 변증법적이라는 생각을 할 때 변증법이라는 것은 내재하는 모습이라는 개념을 꼭 생각해야 됩니다. 그것을 제가 말씀드리고 싶고 그 다음에 이제 변증법에서 내재한 모습이, 그러면 정반합으로 가는데 정이 합을 알아야 되고, 또 반을 알아야 되고 합을 알아야 됩니다. 합에 대한 개념이 있어야 됩니다. 현실적으로는 설계도도 아직 안 나왔다 그래도 개념은 있어야 됩니다. 설계할 때 여기에 벽돌을 쌓아가지만, 벽돌 한 장 한 장 이것을 설계자가 만드는 건 아닙니다. 이제 우리가 통일이라는 것을 설계할 때 개념을 가지고 설계를 하는데 이 개념이라는 것이 변증법적인 논리에 의하면 이렇습니다. 그래서 모순되고 이질성이고 조화될 수 없는 물과 기름 같은 것을 조화시키자 하는 것이 우리 통일의 노력입니다.

그러니까 남자와 여자를 보면 그것도 정반합에서 볼 수 있습니다. 남자 여자를 정반이라 하면, 거기서 어린애가 나오면 그건 합입니다. 정반합 모습이 이 사회에 얼마든지 있을 수 있습니다. 그런 의미에서 우리가 북과 남의 이질성을 우리가 좀 더 긍정적으로 봐야 됩니다. 어느 정도로 긍정적이냐? 이질이 없으면 내가 없습니다. 상대방이 없으면 내가 없습니다. 흰색이 없으면 검은색이, 여자가 없으면 남자가 없습니다. 이렇게 생각해야 됩니다. 그러니까 북조선이 없으면 남조선이 없다. 남조선이 없으면 북조선이 없다. 이렇게까지 우리 '사랑방'에서는 생각할 수 있어야 됩니다. 그것이 철저하게 우리가 변증법적으로 생각하는 것입니다. 그런데 합의라는 개념이 '정'이 더 가까울 수도 있고 '반'이 더 가까울 수도 있습니다. 그 정반 사이는 동등합니다. 합의라는 게 어떤 것인지 먼저 구상을 해야 됩니다. 그래서 우리는 연방 정부가 어떻게 생겨 먹어야 옳겠느냐? 거기에 대한 이론이 있어야 됩니다. 추구를 하고 모방을 하고 이렇게 하죠.

어떻게 보면 제가 즉흥적으로 볼 때, 북조선이 남쪽보다도 우리 정반합의 합에 가까운 성질을 많이 가지고 있습니다. 남쪽은 돈 많고 이렇다 하더라도 정반합에 갈 수 있는 합의 성질을 남쪽은 절대적으로 결여되어 있습니다. 그것은 우리가 구체적으로 토론을 얼마든지 해야 되겠고, 그래서 변증법을 그렇게 이해해야 되겠다는 겁니다. 그래서 남과 북의 통일을 그려 봅시다.

무력 통일은 우리가 통일의 개념으로 받아들일 수 없습니다. 요즈음(일괄해서) 어떤 사람들을 보면 무력 통일을 해버려야 된다. 북한과 같이 악마 같은 존재를 우리가 그냥 둘 수는 없다. 이따위로 얘기한 사람들이 있어요. 그러면 통일하지 말고 너 죽고 나 죽고 다 죽고 없다. 없다. 이런 얘기입니다. 지금 이와 같은 무력 대결에서 미국이 가지고 있는 무기와 조선에서 사용할 수 있는 무기가 터져 보십시오. 그럼 조선반도는 전부 다 날아가고 없습니다. 그렇게 통일하는 걸 우리가 통일의 모델이나, 하나의 방법으로 생각해서는 안 됩니다. 그건 생각할 수도 없습니다.

동독과 서독이 통일된 거 있죠. 그것은(일괄해서) 우리가 다 알 듯이 동독이 붕괴돼서 통일이 되었지요. 그래서 하나의 체제로서 서독에서 흡수시켜 버렸지요. 그런 통일이 바람직하다고 한국에서는 많은 사람들이 그렇게 생각해요. 지금 정부에 계시는 중요한 역할을 하는 분들도 많이 그렇게 생각해요. 독일처럼 우리가 통일을 해야 된다고요.

그런데 그거는 절대 안 되고 되어서도 안 됩니다. 절대 안 된다는 것이 정치적인 또 국제 정치적인 상황에서 볼 때 동독과 북한은 비교될 수가 없습니다. 서독과 한국도 비교될 수가 없습니다. 독일식 통일을 우리에게 그대로 적용해서 우리도 독일식 통일을 해야 한다고 생각하는 사람들이 많아요. '평통'도 지금 하고 계시죠. '평통' 분들은 대부분 독일식 통일방안을 생각하고 있습니다.

그건 몰라도 정말 모르는 소리입니다. 북은 지금 망하지 않고 또 자본주의로 변하지 않습니다. 절대 그렇게 되지 않습니다. 그렇게 만약에 된다고 하면 되기 전에 불난리가 납니다. 정권을 그냥 고스란히 적이랄까 이런 상황에, '정반' 이런 사이에서 갖다 줄 수 있습니까? 그래 가지고는 변증법적인 통일이 되지 않습니다. '정'은 '정'대로 더 원수 간에 '정'이 됨으로써 거기에 있는 모순은 더 첨예한 모순으로 발전이 되어야 우리가 성공할 수 있습니다. '반'도 마찬가지입니다. 그래서 북은 남쪽에 가지고 있는 여러 가지 문제점을 극복해야 합니다. 남쪽이 빈부 격차가 있는데 그게 제가 볼 때는 제일 중요한 모순입니다. 북에서는 그 남쪽의 모순을 극복해야 하는데 지금 극복하고 있지 않습니까?

평등한 사회, 사회주의 사회는 양극화된 계급이 없습니다. 재산을 누적시켜 그 결과로 나온 양극화에 계급이 없습니다. 그렇게 함으로써 남쪽의 문제를 피하는 거죠. 남은 남대로 북의 모순이 뭔지 우리가 찾아가지고 그 모순을 피해서 남쪽에서 발전시켜야 됩니다. 합에 대한 개념이 있어야 합니다. 그게 제일 중요한 겁니다.

정반은 우리 상대방을 우리가 긍정적으로 받아들이자는 것이죠. 6·15에서 서로 가서 악수하면서 다 얘기했지요. 그게 무슨 말인지도 모르고 사인한 것 같아요. 그러면 안 됩니다. 제가 얘기하는 변증법으로는, 북조선이 없으면 남조선이 없고, 남조선이 없으면 북조선이 없습니다. 이런 생각으로 우리가 인식을 해야지 남북관계를 정확하게 인식하는 것입니다. 그러면 남쪽은 남쪽대로 더 좋은 사회가 되고, 더 좋은 자본주의가 되고 좋습니다. 북은 북대로 더 좋은 사회주의 더 원만한 우리식, 주체식 사회주의가 된다는 겁니다. 이 두 개가 이제 서로 합하면서 더 승화된, 더 높은 차원에서 합을 찾아내야 합니다. 말하자면 연방 체제를 우리가 찾아내야 됩니다.

연방 체제가 어떤 것인지 생각해 봅시다. 통일을 위해서는 '제3의 정부'가 꼭 있어야 됩니다. 평양 정부하고 서울 정부하고 비빔밥처럼 넣어놓으면 그게 통일되는 게 아닙니다. 이 두 정부가 하나를 하나가 제압하든가 하면 그것은 무력 통일이니까 해서는 안 됩니다. 그러니까 이제 조합밖에 없습니다. 그게 6·15에 합의된 겁니다. 6·15만 했습니까? 그전에 7.4 공동성명 그 때부터 쭉 해왔습니다.

우리는 지금 단계에서 어떠한 나라, 어떠한 체제를 만들어야 하는지에 대해, 그리고 소위 연방 낮은 단계의 연방 연합 체제에서 통일 정부를 만들어야 되는지, 그것을 우리가 '사랑방'에서 좀 진지하게 토론하고 의견을 교환해야 될 것 같습니다. 거기에서 저는 사람이 제일 살기 좋게 만들려고 하면, 모든 인권이 충분히 보장돼 있는 곳이어야 하고, 그곳이 지상의 천국입니다. '모든 인권'이라는 걸 알아야 됩니다. 투표하고 선거 운동하고 이런 것은 인권 중 일부에 불과합니다.

인권은 크게 봐서 6가지가 있습니다. 제일 중요한 게 자유가 아닙니다. 평등도 아닙니다. 제일 중요한 인권 중에 인권이 생존권입니다. 살아야 할 권리입니다. 그것을 유엔 헌장에도 명시해 놓았습니다. '라이프 라이트'(Life Right), 살아야 할 권한이 인권 중에 제일 중요합니다. 살기 위해서 필요한 거는 인권에 해당하니까 의례히 가져야 합니다.

사회가, 국가가, 온 세계가 도와줘서 모든 사람들의 생존권은 보장 돼야 됩니다. 그 생존권이 대한민국에서 보장이 잘 돼 있습니까? 조선민주인민공화국에서 잘 돼 있습니까? 하나는 더 잘 되어 있어요. 다른 것보다 그 생활 하나, 살기 위해서는 무엇이 필요합니까? 먹어야지요. 병 안 들어야합니다. 어디서 총칼 안 맞아야지요. 어디 그냥 내 얼굴이 좀 검다고 해서 밤에 걸어가다가 총 맞아 죽는 그런 사회는 생존권이 없는 사회입니다. 밤에 아무것도 안 해도 괜찮고, 목숨 위협을 느끼지 않고, 또 먹을 것도 있고, 잘 곳도 있고, 입을 것도 있는 이런 곳에는 인권, 생존권은 있습니다.

생존권 중에 또 중요한 게 뭡니까? 우리가 깨끗한 공기에 호흡을 해야지,

마실 물이 있어야지, 이같이 아주 기본적인 지구의 질이 양호해야 됩니다. 그러기 위해서는 지구온난화(Global Warming) 같이 기후변화로 인해 지구가 파괴되는 이런 거 우리가 다 해결해야 합니다. 인권 중에 제일 중요한 게 요즈음 만연되는 전염병 이런 거 없어야 됩니다. 이런 거 나오면 우리가 대응을 할 줄을 몰라서 그러는데 전염병 대응을 제대로 못하는 나라는 인권이 있는 나라가 아닙니다. 그런 의미에서 미국이 지금 현재 인권이 박탈된 나라라고 볼 수가 있습니다.

생존권을 보장하기 위해서 우리는 식량 같은 것도, 모든 사람이 살 만큼 먹을 수 있도록 주는 그러한 제도를 만들어야 됩니다. 통일 국가에서는 깨끗한 공기를 가지고 호흡을 할 수 있어야 합니다. 공기 오염(Air Pollution)과 같이 공기를 더럽게 하는 이런 건 안 해야 됩니다. 우리 연방 체제에서는 100% 연료를 재생산할 수 있는 원료를 가지고 해야 됩니다. 그런 거 우리가 생각하면 항상 많죠.

몸이 아프면 미국은 지옥이 됩니다. 유럽을 보면 이렇습니다. 제가 이탈리아에는 매년 쭉 많이 가는데 이탈리만 하더라도 내가 데리고 가는 미국 학생들이 아프다든가 혹은 길에 가다가 쓰러져가지고 다치든가 이러면 아무 병원에 그냥 갑니다. 신분증도 필요 없어요. 인간이면 치료부터 해줍니다. 이탈리아 병원에서는 인간이면 치료해 줍니다. 인간이면 치료해줘야 되는 그러한 인권을 우리가 가져야 됩니다. 그래서 인권, 생존권 하나만 해도 이렇게 오래 얘기할 수 있고 얼마든지 더 얘기할 수 있습니다.

사람이 총 맞아 죽고 이런 건 없어야죠. 전쟁이 없어야지요. 어디서 피격을 안 당해야지요. 그것을 위해서는 평화가 필요합니다. 안보가 필요하다고 하지만 안보 하면 전쟁하자는 겁니다. 안보는 무기 경쟁이고 무기 경쟁은 항상 무기를 사용하게 되어 있습니다. "미국의 군산 복합체가 어떻게 할 것인가? 바이든 정권이 북조선에 대해서 어떻게 할 거냐? 한반도에 대해서,

극동에 대해 어떻게 할 거냐?"에 대해, 전부 다 헛다리짚고 있는 겁니다. 지금 미국을 움직이는 것은 돈이고 돈의 큰 몫이 군산복합체입니다. 군산 복합체가 외교 정책에 어떻게 작용하는지 바이든 행정부만 보면 좀 잘 알게 돼 있습니다.

8년 동안 오바마 대통령이 했던 전략적 인내(Strategic Patience)는 아무 효과가 없어요. 그리고 그것을 좋아하지 않습니다. 비핵화, 완전한 돌이킬 수 없는 비핵화 이걸 수십 년 이렇게 해도 아무 효과가 없다는 것을 바이든은 누구보다 더 잘 압니다. 그 사실은 제가 압니다. 조 바이든은 북조선의 완전한 비핵화를 대화의 전제조건으로 낼 사람이 아닙니다. 대화의 전제조건으로 비핵화를 내고 싶지 않은 것 입니다.

그런데 비핵화를 왜 저렇게 주장하느냐 하면, 북한을 악마화시키려고 그럽니다. 비핵화 안 하고 핵무기를 자꾸 만든다고 악마화 시킴으로써 무기 팔아먹고 있습니다. 미국이 지금 제일 관심 있는 것은 무기 팔아먹는 것입니다. 무기는 대한민국이 많이 사죠. 이스라엘도 많이 사죠. 이제 인도도 사야 될 것이고, 중국 때문에도 그렇습니다. 굉장히 많은 무기 소모가 어디서 나오느냐 하면 일본에서 나옵니다. 일본은 경제력이 있기 때문에 또 중국이 있기 때문에, 보수 진영이 있기 때문에, 천문학적인 수량의 무기를 미국이 일본에게 팔아먹을 수 있습니다. 지금껏 팔아먹은, 계속해서 팔아먹을 무기 장사를 빼놓으면 미국의 외교 정책을 설명해 낼 수가 없습니다.

요즈음 새로운 정부가 출범해 국무장관도 새로 나오고, 안보장관도 나오고 하지만, 그 사람들을 보면 좀 새로운 생각을 하려고 하는 것 같아요. 그런데 절대 못합니다. 군산복합체가 딱 잡고 있기 때문에 그렇습니다. 평화를 사랑하는 우리가 가장 주적으로 생각하는 조선민주인민공화국은 우리의 주적이 아닙니다.

군산 복합체, 미국의 군산 복합체가 지금 한국에 있지 않습니까? 한국에도 한국적인 군산복합체가 있습니다. 그래서 한국과 미국에 있는 군산복합체가 같이 맥을 통하죠. 그것을 우리가 파괴하고 주적으로 삼아야 됩니다. 남쪽에서 북조선을 주적으로 삼으면 통일도 안 되고 해결될 게 하나도 없습니다. 미국을 주적으로 삼으라는 게 아니고 군산복합체를 주적으로 삼아야 됩니다. 미국이 관장하는 금융기관 이런 것들을 주적으로 삼아야 합니다.

제가 여섯 가지 인권이 있다고 했습니다. 살기 위해서는 무엇이 필요합니까? 가족이 필요하고, 친구가 필요하고, 다른 사람이 필요합니다. 서로에게 귀속되어 있기 때문에 그렇습니다. '서로에게 귀속'(Mutual Belonging), 이것 때문에 그렇습니다. 서로 귀속되는 사회가 그러합니다. 이것을 이제 인권적인 차원에서 봐야 됩니다. 인간은 그런 권한이 있습니다. 그러니까 귀속할 권한이 있고 귀속할 자유가 있어야 합니다. 우리나라의 남쪽에는 학연, 지연, 혈연이 있습니다. 그거 얼마나 좋습니까. 그것 때문에 사람이 사는 겁니다. 사는 보람이 있지요. 그런 인간관계가 인권에 속합니다.

인간이 다른 사람들하고 같이 이렇게 서로 귀속되는 데는 일정한 범주 안에서 평등이 있어야 됩니다. 평등이 있어야 인간의 존엄성을 유지할 수 있습니다. 평등이 없으면 거기서 계급이 나타나고, 계급에서 대접을 못 받으면 인간의 존엄성이 없어집니다. 존엄성은 나 혼자 만드는 것이 아니고 사회가 존엄성을 줘야 됩니다. 인간의 존엄성을 추구하는 역할은 인권의 개념에서 출발해야 됩니다.

인권에 대해 풋 노트(footnote)로 한마디 말하죠. 인권이라는 것은 세 가지 개성을 가지고 있습니다. 첫째, 나서부터 향유하고 있는 것이 인권입니다. 인권이 자기가 공부를 많이 하고 무슨 돈을 가지고 많이 사고하는 이런 게 아닙니다. 사람이 생명을 가지고 세상에 나오면 인권을 가지게 됩니다. 인권은 천부적입니다. 내추럴한 인권이 있는 거죠. 따라서 인권은 그 어느 누구도 박탈 해낼 수가 없습니다. 인권을 박탈하면 안 됩니다. 그래서 얼마

전 미얀마 군부쿠데타 일어났다고 우리나라에서도 반대를 하고 그랬는데, 그건 좋은 현상입니다. 나에게 인권이 없다. 그러면 나를 아는 사람들이 책임감을 느껴야 됩니다. 아프리카 어린애가 굶어 죽으면 그 책임이 나한테도 있다. 이렇게 느껴야 됩니다. 보십시오. 미국이 얼마나 인권 국가라고 하면서 인권을 제대로 개념 정립도 못하고 있습니다. 자유가 인권입니까? 자유는 인권의 풋 노트(footnote)에 불과합니다.

두 번째 중요한 것은 사랑권입니다. 인간은 사랑할 수 있는 권한이 있습니다. 어떻게 하든지 사랑이라는 걸 중요하게 생각하고 사랑하는 사람들끼리 같이 살 수 있어야 합니다. 젠더가 다르지 않고 같은 젠더끼리 동성연애를 하고 사랑하면 존중해줘야죠. 내가 체험을 못 해봤지만 존중을 해줘야죠.

세 번째 선택권입니다. 그게 자유입니다. 자유라는 건 다른 말로 선택권이 있다는 것입니다. 옛날 노예 제도 때 미국의 남부를 봅시다. 그때 주인과 물건처럼 팔려 다니는 노예의 차이가 어디 있습니까? 주인이 힘이 더 있어서 그렇습니까? 머리가 더 좋아서 그렇습니까? 절대 아닙니다. 주인은 결정권을 가지고 있고, 종은 선택권이 없습니다. 그만큼 인류 역사는 주인과 종의 싸움입니다. 그래서 결국은 주인이 항상 이기고 있는 거예요. 요새도 주인과 종의 관계가 미국에 재연되었습니다. 노예 전쟁이 지금 재연되었습니다. 주인과 종의 싸움에서 주인은 선택권을 가집니다. 선택권을 가지게 되면 그것을 자유라는 이름을 붙여서 우상화하는 것이 미국입니다. 미국은 정치적 자유 이외에는 인권이 없습니다. 생존권도 없고 사랑권도 없습니다.

그 다음에 마지막으로 우리는 나라를 가질 수 있는 주권이 필요합니다. 유엔 헌장에도 봐도 모든 사람은 자기 나라를 가질 수 있는 인권이 있습니다. 나라를 가질 수 있는 인권이 있다 이 말입니다.

이 6가지 인권을 우리가 생각해 보십시다. 나라를 가질 수 있는 인권이라는 게 얼마나 중요한지. 이스라엘이 얼마나 오랫동안 고생을 했습니까? 우리는 나라가 없어서 일본 제국주의시대 때나, 또 나라가 제대로 정립을 못해서 중국에게 역사적으로 당나라, 청나라 때도 얼마나 고초를 많이 겪었습니까? 우리가 이제 우리나라를 가져야 될 할 때가 왔습니다. 나라에 대한 인권을 가져야 되는데 이는 인간이 가지고 있는 본연적인 권리입니다.

인간의 권리가 거기에 있습니다. 인권을 투표하는 것으로만 보지 말고 내 나라를 내가 가지는 것이 투표권에 못지않은 인권이라는 것을 우리는 이해하고 연구해야 합니다. 이 6가지 인권이 잘 보장되면 인간이 가지고 있는 사회 중에 가장 천국 같은 사회가 됩니다. 가장 바람직한 사회가 됩니다. 그것이 정반합에서 우리가 도출해내는 연방 정부 통일 정부의 형태로 나타났으면 하는 것이 저의 꿈입니다.

12. 인류에게 22세기는 오는가?

(4) 한 민족 두 국가 세 정부

우리가 인권의 완전한 의미를 생각하고 완전한 인권국가가 어떻게 생겨먹은 국가냐 하는 것에 대해서 개념정립을 해야 될 것입니다. 연방국가가 멋진 나라인데 그리고 가려고 하면 인권구현을 우리가 생각을 해야 됩니다. 우리가 이 길을 찾으려고 하는데 그 길이 평화적인 통일을 추구하는 길입니다. 그 길을 찾기 위해서 이런 것도 생각해보고 저런 것도 생각해보다가 결국 우리 '사랑방'에서는 가능한 합리적인 길을 구상해 보아야겠습니다.

그래서 그 길은 집을 짓는 설계에 비교할 수 있습니다. 통일하려고 하는 큰 건물을 설계해야 되는데, 저도 설계자고 '사랑방' 자체가 설계의 역할을 하려고 생각합니다. 통일이라는 것은 해야 되느냐? 그것은 주관적으로 생각하기에 통일은 꼭 해야 됩니다. 형이상학적인 이론, 이론적인 이론, 실질적인 상황으로 볼 때도 통일 없으면 우리 민족이 살 길이 막연하고 자칫 잘못하면 정쟁에 의해서 모두가 멸망하게 됩니다. 그래서 통일의 길을 찾는데 누구와 누가 통일을 하는가? 이걸 우리가 알아야 합니다. 그것을 알고 보니까 남과 북이 통일이 되어야 되는데 너무 차이가 크더라는 것이 저의 결론입니다.

우리가 어떻게 차이가 있는가를 알았지 않습니까? 이런 차이가 조화되고 융합될 까닭이 없습니다. 그래서 제가 논리적으로 좀 이야기를 해서 역설적인 논리인데, 말하자면 변증법적인 논리를 이용하면 가능하겠다는 것입니다. 그런 생각을 가지고 지난 시간에는 변증법적 논리가 우리 통일의 길을 보여준다는 것을 보았습니다. 그런데 결론적으로 지난번에 얘기를 했는데 다시 생각을 해보면 통일을 하는데 변증법적으로 한다는 것은 있는 체제들을 서로 인정하고 긍정적으로 생각 하고 또 자기들이 가지고 있는 모순들을 스스로 극복하고, 그 위에 이제 새로운 제3의 정부, 이상적인 정부를 구현해야 되겠다는 그런 생각이 들었지요. 그래서 남과 북은 각각 자기들의 개성이 다 있고 또 자기들의 장단점이 다 있습니다. 장점은 덮어놓고 단점을 극복해야 됩니다.

제3정부가 생기면 장점을 배워서 '통일연방국가'를 만드는데 참고로 하지만, 단점은 지금 분단되어 있는 이 상황에서 극복해야 됩니다. 남쪽의 대내적인 모순이나, 빈부격차나 인간을 존중하지 않는 것, 이런 것들은 미국의 여러 가지 문제들을 그대로 답습하는 겁니다. 이런 것은 남한에서 극복해야 됩니다. 북도 사회주의국가가 잘 되고 있습니다. 그러나 훨씬 더 잘 될 수가 있습니다. 그래서 또 잘못되면 극복한다는 그러한 희망을 가지고 노력을 해야 될 것 같습니다. 그런데 이제 이상적인 사회로 제가 말씀드리는데 우리 연방 국가는 이상적인 국가이고 연방정부체제는 이상적인 체제이어야 되는 것입니다. 정반합의 체제가 되어야 한다. 제가 그렇게 말씀드렸지요. 거기에 대해서 우리는 개념이 있어야 됩니다.

어떤 사회가 가장 좋은 사회이냐? 분명히 우리 생각이 있어야 됩니다. 정반합의 합에 대한 개념이 분명히 있어야 됩니다. 그래야지 합을 추구하지요. 그래서 합이 이상적인 사회인데 어떤 사회가 가장 이상적인 사회이겠느냐? 제가 사회과학자로서, 인권운동을 수 년 동안 연구 한 사람으로서 결국 결론은 인권이 그렇게 중요하다는 생각이 듭니다. 미국처럼 생각하는 인권이 아니고, 어떤 체제가 생각하는 인권이 아니고, 보편타당성이 있는 그런 범주에서 인권이라는 것을 봐야 됩니다. 미국에서 인권 그러면 자유를 강조합니다. 자유라는 것은 그대로 두면 방종입니다. 제 맘대로 자기가 가지고 싶으면 가지고, 수단방법을 가리지 않고 자기 목적을 달성하기 위해서 모든 걸 정당화시킵니다. 이것이 민주주의인 것처럼, 자유인 것처럼 그렇게 얘기하는데 전혀 그런 것이 아닙니다. 인권이라는 것은 보십시오. 인간의 본연적인 권리인데 여기에는 3가기 개성을 가지고 있습니다. 하나는 보편타당성이 있는 것입니다. 누구나 이 세상에 나오면 누구나 다 가질 권한이 인권입니다. 그리고 둘째는 그 어느 누구도 가지고 갈 수 없습니다. 양도 불가능한 것입니다. 셋째가 제일 중요한 것인데 모든 사람의 공동소유입니다. 그래서 지구에 어떤 쪽에서 인권이 유린되면 그것은 그들의 문제가 아니고 인류의 모든 사람의 문제입니다.

그래서 인권 때문에 미국이 외국에 나가서 내정간섭 하는데 대해서 저도 많이 비판도 하고 그랬는데, 사실 인권의 입장에서 보면 다른 나라에서 일어나는 인권유린을 그 나라의 문제로 떠맡겨 둘 수는 없습니다. 이런 것이 인권의 3가지 개성을 우리가 생각하면서 보면 인권이라는 것은 자유나 평등이나 이런 정도만이 아니고, 제가 볼 때는 6가지가 있습니다. 이 6가지를 마치고 나서 하나 더 얘기하겠습니다.

인권에서 제일 핵심적인 인권이 생존권입니다. 그건 세계 누구든지 그것을 인정합니다. 살고 있는 사람, 생존권만큼 그 중요한 인권은 없습니다. 자유가 중요하다? 평등이 중요하다? 그것보다 생존이 제일 중요합니다. 생존하기 위해서는 다른 인권을 어느 정도 희생을 해도 괜찮습니다. 살기 위해서. 그래서 생존하기 위해서는 생존에 필요한 수단방법이 있어야지요. 그것은 우리가 가지고 있는 인권영역에 들어갑니다. 의식주라고 하는 먹어야지요, 입어야지요, 지붕이 있는 집에 살아야 하지요. 이것은 어느 나라든 어느 이념이든지간에 생존권에 해당하기 때문에 양보해서는 안 됩니다. 그래서 그것을 추구하기 위해서 이런 저런 일을 합니다. 그것을 비판해도 설득력이 없을 것입니다. 의식주가 있어야지요. 그다음에 안보가 있어야 됩니다. 동네에 다른 사람이 쳐들어와서 식량을 훔쳐간다든가 약탈해간다든지, 이런 것을 못하게 해야 되는 거 아닙니까? 그 체제에 질서가 유지가 되어야 됩니다. 그래서 이제 그런 걸 위해서는 안보가 필요하고 평화가 필요하고 다 그렇지요. 그것을 위해서 사람들이 의식주, 식의주(食依住)를 좀 소홀히 하게 하는 것은 우리가 이해를 할 수가 있습니다. 그 중요한 것을 위해서 덜 중요한 것을 우리가 희생한다는 것은 우리가 이해를 해야 됩니다.

그래서 이제 생존권에는 의식주와 사회 안전 이것이 절대 필요합니다. 요즈음에는 생존하기 위해서 병에 안 걸려야 되고 병에 걸리면 치료를 받아야 됩니다. 이건 인권에 해당합니다. 전염에 안 걸려야 되지만 걸려도 치료를 받는 것은 인권의 문제입니다. 이것은 돈 가지고 해결하려고 하면 안 됩니다. 체제가 해결할 수도 없는 인권의 문제입니다. 그래서 인권이라는 것은 이런 광범위한 의미에서 생존권을 제일 중요하게 해야 되는 것입니다.

그런데 생존권이 살고나면 둘째로 중요한 인권은 더불어 사는 권리입니다. 자기는 사는데 혼자 사는 게 아니죠? 인간은 사회적 동물입니다. 이런 얘기도 철학자들이 많이 했지만 인간은 더불어 살아야 됩니다. 가족이 있어야 되고, 친구가 있어야 되고, 고향이 있어야 되고, 동창이 있어야 되고, 이런 게 있는 게 좋습니다. 동향이 있어야 되고, 조국이 있어야 되고, 더불어 살아야 됩니다. 그래서 그것이 인권이라는 것을 우리가 이 세상에 가르쳐야 됩니다. 더불어 사는 것이 인권이다. 더불어 사는 것을 우리가 박탈하면 보람이 없어집니다. 사는 의미도 없어집니다. 더불어 살지 않고 혼자 사는 그것은 죄 지은 사람이 감옥에 가면 그렇게 해야 됩니다. 우리가 감옥살이를 하는 것이 아니고 이 사회에서 살려 하면 더불어 사는 권한을 가져야 됩니다. 자. 더불어 산다. 더불어 살기 위해서 우리는 가족을 위시해서 교육기관이나 사회제도나 이런 것이 다 필요합니다. 이런 것들이 그룹이 있으면 그 그룹이 나를 더불어 살게 만들어 줍니다. 학교가 있어야 되고 가정이 있어야 되고, 고향이 있어야 되고, 동창이 있어야 되고, 이게 다 필요합니다. 이게 인권에 해당합니다.

이것을 우리가 미국과 서구에 가르쳐 줘야 합니다. 인권이라는 것은 더불어 사는 권한이라는 것을 우리가 망각해서는 안 됩니다. 더불어 사는데 셋째 인권이 중요합니다. 아래층, 위층에 두고 살면 안 됩니다. 평평한데 살아야 됩니다. 그러니까 평등이 없는 더불어 사는 것은 바람직하지 않습니다. 더불어 살기는 하는데 노예제도 같이 그런 식으로 우리가 더불어 사는 것은 인권이라고 할 수가 없습니다. 더불어 살 되 평등하게 살아야 됩니다. 그게 자본주의국가에는 중산층이 확대되어야 됩니다. 이겁니다. 중산층 안에는 평등합니다. 있는 사람과 없는 사람을 빼놓고 중산층이 제일 중요한 것이 민주주의, 자본주의 장점인데 그게 유린되고 없으면 그것을 살려야 됩니다. 중산층이 많으면 평등이 확장됩니다. 그런 의미에서 평등을 조선에서는 다른 방법으로 하지 않습니까? 재산이나 이런 것이 아니고, 다른 식으로 해서 인간의 가치를 평등하게 두는 그런 도덕적인 규범도 있고, 이념적인 착상들이 다 있습니다. 그러니까 이런 것을 생각해서 우리가 평등한 사회를 추구를 하자는 것입니다. 평등한 사회 안에서 살자. 이것이 인권에 굉장히 중요한 것입니다. 앞으로 통일을 우리가 만들려고 할 때 어떻게 하면 평등한 사회를, 분배의 정의를 평등하게 할 수 있겠느냐? 그것에 신경을 써야 됩니다. 너무 평등하면 또 문제가 있다 그러지만 평등한 게 문제가 하나도 될 수 없습니다. 평등한 것을 정당화시킬 필요가 없습니다. 불평등하게 사는 것을 억지로 정당화시키는 것이 정치이론입니다. 평등한 것은 정당화시킬 필요가 없고 이것은 자연적으로 인권이기 때문에 자연적으로 받아들이

게 됩니다.

그런데 평등만 하면 되느냐? 사람이 그렇게 원하지 않는 것 같아요. 평등하지만은 자유를 원합니다. 평등하게 강제로 노예도 해방시키고 그래가지고 다 해결이 되는 것은 아닙니다. 노예로 있던 사람이 나와 가지고 노예해방 되고 나서 자유가 있어야 사회에 여러 가지 제도에서 성공도 하고 올라가지요. 사람은 올라가는 맛이 있어야지 사는 맛을 봅니다. 그래서 평등이 있고 나서는 평등을 추구하는 것도 그렇고 평등 밖에서도 일정한 자유가 있어야 됩니다. 자유라는 것은 뭐냐? 다른 말로 얘기하면 자유라는 것은 선택권입니다. 자유행동은 전부 선택하는 것이지요. 선택하는 행위가 곧 자유입니다. 선택하기 위해서는 여러 가지 조건이 있습니다. 그것을 민주주의 국가에서는 공부를 해야 됩니다. 사회주의 국가에서도 공부를 해야 됩니다. 선택을 하려고 하면 선택의 대상이 있어야 될 것 아닙니까? 선택의 대상이 있다는 것은 다양한 사회를 의미합니다. 다양한 사회구조를 의미합니다. 다양한 사회구조가 중요합니다. 그렇게 생각을 해야 합니다. 인권의 입장에서 보면, 다양하지 못한 사회는 사회민주주의가 잘 되지 못합니다. 사회제도가 잘 들어서지 못합니다. 그래서 사회적인 자유를 우리가 보장해야지 평등을 추구하는데도 의미가 있고 자유 자체에도 의미가 있다고 생각합니다.

그다음 다섯째로, 우리가 사는 데 상하가 없다. 다 좋지요. 인간관계에서 바람직한 규율, 도덕성, 이런 것을 우리가 제시해야 되는데 그중에 제일 중요한 것은 사랑입니다. 사랑이 없는 인간관계는 지속성도 없고 아름답지도 못합니다. 그래서 사랑이라는 것을 우리가 자꾸 무시를 하는데, 미국도 많은 사람들이 알지만 사랑이라는 것은 결국 정의가 안 됩니다. 인권을 우리가 생각을 하면 사랑이라는 것은 정의가 안 됩니다. 누가 사랑을 정의해보세요. 할 수 있는가. 사랑은 느끼는 것이지 구두나 혹은 머리로서 정의하는 것이 아닙니다. 그 사랑을 추구할 수 있는 권한이 있고, 또 사랑에 의해서

맺혀진 가족의 신성성을 우리가 주장해야 됩니다. 사랑권이 있다는 것, 가족끼리 같이 살아야 됩니다. 사랑하는 사람들을 이산가족으로 만들어 놓고 나서 이산가족을 정당화시킬 방법이 없습니다. 우리는 분단되어서 이산가족이 수백만, 아직까지 수십만 살아 있어요. 이것은 정당화 시킬 수가 없습니다. '사랑권'을 유린당했습니다. 사랑권이 중요하다는 것은 세계 어디가도 설득력이 있게 됩니다.

우리는 이와 같은 권한을 몇 가지 얘기했지요. 첫째, 생존권. 둘째, 더불어 살기. 셋째, 평등한 것. 넷째, 자유 한 것. 다섯째, 사랑. 그 다음에 있는 것이 이것은 서구에서는 잘 인정 안합니다. 여섯째, 주권이 있어야 됩니다. 사람은 나라 안에 나라를 가지고 살 권한이 있습니다. 그것이 인권에 해당합니다. 그게 없으면 인권이 유린되고 박탈될 것입니다. 나라가 있어야 됩니다. 나라가 없는 이스라엘도 얼마나 오랫동안 나라가 없었기 때문에 저렇게 민족의 수난이 있었지 않습니까? 나라가 꼭 있어야 됩니다. 일본 제국주의시대 나라가 없을 때 우리가 고생을 다 했지 않았습니까? 나라가 있어야 됩니다. 나라가 뭐냐? 나라를 위해서는 우리가 꼭 가져야 될 6가지 전제조건이 있습니다. 나라를 위해서는 국민이 있어야 되고, 영토가 있어야 되고, 주권이 있어야 되고, 언어가 있어야 되고, 다스리는 체제가 있어야 되고, 이념이 있어야 됩니다. 이런 여러 가지가 있어야 되는데 이 중에 일부만 있고 다 없으면 좋은 나라가 아니고 반쪽 나라입니다. 지금 대한민국은 반쪽 나라정도는 되는 것 같아요. 그런데 온 나라로 만들어 가지고 통일을 하는 그러한 순서를 밟는 게 옳다고 생각합니다.

아무튼 이래서 우리가 인권을 6가지로 생각해 봤습니다. 인권을 6권이라고 부르는데, 제가 쭉 미국에서 인권을 가르치면서 이 6가지를 설명하고 풀이를 하고, 이 6가지를 위한 수단방법을 정립하고 그랬습니다. 이것은 상식적인 얘기입니다. 그러니까 통일정부에서는 이와 같은 인권을 충분히 보장

시킬 수 있는 그런 제도를 만들고, 그런 정치의식과 정치문화를 만들어야 된다고 생각합니다. 그럼 생각해보십시오. 통일된 나라에 한 사람 한 사람이 누구든지 이 6가지의 인권을 향유하고 즐긴다고 생각해보십시오. 그보다 더 좋은 나라가 좋은 세상을 생각할 여지가 없습니다. 완전한 종류의 인권들이 다 한몫에 보장될 수 있는 나라가 우리가 생각하는 이상적인 나라입니다.

연방국가 또는 연방정부는 이상적인 체제라는 것을 우리가 잊어서는 안 됩니다. 그것을 추구해야 됩니다. 그런데 한 가지 중요한 게 6가지 인권이 있는 이상적인 국가를 추구를 하자는 것입니다. 누가? 우리가 추구를 하자는 것입니다. 그러면 우리를 알아야 되요. 우리가 그런 것을 추구할 수 있는 능력이 있느냐? 그런 의향이 있느냐? 그런 욕망이 있느냐? 우리를 알아야 됩니다. 그래서 우리 요새 많이 민족얘기도 많이 하고, 민족의 주체성 얘기도 많이 하고 그럽니다. 우리를 좀 더 알아야 됩니다. 그래서 북에서는 저도 개방하기 전에 가봤지만 단군릉이 있지 않습니까? 단군이 우리 시조다. 원조다. 그런 이론과 그런 신념에서 단군릉도 만들고, 단군릉 배달민족을 북쪽의 역사학계에서는 진행하고 있습니다. 그것이 어느 정도 과학성이 있는가 하는 것은 두고 보고 앞으로도 연구해야 되겠지만 우리 민족의 정통성을 물어서 찾아야 됩니다. 단군의 자손이라는 것이 귀납적으로 보는 것입니까? 아니면 연역적으로 보는 것입니까?

그 다음에 현실적으로 남과 북에 살고 있는 우리들. 해외에 살고 있는 우리들. 저까지 포함해서 우리를 거울에 들여다보면서 우리는 누구인가 자문해 보아야 합니다. 제가 미국에서 55년간 대학교수하면서 매일 나는 몇 번씩 소변보러 갑니다. 소변보러 제가 화장실, 위생실에 가면 항상 제 얼굴이 보입니다. 거울을 딱 보면 저 혼자뿐이어요. 그래서 제가 묻습니다. "너 누구냐?" 네 이름이 내가 아닙니다. 이름이 내가 아니고 민족도 내가 아닙니다. 제 직업도 내가 아닙니다. 나는 뭐로서 나를 교정해야 되는가? 나의 성격과 나의 가지고 있는 인품 혹은 영어로는 '퍼스널리티', 인간 성격이지요. 그게 뭐냐? 이것을 봐야 됩니다. 내가 좀 개방된 사람이냐? 닫혀있는 사람이냐? 내가 추상적인 것을 추구하는 사람이냐? 현실적인 것을 좋아하는 사람이냐? 이런 가치관에 의해서 내 입장을 찾아봐야 내가 나를 발견하는 것입니다. 거울보고 너 누구냐 하고 반문해 보면, 한 12가지가 있어요. 나는 이렇다. 이렇다. 그거 우리가 있어야 됩니다. 우리 민족에 남북 공통으로 있어야 됩니다. 그게 한 6가지, 7가지 정도 제가 찾아냈습니다. 제가 워낙 좋아하는 말이라서 여기 저기 많이 흘립니다. 혹시 들었는지 모르지만, 중복되면 용서하십시오.

우리 민족은 첫째, 제일 중요한 것이 '사람'을 아는 민족입니다. '사람'을 인간보다 우수한 존재로 아는 민족입니다. 그러니까 어릴 때부터 "저런 인간 언제 사람 되려고 하느냐?" 우리 귀에 닳도록 듣지 않습니까? 그 얘기 남쪽만 들립니까? 북에도 똑같은 얘기를 합니다. 우리 '사랑방' 손님 여러분들 잘 알지요? 언제 사람 되는가? 사람이라는 것은 인간이 성숙되고 일정한 단계를 넘으면 사람취급을 받게 되는 것입니다. 그것을 항상 생각해야 됩니다. 그거 아주 상식적인 것인데, 우리가 통일문화와 통일작업을 우리가 앞으로 생각을 하려고 하면, 굉장히 중요한 이론입니다. '사람'과 '인간'을 구별하는 나라가 제가 아는 바로는 없습니다. 미국도 물론 아니지요. 언어에도 없습니다. 영어에 사람과 인간을 구별하는 두 가지 단어가 있습니까? 없습니다. 그만큼 우리 민족이 사람을 중요하게 생각합니다. 주체사상이 사람 중심의 사상이라고 김일성 주석이 말한 것인데 그것은 어마어마한 얘기라는 것을 저는 두고두고 생각했습니다. 그 문제를 가지고 지금은 세상을 떠났지만 황장엽씨가 서울에 있을 때와 평양에 있을 때 제가 많이 토론을 했어요. "사람이 되어야 한다. 사람을 인간과 구별해야 된다." 이런 말을 하는데 그게 무슨 말입니까? 제 나름대로 생각이 있지요. 그런데 무슨 말입니까? 그러면 거기에 있는 사람들 기가 나서 얘기를 다 합니다. 똑같은 얘기를 많이 하지요. 그러나 그게 지금은 정치이념에 의해서 많이 채색이 되었지만 우리 민족 자체가 지녔던 생각입니다. '김일성 수령'이 세상에 나오기 전부터 우리는 사람이 되어야 된다. 사람이 안 되면 돌아오지 마라. 사람이 되어서 집에 들어와라. 그런 얘기를 어릴 때부터 많이 들었지 않아요? 그거 우리 생각해야 됩니다. 그래서 우리 연방된 제3의 나라에서는 연방국가, 이념, 이상적인 국가에서는 사람을 만드는 사회를 만들어야 됩니다. 말하자면 모든 것을 인간이 사람 되게 하는데 힘을 넣어야 됩니다. 인간이 사회화되는 것도 그렇고, 아이들 자라는 것도 그렇고, 교육은 말할 것도 없고, 교육 주제는 과학도 있고 철학도 있고 하겠지만 교육 자체의 큰 의미에서 보면 사람 만드는 역할을 교육이 하는 것입니다. 그래서 우리가 교육하면 사람 만드는 역할이다. 사람이 어떻게 되어야 사람이라고 하느냐, 그것을 우리가 토론을 하고 생각해야 됩니다. '사랑방'에서 토론하고 생각해야 됩니다. '사랑방'에서 우리가 토론할 때 누가 '사람'을 한번 정리를 해보십시오. 인간과 사람의 차이를 말입니다. 사상이나 이념에 대해서 충성을 하고, 착실하면 그게 또 사람인가? 사람 된다는 게 무슨 의미냐? 그것을 우리가 제3의 완전한 체제에서는 생각해야 됩니다. 그래 그게 우리 민족국가가 통일되면 그것을 추구합시다.

둘째로 중요한 것이 이런 속담에서 나옵니다. "저런 인간 양심도 없어?" 그러잖아요? 양심에 비춰봐. 그렇지 않아요? 그게 어디 경상도에서 나온 말입니까? 만주에서 나온 말입니까? 평양에서 나온 말입니까? 우리 민족이 자손대대로 아마 단군 때부터 있었을 것이어요. 양심이라는 것은 절대 가치가 있는 민족이라는 이 말입니다. 얼마나 귀한 말입니까? 절대 가치를 중요하게 생각하고 인생의 한복판에 두고 사는 것이 우리 민족입니다. 그 절대 가치가 양심입니다. 제가 외국말을 영어까지 해서 좀 아는데, 우리가 생각하는 양심. 그거 탄신의 양심이 아닙니다. 절대 가치를 말하는 그 양심이 우리 민족인 것입니다. 그래서 우리가 양심을 중요하게 생각하는 정치체제를 만들어 양심을 중요하게 생각하고 사람이 제대로 된 사람들을 지도자로 뽑아야 됩니다. 그런 사람이 지도자가 되어야 됩니다. 그 2가지 요소가 있지요.

셋째, 우리 민족한테 중요한 것은 다른 민족은 그렇게 뜨거운 것은 없어요. 정(情)이 있어요. 제가 서울에 가서 건국대학교에 가서 수백 명 있는 자리에서 제가 질문을 한번 했습니다. 우리 민족을 내가 알고 싶은데 우리 민족의 특성이 어디에 있다고 학생들은 생각하느냐? 물었어요. 물으니까 그 어린 여학생이 손을 바짝 들고 우리 민족은 정이 있는 민족입니다. 그래요? 세상에 제가 오늘날까지 스승도 많고 책도 많이 읽었지만, 그 여학생만큼 나한테 감명을 준, 교육적으로 도움을 준 사람은 없습니다. 이름도 못 물어봤어요. 정이 있는 민족이 우리 민족입니다. 사실은 그래요. 우리가 정이 있기 때문에 '사랑방' 보십시오. 한번하고 우리 헤어지기로 했지 않아요? 저는 이렇게 수십 번 이렇게 준비도 안 되어있고, 제 이름까지 넣어가지고 정이 들어가지고 제 이름을 넣었지요. 제가 뭐 잘나서 넣었습니까? 정을 떼고는 못사는 것이 우리 민족입니다. 이 정을 살려가지고 통일해야 됩니다. 통일은 이해관계로 해서 할게 아니고 정이 서로 뜨거워서 합해야 됩니다. 정이 심장에서 나오지요. 이해관계는 두뇌에서 나옵니다. 정은 지혜입니다. 지식이 아니고. 그래서 정이 있는 민족이다. 정이 있는 민족으로 행복하게 마음 놓고 살 수 있는 나라를 만들자는 것입니다. 그 나라가 이상적인 나라입니다. 연방국가입니다. 정을 중요하게 생각하는 우리가 선거나 지도자 뽑는데 그것을 생각해서 정이 반영되는 제도를 통해 지도자를 뽑아야 됩니다. 지금 선거된 사람들 보면 정이 있습니까? 무슨 양심이 있습니까? 무슨 사람이 됨됨이 좋습니까? 이런 게 별로 없는 거 같아요. 제가 서울에 우리 지도자들을 언론을 통해 보고 하는데 별로 없는 것 같아요. 그 점은 우리가 정반합의 체제에 가서는 민족의 특성 중에 하나로 정을 살리는 그런 정치이념과 사회윤리를 확립해야 되겠다는 것입니다.

넷째, 우리 민족은 그 어느 민족보다도 경험이 풍부한 민족입니다. 제가 과학철학을 하고 철학도 하고 언어학도 했는데, 그런데 경험이 없으면 언어의 개념도 구상이 안 됩니다. 경험이 없으면 어떤 것에 대한 개념이 없습니다. 우리는 모든 개념을 향유할 수 있는 경험을 가지고 있습니다. 그러니까 양심도 알지요. "저 놈 사람언제 될까?" 무슨 말인지 알죠. 경험이 많기 때문에 그렇습니다. 우리만큼 깊고 아프고 뜨겁고 절망했고 희망도 전혀 없던 그런 경험을 가진 사람이 없습니다. 이산가족들 생각해보세요. 어떻게 해가지고 정치하는 사람들이 100명씩 모이게 해서 만나게 해주면, 한 이틀 같이 있다가 울면서 헤어지는 것을 보십시오. 그거보고 저는 우리가 통일을 해야 된다고 결심을 했습니다. 그러한 경험이 있기 때문에 그것으로 수반되는 성품이 한(恨)입니다. 한을 아는 민족이 우리입니다. 왜? 경험에 골이 깊은 경험, 돌아올 수 없는 아픈 경험이 있기 때문에 한이 맺히지 않습니까? 한을 아는 민족을 이 세상에 제가 볼 때는 없습니다. 이 얼마나 가치 있는 것입니까? 인간이 볼 때 한을 아는 인간이 얼마나 가치 있는 인간입니까? 우리 인간은, 우리 민족은 한을 압니다. 한을 알기 때문에 정이 깊고 한을 잊어버릴 수도 없고 풀어야 됩니다. 한을 푼다는 것은 한의 원천을 없애는 것입니다. 이산가족들의 한을 어떻게 풉니까? 가족을 만나게 해야 풉니다. 그냥 수십 년 지나면 끝나지 않습니다.

제가 자서전 비슷하게 회고록을 쓰면서 우리 아버님이 저한테 유언하신 것을 1975년에 세상 뜨시면서 유언을 하셨습니다. 제가 하룻밤 병문 중에 주무시는데 가서 같이 자려고 갔습니다. 가니까 밤새도록 아들이 수십 년 만에 왔다고, 학생으로 유학 가서 대학교수가 돼서 왔는데 즐기시지도 못하시고, 며칠 계시다가 세상 뜨셨지만 밤새도록 얘기하시고 유언을 저한테 해주셨습니다. 그때 만주에 사는 우리 친척들, 우리 친할아버지, 할머니도 다 만주에서 왔습니다. 그때 유언하신 말씀이 세상을 떠났을지도 모르는 가족들을 꼭 찾아야 된다. 그게 첫째고. 둘째는 그때 김영삼 정부였어요. 저한테 유언하시기를 대한민국에 들어오지 마라. 저는 돌아가고 싶었어요. 박사학위 있지. 대학교수 했지. 솔직히 그때 모 학교에 국립 대학교에 직장도 있다고 오라고 그러지. 이런 거 다 있었는데. "너는 대한민국이 분단되어 있는 한 돌아오지 마라. 돌아와서는 반공법에 몇 번이나 걸려가지고 남산에 가서 매 맞고 제 명대로 못 산다." 내일 모레 돌아가시면서 저한테 판단하셔가지고 돌아오지 마라. 이렇게 말씀하신 게 큰 영향이 있어서, 그 뒤에 대학원장, 연구소장, 이런 제의가 많았지요. 그래도 저는 눈 하나 깜짝 안했습니다. 아버지 유언이고 그게 진심이다 생각 했습니다. 그래서 통일을 위해서 통일되고 나서는 들어가야지요. 송장이라도 가지고 들어가야지요. 그러나 통일되기 전에는 제가 귀국을 할지 모르겠습니다. 제 개인얘기를 해서 미안합니다만 그게 우리 민족의 한이 그렇게 맺힌 민족이다. 그래서 한은 풀어야 된다. 이것을 제가 말씀드리려고 하는 것입니다. 한을 풀어야 된다고 말할 수 있는 사람이 누가 있습니까? 우리 민족 한 맺힌 것을 경험 안한 사람은 이런 말 못합니다. 그런 개념이 오지를 않습니다. 그래 우리 민족은 또 한을 개인 개인이 그렇게 느끼지요.

개인 개인이 합해가지고 느끼는 우리 민족은 참 특별한 게 있습니다. 그게 뭐냐면 얼입니다. 얼이라는 것은 한문도 없고 영어도 없어요. 얼. 얼이 뭐냐? 뭐든 간에 인간이 가지고 있다는 것은 역할이 있기 때문에 가지고 있는 것을 압니다. 얼은 뭐하는 것이냐? 두뇌는 생각하고 판단하고 뭐 이런 여러 가지를 할 수 있지요. 사실 인간에 있어서 네 가지 속성이 있습니다.

첫째, 육체가 있고. 둘째, 이성(reason)이 있고, 생각하는 게 있다는 것입니다. 셋째, 인간은 정서를 가지고 있어요. 정서를 가지고 있기 때문에 예술을 합니다. 그 영어로는 다른 말이 없어서 body, mind, spirit. 이 세 가지가 있지요. 하나 더 있습니다. 하나 더 있는 것은 사람들이 많이 얘기 안했어요. 저는 얼을 얘기하다 보니까 생각이 나서 제가 연구하는 것을 다 넣었습니다. 인간의 넷째 속성은 soul, 영혼입니다. 제가 눈을 이렇게 감으면 네 가지 박한식을 생각하게 됩니다. 육체는 이제 80이 넘었으니까 다 되었고, 마음은 아직까지 '사랑방' 얘기도 하라고 하면 와서 6개를 맞춰서 하고 괜찮아요. 마음에 있는 정서가 중요합니다. 제가 좋아하는 음악이고 음악을 감상하는 게 그렇게 중요하고, 정서라는 게 그렇게 중요합니다. 예술을 보면 형이상학적인 것을 생각합니다. 자연을 보면 생각 속에 눈에 안 보이는 것이 자꾸 보이지요. 그게 인간에게 혼이 있어서 그렇습니다. 인간의 몸은 우리로 하여금 느끼게 합니다. "feel." 느끼지 않아요? 아프면 아프다고요. 인간으로 하여금 생각하게 하는 이성은 생각하게 하는 것입니다. 생각이 뭐냐 하는 건 제가 1시간 이상 설명이 필요합니다. 생각을 하게끔 하고 그 다음에 정서는 인간이 가치판단을 하게 됩니다. 아름답다. 추하다. 높다. 낮다. 바람직하다. 좋다. 나쁘다. 이거 전부 다 인간의 정서에서 옵니다. 그런데 인간의 영혼은 무엇을 하느냐? 잘 들어보세요. 인간의 영혼은 인간을 자유롭게 합니다. 민주주의가 그렇기 때문에 그만큼 좋습니다. 진정한 자유는 인간으로 하여금 시간과 공간의 속박에서 벗어나도록 자유를 줍니다. 해방을 줍니다. 시간의 자유가 없기 때문에 100년 이상 못 살지 않아요? 그런데 모든 종교도 그렇고 우리가 더 살고 싶어 하거든요. 그래서 이제 종교관도 있고, 신학도 영생에 대한 신학도 있고, 그렇지 않아요? 그러니까 인간이 시간을 어떻게 하면 초월할 수 있겠느냐? 그 인간의 본연적인 욕망이 있습니다. 인간이 그래서 동물과는 다른 것입니다. 인간은 시간에서 초월하고 싶어 합니다. 초월이 안 되는데 초월하지요. 왜 초월이 안 돼요? 초월 다 됩니다. 인간은 영생하는 존재입니다. 다 없어져도 혼은 살아 있습니다. 그 넷째 혼은 살아 있습니다.

제가 요즈음 팬데믹도 있고 병도 있고 여행 못하지만, 제가 눈만 감으면 제가 돌아다니는 이태리 구석구석에, 만주 구석구석, 평양 구석구석 다 생각합니다. 서울 다 생각합니다. 그것은 내 혼이 나로 하여금 육체적인 물리적인 제약에서 벗어나게 해주기 때문에 그런 내가 있는 것입니다. 그만큼 중요합니다. 민주주의라는 것은 무슨 여행하고, 말 자유 있고, 그 정도에서 끝나는 게 아니고, 훨씬 더 심각한 의미가 있습니다. 형이상학적인 종교적인 의미에서, 의미가 있는 혼입니다. 얼입니다. 그래도 우리 민족은 우리 민족이기 때문에 제가 생각하게 되고 단체적으로 보면 우리는 얼을 아는 민족입니다. 이 몇 가지만 우리가 생각해보세요. 그 뿐입니까? 우리가 가진 언어가 얼마나 중요한 것 입니까? 언어가 있습니다. 남과 북의 언어가 달라졌다고 거짓말쟁이들이 와서 얘기하지요. 언어가 달라진 것이 하나도 없습니다. 언어라는 것은 정부나 정치가 만드는 것이 아니고, 국민, 인민의 관습입니다. 성격입니다. 퍼스낼러티(personality)입니다. 그래서 이러한 일련의 중요한 '사람'부터 양심부터 이제 혼까지 얼까지 이렇게 질적으로 봐서 중요한 민족이 바로 우리입니다.

그래서 우리가 통일정부를 생각할 때, 통일정부에서는 이런 것을 우리가 중요하게 생각하고 추구를 하면 통일정부를 만들어요. 다른 사람은 못 만듭니다. 우리만 만들 수 있어요. 왜? 우리는 이런 관습이 있기 때문에 그렇습니다. 관습을 떠나서는 정치이념이 성공하지 못합니다. 관습에 맞는 이념을 만들어야 됩니다. 그래서 통일된 연방정부는 낮은 연방에서 이념이 있어야지요. 이념이 없으면 나라가 안 됩니다. 그 이념은 이런 관습에 뿌리를 둔 이념을 창조해야 됩니다. 충분히 할 수 있습니다. 그거는 자본주의도 아니고 사회주의도 아니고 집단주의도 아니고 개인주의도 아니고 민족주의도 아니고 세계주의도 아니고 모든 것을 다 포함합니다. 그리해서 우리가 가지고 있는 가치관, 절대 양심, 양심 절대 가치, 바로 이런데서 인류가 2000년 동안 찾아보지 못한 냄새도 맡지 못한, 그런 귀이하고 고상하고 파괴되지 아니한, 그런 이념을 우리 조선반도에서 꼭 만들어야 됩니다. 그것을 만드는데 역할을 크게 할 수 있는 것이 해외동포입니다. 우리들 대부분 동포가 많지요. 그것도 연결된 사람으로서, 해외동포가 하는 일도 있습니다. 그래서 우리 민족의 긍지를 우리 민족의 자산에서 찾아내야 됩니다. 자산이라는 것은 이런 것이지요. 무슨 돈 좀 있고 무기 좀 만들고, 이런데서 우리 민족의 잘난 것을 뽐내려고 하는 것은 어리석고 어리석은 짓입니다.

　민족은 하나지만 국가도 두 개고, 그러나 정부체제는 3개로 하자. 그 3개를 하나는 정반합으로 하자. 이렇게 나가는데 정반합의 '합'을 추구하기 위해서 우리가 연구를 해야지요. 그 연구하는 곳이 제가 한겨레신문에 45회 발표했습니다만 결국 고려평화대학입니다.

13. 인류를 살리는 통일평화대학

우리 이상 국가에는 인권이 제일 중요합니다. 그냥 자유나 평등에 국한되는 인권이 아니라, 인권에는 여섯 가지가 있습니다. 그런데 그 여섯 가지 인권 모두가 현대 세계화된 사회에서 모두 퇴화되어 버렸어요. 그러니까 인류가 지금 죽어가고 있습니다. 인간이 인간의 인권을 향유하지 못하면 살 가치가 없습니다. 인권이 그렇게 중요한 것입니다. 그래서 인권이 이렇게 퇴화되고 있는데, 이것을 살리는 일을 할 수 있는 우리 조국의 통일 국가를 만들어 보자는 것입니다. 그래서 통일 국가를 만드는 과정에서 통일 대학이 필요합니다. 그렇게 제가 주장을 하고 있습니다. 그런데 왜 대학을 이야기 하느냐? 대학이라는 것을 생각해 보십시오. 여러분들 다 대학에 대해 잘 아시겠지만 저는 특히 미국대학에서 55년 동안 몸담고, 온 세계 학생들이 다 오는 대학에서 계속 가르쳤죠. 대학이라는 것은 말하자면 속속들이 어떤 것인지 제가 압니다. 문제점도 알고 어려움도 알고, 좋은 점도 있고 다 있습니다.

왜 '통일평화대학'이 필요한가?

모든 조직이 목적이 있어야 할 거 아니에요? 대학의 목적은 문제 해결에 있습니다. 우리가 의식하는 문제를 해결하는 데 대학이 도움을 주어야 합니다. 무엇으로서? 이론으로서 입니다. 이론을 만드는 곳이 대학입니다.

어떤 일이든지 이론이라는 것은 원인과 결과가 있는 그런 조직을 이론이라고 합니다. 그래서 그런 이론에는 원인, 인과, 결과를 다 말하기 때문에 세상에 어느 문제든지 그 문제를 결과로 보면 그 원인이 밝혀집니다. 그것이 학문입니다. 인과 법칙을 발견하고 또 만들어내는 것이 학문입니다. 그래서 어떤 문제가 있고, 나라의 큰 숙제가 있으면 대학이 만들어집니다.

미국에 우리가 잘 아는 하버드 대학이 제일 먼저 만들어졌습니다. 청교도들이 1630-40년대에 와서 제일 먼저 만든 것이 하버드 대학, Harvard University가 아니고 Harvard College를 만들었습니다. 자그마한 신학교로 만들었어요. 청교도들이 미국에 수만 명이 오는데 그 사람들을 지도할 교역자들이 없었어요. 데리고 온 교역자들은 늙어서 일도 못 하게 되고, 그러니까 교역자들을 양성하자 하는 목적으로 만든 것이, 즉 하버드대(Harvard University)가 되었습니다. 1636년이니 얼마나 오래전 일입니까? 미국 연방 정부가 생기기 150년 전에 하버드 대학이 들어섰습니다.

미국이 그런데 하물며 우리는 얼마나 교육을 중요시하는 문화를 가졌으며 그런 의식 구조로 되어 있는 민족입니까? 여기에 큰 숙제가 있던가, 큰 도전이 있으면 대학에서 이것을 해결해야 합니다. 대학 없는 국가는 제 역할을 못 합니다. 왜냐하면 옳은 사회가 갈 수 있는 이정표를 설정해 놓고 그 설계도대로 끝까지 가는 길을 보여주는 것이 대학교입니다.

그래서 우리는 통일이라는 이 무시무시하고 또 어려운 과제를 앞에 놓고 볼 때 대학이라는 것을 피해서는 거기서 무슨 이론이나 설계도가 나올 데가 없습니다. 우리는 교육을 중요시하는 민족이고 또 교육기관도 많이 있었고 하니까 교육에 역점을 두자 해서, 대학을 하자 했습니다. 대학을 세우는데 평화대학, 통일대학 중에 저는 통일대학을 더 좋아합니다. 평화는 아무리 평화를 한다고 해도 통일이 오지 않습니다. 그러나 통일하면 평화는 자연적으로 따라옵니다.

'통일평화대학'은 어떤 모습일까?

통일대학을 만들려고 하면 어디에 누구를 데리고 만들어야 하나? 대학교를 하려고 하면 학교에 원칙이 있어야 합니다. 학교를 움직이는 이데올로기가 있어야 합니다. 철학이 있어야 합니다. 하버드 대학은 무엇이었습니까? 청교도들이 하는 하버드대학교의 이념은 기독교에 있습니다. 오늘날까지 기독교가 미국 국교가 되어있지 않습니까? 그래서 이 기독교라는 이념을 대학교에서 앙양하고 제도화 시키고, 이론화시켜서 거기에 상응하는 정책을 건의하는 이것이 대학입니다. 그래서 대학의 역할을 우리가 옳게 이해하자는 것입니다. 대학을 옳게 이해하면 문제해결을 할 수 있습니다.

'통일평화대학'이 갖고 있는 과제

그러면 우리의 문제는 무엇입니까? 우리 '사랑방'에서 주시하는 문제는 분단입니다. 또 그 뒤에는 이 지역과 나라, 세계 전체가 인권을 박탈당한 좋지 않은 사회에 살고 있습니다. 그래서 우리는 우리나라의 통일을, 평화를 추구할 수 있는 대학교에서 그 방법과 제도와 기술을 연마시켜서 우리 통일 문제, 평화 문제뿐만 아니고 그 연장선에서 세계 어느 문제도 우리가 직면할 수 있습니다. 말하자면 우리가 통일하면 그 통일 과정이 인류한테 보여줄 수 있는 롤 모델이 됩니다.

롤 모델이 되어서 인류가 닮으려고 하면 조선식 통일이라는 것이 나옵니다. 조선식 통일을 보여주자는 겁니다. 조선식 통일은 세계 어디에서도 적용이 되고 또 어디에서도 도움을 받을 수 있는 그런 모델입니다. 동독과 서독이 통일했다는 것, 그것을 독일식 모델이라고 하지만, 다른 데서 활용할 수가 없습니다. 또 당시 독일 역사에서만 가능한 것이었고, 우리나라에서도 받을 수 없고 세계 어디에서도 독일식 모델은 안 되는데, 우리는 우리식 모델을 우리 '사랑방'이 하는 식으로 마련해 놓으면 온 세계가 여기에서 배우고 함께 하려고 하고, 그래서 일부 모방도 하고 이렇게 해서 인류 세계의 통합과 평화적인 관계가 유지될 수 있다는 것입니다. 그래서 인류를 살릴 수 있다는 그런 의미에서 제가 어마어마한 제목을 붙였습니다. 그러면 구체적으로 얘기 드릴게요.

왜 '통일평화대학'이 필요한가?

이상적인 사회는 여섯 가지의 인권이 다 잘 보존된 사회인데, 요즈음 인류는 이 여섯 가지의 인권이 다 퇴화된 곳이라고 저는 그렇게 결론을 지었습니다. 그렇다면 이 여섯 가지를 우리가 어떻게 구체적으로 해서 (통일)연방정부에 이상적인 모든 인권이 준수되게 만들 수 있을까? 이것을 연구하는 것을 대학교에서 해야 합니다.

평화를 만들고 통일을 만드는 통일 정부를 뚝딱뚝딱 붙이는 것은 하루아침에 할 수 있을지 몰라도 체제와 체제, 이질적인 체제가 조화적으로 서로 관용할 수 있으려면 많은 시간이 듭니다. 그래서 대학교에 있으면 대학교에 다음세대, 또 다음다음 세대로 물려주면서 같은 평화 만들기, 제대로 된 통일 국가, 이상적인 국가를 만드는 데 계속 노력을 할 수 있어야 합니다. 통일은 만들고 끝나는 것이 아니고 하나의 과정입니다. 그 과정은 절대 쉽게 끝나지 않습니다. 끝나지 않는 것이 옳습니다.

완전한 인권에 대한 이해가 필요

인간의 행복이 제일 중요하죠. 결국은 인간의 행복은 무엇이 있어야 하냐면 인간이 원하는, 필요로 하는 욕구인데 영어로는 'human needs' 라고 하죠. 욕구와 인간이 원하는 욕망이 충족되면 행복합니다. 그렇지 않습니까? 욕망은 want고 욕구는 need 입니다. Need와 Want가 서로 다 만족되면 그 사람은 행복한 사람입니다. 더 이상 바랄 게 없습니다.

욕구(Need)는 인권 여섯 가지 전부에 해당합니다. 인류역사에서 더구나 근래 한 100-200년에서 보면, 욕망이라는 것은 상대적인 우월성을 쟁취하려고 하는 것이 욕망입니다. 다른 사람보다도 더 좋은 위치에 있고 싶고 돈도 더 많이 갖고 싶어 하는 상대적인 우위를 말합니다. 상대적인 박탈감(relative deprivation)을 피하려고 하는 것이 인간 욕망입니다.

그런데 우리가 어릴 때부터 쭉 자라면서 항상 경쟁에서 이기는 훈련을 해왔거든요. 교육의 목적은 경쟁에서 이기는 것을 가르치는 게 아닌데도 그렇게 가르쳐 놓으니까, 경쟁에서 이기려고 하니까, 자기가 잘 되는 것도 중요하지만 다른 사람들이 자기보다 못되는 게 더 쉽다고 생각하게 됩니다. 경쟁에서 이기기 위해서 연구를 하고 교육을 받고 됨됨이 좋게 만드는 노력을 하는 것이 아니라, 다른 종족이랄까, 비교되는 사람들을 악마화 시키고 쓰레기로 만듭니다.

미국을 보십시오. 민주주의가 상대적인 우월감, 욕망 때문에 정신이 없습니다. 모든 것이 거기에 매달려 있습니다. 그런데 우리 새로운 국가, 이상적 국가에는 상대적인 우월감 그것을 능가해야 합니다. 상대적인 우월감이 중요하지 않다는 것을 우리가 교육적으로 수행해야 하는데, 우리나라는 사실 다른 사람 누르는 것을 인간의 습성으로 부양하지 않은 나라입니다. 겸허함과 자기를 낮추는 것이 우리 민족의 미덕 아닙니까? 지금의 민주주의에 빗대어 놓으니까 자기를 낮추다가는 아무것도 못해요. 자기를 자꾸 올려야 됩니다. 요즈음 머리 희끗희끗한 영감들이나 할머니들이 자기를 올리는데 분망 하는 것 보면 제가 학자로서 '참 한심한 나라구나, 한심한 인간들이구나.' 이런 생각이 듭니다.

여섯 가지 인권

- 생존권, 더불어 살 권리, 평등권, 자유권, 사랑권, 주권-

인간의 욕구에는 몇 가지가 있습니다. 욕구는 인권 하나하나가 다 욕구라고 그랬죠. 꼭 있어야 되는 겁니다. 모든 인간한테 다 있어야 됩니다. 그 욕구 중에 제일 중요한 것이 첫째, 생존 아닙니까? 생존이 욕망이 아니고 욕구인데, 사는 것은 내가 욕망해서 사는 것이 아닙니다. 꼭 살아야 합니다. 그래서 욕구가 있고 그 욕구를 위해서는 수단 방법이 있어야 합니다. 욕구를 충족하는 수단 방법이 있어야 됩니다. 살기 위해서는 먹어야지요. 먹어야 되는 것은 수단입니다. 또 방법이 있습니다. 뭘 먹느냐? 빵을 먹느냐? 밥을 먹느냐? 하루에 두 끼를 먹을까, 세 끼를 먹을까? 이것은 수단 방법입니다.

그러니 인권 하나하나에 수단과 방법에 대해 우리가 충분히 정리를 해내야 됩니다. 그것이 이른바 '개성 통일평화대학'에서 할 일입니다. 그래야 인권을 추구하지요. 그래야 식량도 모든 사람한테 다 줘야 되고, 그렇게 하면 식량을 재어 놓고 이웃집에 안주면 안 된다는 도덕규범이 만들어집니다. 그런 사람들은 동네에서, 그 사회에서 설 자리가 없도록 창피하게 만들어야 됩니다. 그래서 이제 살 권리에 대해서는 먹여야 되고, 입어야 되고 식의주가 있어야 되고 그렇죠.

그 다음에 그것을 누가 지켜줘야 합니다. 밤에 어느 놈이 와서 내 머리를 망치로 치면 안 되니까 지켜줘야 되죠. 바로 안보가 필요한 것입니다. 국내 안보는 FBI, 경찰, 등에서 하고 국제적인 안보는 CIA 혹은 군대에서 하고, 그렇게 해서 안보가 있어야 되겠지요. 요즈음 특별히 느끼는 점은 아프지 않아야 돼요. 전염병에 걸려서 지금 다 죽고 있지 않습니까? 미국에서 코로나 팬데믹으로 지금 70만 이상 죽었을 거여요. 죽는 전염병이 있을 때는 전염병을 예방 하고 또 치료를 잘할 수 있고, 이렇게 되어야 삶의 인권을 보장 받는 것입니다. 삶이라는 것이 그렇죠.

둘째, 더불어 살 권리는 서로서로 종속될 수 있는 권리 입니다. 그 권리에는 어떤 제도가 있느냐? 어떤 구체적인 수단 방법이 있느냐? 나에게 중요한 남이 있어야 합니다. 나에게 중요한 남이 있어야 된다는 의미는 남이 속한 그룹에 내가 속해야 합니다. 그래서 교육 받으면 동창이 생기고 동향이 생기고, 이념적으로 또 뜻을 같이 하는 사람들이 동지가 생기고 그렇지 않습니까? 그 중에 사랑이 제일 중요한 더불어 사는 원칙입니다. 사람이 사회적으로 더불어 사는 것이지요. 사회적으로 사회학적으로 분석 못할 것이 아닙니다. 그래서 더불어 사는 권한은 거기에 상응되는 제도나 수단 방법을 학자들이 생각을 해야 됩니다. 우리 고려평화대학, 통일대학에서 앞으로 그런 것을 해야 합니다.

셋째는 인간이 살기는 사는데 존엄성을 가지고 살아야 됩니다. 존엄성을 가지고 살려 하면 평등해야 됩니다. 위에서 짓밟는다면 존엄성이 없습니다. 미국의 노예 제도 때 그 노예들에게 삶의 존엄성이 있었습니까? 존엄성은 평등하게 사는 데서 비롯되는 것입니다. 평등하게 살면 인간의 존엄성이 생기죠. 서로 존중하게 되고, 남 밑에 가지 않게 됩니다. 평등이 그렇게 중요한 것입니다.

넷째, 자유권입니다. 흔히들 자유를 이야기하는데 자유가 중요한 것은 아닙니다. 자유를 선택의 자유라고 이야기를 하면 훨씬 분명합니다. 민주주의가 이야기 하는 자유는 선택의 자유에 그칩니다. 선택의 자유. 후보자가 있고 정치 플랫폼들이 다르고 정당이 다르고 내가 선택할 수 있는 자유가 있는 것이 민주주의입니다. 별 거 아니에요. 선택의 자유가 있게 되기 위해서는 선택할 대상이 있어야죠. 다양한 사회가 되지 않으면 민주주의가 되지 않습니다. 그러고 평등이 없으면 민주주의가 또 안 되지요. 민주주의에서 평등을 어디에서 찾는가 하면 중산층(middle class)에서 찾을 수 있습니다.

중산층에는 상하가 없습니다. 다 중간에 와 있으니까요. 상층 제외하고 하층 제외하면 다 중산층입니다. 중산층 인구의 한 60% 이상 70~80% 까지 되는 사회가 건전한 자본주의, 민주주의 사회입니다. 미국이 자본주의 민주주의를 1980년까지는 건전하게 잘하다가 1990년, 2천년 들어서, 과거 약 20-30년 동안 세계화(globalize)되면서 중산층이 없어졌다는 것을 우리가 잘 알아야 됩니다.

중산층이 왜 없어졌느냐? 어디에서 나왔으며, 어디로 갔느냐? 그것만 해도 제가 강좌 하나를 합니다. 중산층은 우리가 쉽게 이야기를 해서 시장에서 나왔습니다. 시장 경제에서 중산층이 나왔습니다. 옛날에는 농업, 혹은 시장이 없을 때는 돈이 없었어요. 시장이 없을 때는 재산을 누적 할 수도 없습니다. 쌀 몇 가마니 재어 놓으면 썩어갈 거고, 그래서 돈이 생기고 돈을 관리하는 은행이 생기고 해서, 시장 문화 즉 시장 경제가 나오죠. 시장이 나오니까 시장에서 일하는 사람이 생기고, 시장에서 도시가 만들어집니다. 시장이 도시의 근원입니다. 도시가 만들어지면 사람들이 같이 삽니다. 소비자와 생산자가 시장을 중심으로 같이 만나죠. 그래서 생산하고 소비하고 시장이 생깁니다.

그런데 옛날에 칼 마르크스 때 자본주의와 자본가와 노동자 사이에 갈등이 생깁니다. 왜냐하면 한 편은 착취하고 다른 편은 착취를 당하고 싸우니까 칼 마르크스가 '이렇게 싸우면 무산자 수가 많으니까 이길 거다' 그랬는데 무산자가 못 이겼죠. 왜냐하면 기관총 같은 무기 때문에 못 이겼습니다. 있는 사람들이 무기가 있으니까. 그런데 무산자가 착취만 당하는 것이 아니고 시장이 생기니까 중산계급으로 올라갑니다. 왜? 월급쟁이가 다 돼요. 시장에 와 있는 사람, 공업에 종사하는 사람, 생산업에 종사하는 사람, 월급쟁이가 됐습니다. 과거에는 돈 경제가 없어서 월급쟁이가 없습니다. 월급을 받으니까 자기 수입이 정해져 있습니다. 계약을 해서 1년 수입을 정하면 안정된 수입이 있습니다. 그러니까 돈을 더 벌려고 애를 쓰지 않고, 애를 써봐야 더 벌수 있는 길도 없고, 월급 주는 것만 받아 가지고 먹고 사는 것이 월급쟁이 아닙니까? 그렇게 월급을 달라고 해도 안 주니까 파업을 합니다. 동맹 파업까지 생겨 가지고 힘이 좀 더 생기죠.

그래서 중산층이 동맹파업 수단을 이용해서 경제적인 위치가 향상되고, 파업보다 더 중요하게 중산 기업을 부양 시키는 것은 그 사람들이 소비자이기 때문에 그렇습니다. 공업 사회에서 소비자가 없으면 생산한 사람이 굶어 죽습니다. 소비자를 너무 가난하게 만들면 소비할 경제적인 능력이 없지 않습니까? 그래서 돈 있는 사람은 소비자를 극빈자로 만들지는 않습니다. 자기들이 살기 위해서, 자기들이 만든 물건을 사가지고 가라고, 이런 식으로 해서 중산층이 생겼습니다.

중산층이 계속 늘어나고 강하게 되고, 중산층 문화가 있습니다. 상층 문화는 돈 더 벌려고 하는 거고, 하층은 먹고 살기위해 허덕이고, 문화가 제대로 없습니다. 그런데 중산층은 돈에 대해서 걱정을 안 하는 사람들이라서 시민사회도 조직하고 취미 생활도 하고 그렇습니다. 취미가 같은 사람끼리 모이고 그래서 서로 더불어 사는 사람들이 생깁니다. 이게 중산층이고 그게 있었기 때문에 자본주의적 민주주의가 살게 되었습니다.

그런데 수십 년 과거 50-60년 사이에 중산층이 말라버렸어요. 요즘은 텔레비전에서 수재민들 난민들 보따리에 아이들 안고 정처 없이 나오는 거 보십시오. 그 사람들이 다 월급쟁이 하다가 말라버렸습니다. 왜냐하면 공장이 중국이나 임금이 싼 곳으로 다 가버리거든요. 옛날에는 임금 올려 달라고 동맹 파업까지 하고 그랬는데 요즘은 파업하면 공장 문을 닫아서 외국으로 나가버리거든요. 그러니까 직장이 없어지지요. 중산층의 월급이 올라가지 않습니다.

미국에 지금 소위 최저임금이라고 정부에서 정한 것이 시간당 7불 25전입니다. 그것 가지고는 입에 풀칠도 못합니다. 정신적 여유가 없어요. 그런 월급 가지고 중산층의 혜택을, 취미 생활도 못하게 됩니다. 그래서 중산층이 국제화, 세계화가 되면서 선진국에서 먼저 사라지는 것이 중산층입니다.

또 한국 같이 자본주의가 늦게 온 나라는 중산층이 생기기 전에 아예 못생기게 만들었어요. 왜냐하면 큰 자본주의가 생기면 삼성, LG, 현대, 이런 대기업이 생기면 중산층이 없어집니다. 미국에서 이야기하는 소위 영어로 '트리클 다운(trickle down)'이라고 해서 돈 많은 사람을 도와주면 그 사람들이 돈 없는 사람을 고용하고, 또 돈을 주고 월급도 좋게 주고 그러니까 부가 밑으로 확산되어 중산층이 혜택을 볼 거라고 하는데, 그건 전부 거짓말입니다. 그게 안돼서 미국이 지금 이 모양 이 꼴로 되어 있지 않습니까?

전체적으로 보면 미국과 중국이 지금 경쟁하는데, 자본주의는 중산층이 있어야 하고, 사회주의는 계급이 없어도 됩니다. 그래서 미국 같은 중산층에 의존하는 사회 경제 체제는 앞으로 생존하기가 점점 어렵게 되어 갑니다. 변하는 세계 질서에 대해서 중미 관계가 지금 어떻게 앞으로 되겠는가 하는 것을 초점으로 해서 별도로 말씀드리겠습니다.

욕망이 아닌 욕구를 충족시키는 사회

아무튼 이래서 이제 인간은 인간의 욕구(human needs)를 추구하게 되죠.

그런데 인간이 또 원하는 것은 다 구한다고 합시다. 다 구할 수 있어요. 그런데 상대방보다 더 우월하게 되고 싶다, 더 많이 가지고 싶다, 더 높게 되고 싶다는 이 욕망은 충족시킬 수가 없어요. 돈 많은 사람은 돈이 더 많기를 원하고, 자리가 높은 사람은 더 높게 되기를 원한다고요. 대통령을 4년 했으면 8년 하려고 하고, 8년짜리는 두 번 재임 제한을 없애서 영원토록 하고 싶어 하는 그런 거여요. 인간의 욕망이 인간을 움직일 때는 그 욕망을 충족할 방법이 없기 때문에, 그 인간은 기필코 불행하게 됩니다.

자본주의가 가지고 있는 근본적인 문제가 거기에 있습니다. 그래서 대한민국도 자본주의의 자체적인 노선을 우리가 극복하려고 하면, 빈부 격차에서 오는, 그러니까 중산층의 결여에서 오는 이러한 문제점을 우리가 잘 분석을 하고 예측을 해야 됩니다. 그래서 다른 사람보다 우월하게 되려는 욕망을 어떻게 하든지 우리 새로운 정부에서는 없애야 됩니다. 다른 사람보다 더 좋아져서 행복하게 되는 건 아닙니다. 다른 사람보다 좋아지면 더더욱 좋아지고 싶어지고 항상 불만이 있는 것입니다. 그래서 인간 욕구를 충족하는 사회가 되어야지 욕망을 충족하는 사회가 되어서는 안 된다는 말입니다. 그것이 이제 연방정부랄까 이상적인 국가에서 우리가 해야 된다고 생각 합니다.

서로의 이질성을 변증법적 논리로 극복해야

새로운 사회는 이질과 이질의 대결을 극복해야 돼요. 남과 북의 이질은 하나는 개인주의고 하나는 집단주의 아닙니까? 개인주의와 집단주의를 극복하는 방법이나 논리가 없어요. 논리는 변증법적인, 역설적인 진리를 내포한 변증법적인 논리 이외에는 없습니다. 그러니까 우리 대학교에서는 모순이 되는 이런 가치 차이점을 어떻게 조화시키느냐? 그 차이점을 어떻게 극복 시키느냐? 이런 것을 연구 하는 것이 굉장히 중요합니다.

예를 들어서 수십 년 동안 한 쪽은 사회주의였고 한 쪽은 자본주의였죠. 그 사이에 이질성이 나타났습니다. 사회주의, 그중에서도 공산주의적인 사회주의는 사유재산이 없어요. 사유재산이 없음으로서 가장 평등한 사회입니다. 재산이 없는 사람끼리 우열이 없습니다. 그러니까 과거에 스탈린이나 레닌 이런 사람들이 공산주의 사회주의를 역설할 때 완전한 평등 사회는 재산이 없는 사회다. 그렇게 봅니다. 그게 이론적으로도 실질적으로도 옳습니다. 그래서 자본주의는 생각도 못하죠.

사회주의는 사유재산이 없는 데서 시작합니다. 미국에서 요즘은 사회과학을 전혀 모르는 정치가들이 떠드는 게 뭡니까? 사회주의자들이 판을 친다고 하거든요. 사회주의자들이 판을 치는 게 아니에요. 정부를 강하게 만들어서 인민들 생활을 이롭게 만들려는 그런 시도를 사회주의 시도라고 그러는데 그건 잘못 본 것입니다. 큰 정부가 사회주의 정부는 아닙니다. 재산이 없는 사회가 그렇고 또 정부가 작고 작으면 자유민주주의지요. 그런데 자꾸 더 작다가는 무정부주의로 갑니다. 무정부주의가 바람직하지 않는 것처럼, 자유민주주의 정부가 작은 것이 바람직한 것은 아닙니다.

민족주의와 세계주의가 있죠. 세계주의를 떠나서 민족주의가 설 곳이 없습니다. 국제사회에 가서 민족의 이익과 민족의 개성을 살려야 혼자서 어떻게 합니까? 그러니까 세계주의 국제주의와 민족주의가 조화될 수 있는 길이 얼마든지 있습니다. 그렇게 해야 됩니다. 그런 것을 우리 대학의 학자들이, 학생들이, 교실에서 연구실에서 만들어 내야 됩니다. 이론도 만들어 내고 정책도 만들어 내고 그렇게 해야 합니다. 그래서 이제 만들어 내는 정책들, 건의안들이 어디에 들어가야 되냐? 연방 통일된 완전한 사회의 정치체제 헌법이 되는 것입니다.

그래서 이 대학교에서 연방정부, 통일정부의 헌법을 만들어야 됩니다. 헌법을 한 번만 만드는 게 아니고 자꾸 바꿔야죠. 사회가 변하고 연방 체제가 점점 더 사이즈가 커지고 하니까 자꾸 바꿔야 돼요. 매년 헌법을 수정해야 됩니다. 나라라는 것은 개인과 개인이 모여 나라가 되는 건 아닙니다. 나라는 따로 있습니다. 나라의 성격을 우리가 배우고 부합되는 생활을 하는 것이 애국입니다. 나라가 나를 따라오라고 하면 애국이 아닙니다. 국가가 분열 됩니다. 나라를 이해를 해야 됩니다.

우리가 바람직한 통일이라고 하면 어떤 것인가 알아야 되는데 그것이 제가 말씀드린 관습, 예를 들면, "저런 인간은 언제 사람이 돼? 인간은 양심이 있어야 돼" 와 같은 표현들, 제가 여섯 가지인가 일곱 가지 이야기 했죠? '얼'까지 이야기했죠? 그런데 그것을 떠나서는 어떤 이념을 만들면 안 됩니다. 정치 이념이라는 것은 그 사회의 문화의식, 역사적인 맥락에 부합되고 거기서 비롯해서 나와야합니다. 외부에서 가져온 이념을 가지고 여기 아무리 심어본들 이상한 것만 나옵니다. 우리가 보고 있지 않습니까? 민주주의가 대한민국에, 조선반도에 와서 제대로 자랍니까? 북에서는 칼 마르크스나 마오쩌뚱 이론을 그대로 가져 온 것이 아니고 상당히 자기적으로 만들었습니다.

그래서 법에서 얘기하는 우리 식 사회주의, 혹은 제가 생각하는 주체적 사회주의는 북쪽의 고유한 것이면서 우리 민족의 습성에, 관습에 비교적 부합이 많이 되어 있습니다. 그런데 남쪽은 우리나라에 부합된 것이 별로 없습니다. 왜냐하면 다른 나라에서 베껴왔기 때문에 그렇습니다.

14. '통일평화대학'에서는 무엇을 할 것인가?

중국식 사회주의는 유교의 반영이고, 기독교는 민주주의의 저변이 있는 관습입니다. 그렇다고 하면 대한민국 혹은 우리 통일된 나라의 관습은 무엇이어야 되겠느냐? 그것을 이제 공부하고 가르치고 하는 것이 통일교육입니다.

"통일교육은 뭐하는 거냐? 그 통일교육에서 무엇이 나오느냐?"라고 묻는다면, 통일교육에서는 통일문화가 나온다고 답하겠습니다. 통일문화가 없으면 통일의 길을 못 잡습니다. 그래서 통일문화를 생산시키는 것이 통일교육입니다. 그런데 통일문화는 통일교육보다 오히려 더 방대한 개념인데, 문화에는 두 가지가 있습니다. 하나는 사람들이 만들어낸 가치관과 신념체계와 이런 것들을 문화의 일부에 갖다 넣습니다. 그것은 후천적으로 사람들이 배웁니다. 민주주의요, 공산주의요, 주체사상이요, 이런 건 전부 다 후천적으로 사람들이 배웁니다. 그러나 선천적으로 타고난 문화랄까? 문명이랄까? 좀 더 깊숙하게 인간한테 잠재되어 있는 것, 나면서부터 나가지고 있는 것으로, 후천적으로 배운 것이 아닌 그런 게 있습니다. 거기에 민족마다 있지요. 그것을 이제 영어로는 에토스라고도 할 수 있고, 그렇지만 우리나라 말로는 '관습'이라고 많이들 얘기하던데요? 관습이라는 것은 정치이념이나 교육이나 이런 것으로 만드는 것이 아니고 이미 있는 것입니다. 미국의 관습은 기독교입니다. 민주주의는 관습이 아니고 기독교 등등으로 해서 만들어 낸 것입니다. 자유니 평등이니 하는 이런 가치관, 이것은 인간이 만들어도 교육이 만들어 낸 것입니다. 그것 말고도 이제는 사랑입니다. 사랑은 사람이 만든 게 아닙니다. 사랑은 사람이 나오기 전에 이미 있습니다. 양심이라는 것을 우리 민족이 소중히 한다고 제가 말씀드렸지요? 양심은 누가 만들어 냅니까? 만들어 낸 게 아니고 그냥 있습니다. 그건 어느 사회든지 그냥 있는 관습입니다. 그것이 거기에 맞는 정치이념과 정치제도와 정책을 만들지 않으면 다 실패됩니다. 그래서 미국의 민주주의도 제가 볼 때는 단편적으로 기독교가 아니었으면 미국의 민주주의는 이렇게 나타나지도 않았고 발전되지도 않았습니다. 중국의 사회주의, 중국식 공산주의도 유교가 없었으면 중국 사회주의가 나오지 않았을 것입니다. 가만 보면 중국식 사회주의는 유교의 반영이고 유교가 그 저변에 이르는 관습이고, 기독교는 민주주의의 저변에 있는 관습입니다. 그렇다고 하면 대한민국 혹은 우리 통일된 나라의 관습은 무엇이야 되겠느냐? 그것을 이제 공부하고 가르치고 하는 것이 통일교육입니다.

통일교육이라는 것은 통일은 무엇을 위해서 해야 되며. 무엇을 위해서. 어떻게 왜? 무엇을 해야 되느냐? 그게 이제 통일교육이 아닙니까? 누가 해야 되느냐, 선생이 해야 되느냐, 정치인, 지도자가 해야 되느냐? 그 사람들도 다 일정한 역할을 해야 되겠지만 현대사회에서는 보통사람들이 해야 됩니다. 요즘은 통신이나 이런 것도 보통사람들이 얼마든지 할 수 있는 소셜 미디어, 이런 게 다 되어 있기 때문에 모든 사람이 통일교육의 역할을 선생으로서 교육을 시키는 자가 될 수가 있습니다. 또 되어야 합니다. 그래서 모든 사람이 해야 됩니다. 그중에도 특히 강단에 있는 선생들이나 또 정당 같은데서 지도층에 있는 사람들이 해야 하며, 그런 사람들 중심에 모이는 사람들이 있으니까 사람과 사람의 대화로서 교육이 필요합니다. 그러니까 그건 기회가 있는 사람들, 선생들, 교수들 이런 사람들이 특별히 관심을 가지고 통일교육을 시켜야 될 것입니다. 그러나 보통사람이 다 해야 된다. 이렇게 생각하면 옳습니다.

통일이란 지금보다 더 나은 좋은 사회인데 어떤 사회를 우리가 추구를 해야 될 것인가? 이것이 통일교육에서 먼저 짚고 넘어가야 됩니다. 그 어떤 사회를 만드는 것이 우리가 좋겠느냐? 제가 몇 차례나 얘기했지만, 모든 종류의 인권, 저는 6개 인권을 얘기했습니다. 모든 종류의 인권이 완전히 보장 되어 있는, 실행되고 있는 그런 사회가 완전한 사회입니다. 그런 사회가 통일된 사회이어야 되고, 우리가 변증법에서 말하는 정반합의 사회가 인권이 다 보장된 것입니다. 그것을 위해서 제가 6개 얘기를 했는데 그 인권이 무엇이냐? 하나하나가 무엇이며 그것을 위해서 어떤 수단방법이 필요한가? 그것을 알아야 인권을 추구할 것 아닙니까?

그런데 통일교육에서 제일 중요한 인권을 샅샅이 살펴야 됩니다. 그래 요즘은 미국에서 조 바이든이 얘기할 때 인권(human right)과 민주주의(democracy)가 미국 정책에 아주 목적이라고 그러는데, 그러면서 중국과 우리 조선에 대해서 인권적으로는 완전히 후진국이고 인권이 하나도 없는 나라라고, 이렇게 미국이 얘기하고 있지 않습니까? 그러면 우리는 사실이 그런가? 들어봐야 됩니다. 제가 볼 때 우리가 이해하는 인권은 미국사람들이나 조 바이든이 보는 인권보다 훨씬 더 폭도 넓고, 종류도 많은 사회를 반영시키고 있습니다.

현대사회는 다양한 사회입니다. 여러 가지 정치이념과 가치관과 개념들이 많습니다. 그러니까 이 다양한 사회를 다양하게 표시하는 인권이 3개가 있어야 됩니다. 제일 중요한 인권을 제가 몇 번 말씀드리는데 제일 중요한 인권은 뭐니 뭐니 해도 생존권입니다. 생존권은 미국사람들이 중요하게 생각하지 않습니까? 중요하다고 생각합니다. 생명, 자유(life, liberty) 그게 미국

헌법에 딱 찍혀 나오지 않습니까? 생명, 자유(life, liberty)니까 생존권이 있고 그다음에 자유권이 있다는 것입니다. 이게 미국도 마찬가지입니다. 생존권을 미국은 무시한다? 그렇게 보면 안 됩니다. 그러니까 우리 조선이 생존권을 어떻게 이행을 하고 있으며 어느 정도 박탈당하고 있는가 보면 놀랍게도 세상에 그만큼 생존권이 보장된 나라가 없습니다. 그러니까 자유는 둘째치고 생존권 범주에서 보면 조선민주주의인민공화국이 미국보다 더 낫습니다. 왜냐하면 굶어죽는 사람 없지요? 생존하기 위해서? 집 없는 사람 없지요? 생존하기 위해서? 그게 무엇을 못 입습니까? 식의주가 다 있지요. 그리고 요즘은 생존하는데 병들어 죽으면 생존 못합니까? 요즘도 팬데믹 있고 전염되고 있는데 북에서는 관리를 잘하고 있습니다. 별로 환자들이 없는 것 같아요. 그런 것은 잘하는 것입니다. 그러고 그 나라를 지켜야 되는 군대를 가지고 지키던가, 무슨 외교를 가지고 지키던가, 잘 지켜야 됩니다. 그 나라를 지켜야 되는 것이 생존권에 중요한 것입니다. 그러니까 우리 조선이 생존권을 얼마나 중요하게 생각하기에 무기를 만들어 가지고 그 세계 어느 나라도 침략이나 위협을 못하게 그렇게 만들고 있지 않습니까? 핵 국가가 되었지 않습니까? 그것은 생존권이 잘 되었다는 것입니다. 그것은 미국도 칭찬을 해줘야 되고 그 장점을 인정해줘야 됩니다. 자 생존권 중요합니다.

그 다음에 또 중요한 게 제가 둘째는 더불어 살 권리라고 그랬지요? 같이 사는 것. 사람과 사람이 같이 살아야 되는데 제일 중요한 것은 가족입니다. 가족끼리 같이 살아야 되는데, 이산가족을 강요시켜 놓으면 인권을 박탈시키는 것입니다. 조선도 한국 사람들도 그런 의미에서 얼마나 인권이 박탈되었습니까? 가족끼리 못살게 만들어 놓았으니까요. 가족은 제일 금방 인간이 느낄 수 있고, 그 다음에 크게 느낄 수 있는 가족은 국가입니다. 나라입니다. 나라를 가질 수 있는 권한은 가정을 가져야 되는 권한과 똑같은 것입니다. 왜냐하면 두 조직 속에서 인간이 더불어(belonging need) 종속하고 싶어 한 그런 인권을 충족시키게 됩니다. 그래서 이제 '더불어'가 그렇게 중요합니다. 결국에는 모든 사회조직 같은 것을 국가나 국민들이 중요하게 생각을 해야 됩니다. 내 조직만 중요한 게 아니고 다른 사람이 속해 있는 조직들도 우리가 존경해야 됩니다. 내가 속해있는 정당만 중요한 게 아니고 내가 아닌 다른 정당들도 중요하게 생각해야 됩니다. 내 나라만 옳게 생각할게 아니고 다른 나라도 그 국민들한테는 중요하다고 생각하는 것이 인권의 문화입니다. 인권문화, 그렇게 보면 조선과 미국의 외교관계와 포괄적으로 보면 통신도 잘 안되고 서로 오해하는 것이 너무 많습니다. 우리는 객관적인 입장에서 조선의 인권상황을 미국에 알리고 미국의 인권상황도 조선에 전하고 이렇게 해야 됩니다. 그래서 인권 중에 2개가 더불어 살 권리, 그게 중요하지요.

세 번째 중요한 것은 인간에게 선택권이 있어야 됩니다. 선택권이 없으면 노예입니다. 선택권이 있는 것이 어린애일 때는 선택권을 주어봐야 선택할 수 없지요? 그러니까 부모가 다 선택해주지 않습니까? 좋은 것을, 몸에 좋은 음식들을 해주고 그러는데, 아이들이 모르거든요. 그러나 아이들이 크면, 교육받으면 무엇이 자기한테 좋은지 선택할 수 있는 권리를 가져야 됩니다. 선택이 없으면 노예입니다. 선택이 없는 사회는 노예사회입니다. 노예만 선택이 없지, 주인은 모든 선택이 다 있지 않습니까? 그래서 노예가 오히려 어떤 사람들한테는 더 편하지요. 그것은 노예문화입니다. 노예문화를 해외에 수출하고 이렇게 많이 합니다. 미국이 과거에 많이 그렇게 했지요.

지금 군 작전권을 누가 가지고 있습니까? 대한민국과 미국의 관계에서, 미국이 가지고 있지 않습니까? 그러면 작전권이 없다, 선택의 자유가 없다, 하는 것은 노예다 이 말입니다. 그러니까 대한민국과 미국의 관계는 주인과 노예의 관계로 지금 되어 있습니다. 그것을 노예들은 의식을 가지고 알아야 됩니다. 세계 모든 나라들이, 심지어 테러리스트 조직도 자기 나라에 군사를 움직일 수 있는 통제권을 가지고 있지 않습니까? 그런데 대한민국이 세계 경제 열 번째 가고 뭐 OECD 등 암만 그렇게 해본들, 나라가 아직 안 되었습니다. 그래서 이것을 회복해야 합니다. 대한민국은 그런 의미에서 선택권이 없는 나라입니다. 선택권이 많이 없는 나라입니다. 선택권이 중요하지요.

그다음에 선택권이 있고 그러면, 무엇이 중요하냐? 존엄성이 있어야 됩니다. 인간이 그냥 살고 먹고 무슨 선택권 있고 존엄성이 있어야 되는데 존엄성은 어디서 오느냐? 평등에서 옵니다. 사회평등이 없으면 인간이 존엄성을 유지할 수가 없습니다. 더구나 사회평등이 없는 곳에서 상위에 있는 게 아니고 하위에서 허덕이는 사람들은 존엄성이 없지요. 존엄한 인생을 살 수 없습니다. 그러니까 우리가 평등을 주장해야 됩니다.

그다음에 폭력을 없애야 되는데. 전쟁뿐만 아니고. 이게 경제적인 폭력, 사회적인 폭력, 정치적인 폭력 등, 폭력이 많습니다. 폭력을 없애는 것이 인권에 아주 중요한 것입니다. 인권의 기본적인 것이 폭력을 없애자, 이것입니다. 폭력을 없애려고 하면 계급을 없애야 됩니다. 계급이 생기면 폭력이 생깁니다. 계층이 높은 사람, 돈 많은 사람, 지위가 높은 사람, 그래서 폭력이 생기지요. 미국도 보니까 뉴욕주지사가 사표를 냈습니다. 그것은 잘 한 것입니다. 왜냐하면 거기서 일하는 사람들이 존엄성이 있어야 되거든요. 존엄성을 위해서 평등이 있어야 됩니다. 평등만 있어야 되는 게 아니고 궁핍이 없어야 됩니다. 먹을 것이 있어야 갈라 먹지요. 먹을 것이 없이 갈라 먹으면 다 배고파 다 굶어 죽지요. 그러니까 빈곤을 낭만화해서 정당화시킬 수는 없습니다. 학자들이 그렇게 많이 해요. 빈곤을 무슨 낭만화 시킨다고. 빈곤이 아름다운 게 아닙니다.

저는 어릴 때 어떻게 굶었는지. 집집마다 다니면서 음식을 얻어먹는 그런 거지생활을 제가 피난민수용소에 있을 때 쭉 했습니다. 만주에서 태어나서 내려오면서 그 생활을 했지요. 궁핍이라는 것은 즐기는 게 아닙니다. 없애야 됩니다. 그러나 가난하면 가난할수록 갈라먹지 않으면 빈부차이가 생기고 거기에는 착취가 생기고 투쟁이 생깁니다. 그런 의미에서 평등이 중요하다. 또 빈곤을 없애야 된다. 이런 것을 제가 말씀드리고자 하는 것입니다.

그 다음에 중요한 게 우리가 인권 인권하는데 종교의 자유가 있어야 되지 않습니까? 종교는 무엇을 하는 것입니까? 인간이 시간과 공간으로부터 해방당하는 것을 종교라고 합니다. 종교생활에서는 인간의 시간과 공간의 제약 속에서 해방되는 것입니다. 해방권입니다. 해방권, 종교권이라는 것이 여행도 해야 되고, 시간, 공간의 제약에서 해방되는 것입니다. 우리가 죄를 지으면 어디 갑니까? 교도소로 가지 않습니까? 교도소 골방 이런데 갖다 넣으면 자유로운 공간을 허락하지 않습니다. 시간은 어떻습니까? 오늘 박희식 선생님께서 작고 하셨지만 인간은 그렇게 오래 못 삽니다. 박희식 선생이 저보다 10살 위에 있어요. 그러니까 100살 안 되었지요. 인간이 100살 이상 사는 것은 많이 없습니다. 시간의 제약에서 해방되고 싶어 하는 것이 종교의 욕망입니다. 종교가 가져다주는 것이 영생이라고 그러는 것처럼 시간제약에서 해방을 받는 것입니다. 그게 인권입니다. 그것도 해야지요. 법과 미국을 비교해보십시오. 서로 잘하고 못하는 것이 있습니다. 저는 여기서 결론을 내려주는 것이 아니고 결론은 행동하는 사람들이 해보고 저는 개념을 쏟아 넣고 싶습니다.

그 다음에 인간은 나라를 가질 인권이 있습니다. 제가 '더불어 살 권리'에서 보태가지고 얘기를 했습니다만 나라를 가질 권한이 있다고 하면 세계 사람들은 무슨 말인지 모릅니다. 나라를 잃고 양민학살을 당하고 고생해봤기 때문에 거기에 대한 한이 있고 그게 인권이구나. 인권이 박탈당했구나. 이렇게 생각합니다. 어떤 나라가 나라를 가질 수 없게 만든다는 것은 인권을 통째로 박탈하는 것입니다. 미국의 외교정책이 얼마나 다른 나라의 인권을 많이 박탈했는지 지금도 하고 있는지 여러분들 생각해 보십시오.

인권의 여러 종류가 있습니다. 그러니까 6가지를 다 해서 점수가 몇 점인가? 미국의 6가지 인권을 보면 한 3가지쯤은 있지도 않습니다. 자유가 있다고 하지만 자유가 그냥 옵니까? 'Freedom is not free' 자유라는 것은 공짜가 아닙니다. 그것을 지금 감당을 못해가지고 야단이지 않습니까? 그래서 요새는 사회주의가 다시 고개를 든다고 저는 그렇게 생각을 합니다만 자본주의와 사회주의가 지금 격돌하는 그런 역사적인 시점에 와있습니다. "인권을 우리가 다 해야 된다. 인권을 보장하는 것이 통일국가의 이상적인 모습이다." 그렇게 우리가 가르쳐줘야 됩니다. 통일교육은 그것을 해야 됩니다.

그다음에 통일은 남과 북을 통일해야 되는데, 통일이라는 것은 단적으로 제가 여러 번 말했습니다만, 이질과 이질이 조화되는 것이 통일입니다. 조화라는 개념은 이질과 이질이 합해서 동질이 되고 그 동질이 이질이 있는 차원하고는 다른 차원에서 더 높은 차원에서 동질이 되어서 조화가 이루어지는 것입니다. 그래서 우리가 그런 개념을 가르쳐주면 이질이 없으면 조화가 없습니다. 이질이 없으면 평화가 없습니다. 따라서 평화는 조화입니다. 평화는 분쟁의 결여가 아니고 조화입니다. 그 이질이 없으면 조화가 없습니다. 그러나 이질이 크면 클수록 조화가 큰 조화가 나옵니다. 남과 북의 이질이 이렇게 클 수가 있습니까? 이것을 조화의 견지에서 볼 때는 이런 이질이 존재하는 것이 축복입니다. 저주가 아니어요. 그래서 우리는 남과 북의 이질이 어떤 데서 이질이냐? 이것을 어떻게 서로 갖다 붙여서 조화되게 하느냐? 이것을 연구하고 발표하고 가르치는 것이 통일교육의 중요한 것입니다. 그 이질 중에 상식적으로 우리가 북과 남을 비교해보면 한마디 가지고 이질이 나타납니다. 북은 사회주의적 공산국가입니다. 남은 자본주의적 소위 민주국가입니다. 얼마나 큰 차이입니까? 그것을 들여다봐야 됩니다. 사회주의적, 자본주의적 얘기를 했지요? 사회주의적이란 무슨 말이냐?

첫째 개인이 없습니다. 단체가 소유를 합니다. 단체가 결정을 합니다. 조선은 사회주의입니다. 그래서 단체, 예를 들어서 조선노동당이 결정합니다. 인민이 결정합니다. 회의가 얼마나 많은지 모릅니다. 그렇게 결정합니다. 미국은 그렇지 않습니다. 위에서 결정을 합니다. 어떻게 보면 민주주의가 거꾸로 되었습니다. 미국은 누가 결정합니까? 간판 위에 CEO가 결정을 다 합니다. 미국 국가가 이렇게 민주주의라고 하지만 대통령 권한 보십시오. 독재주의로 어느 나라도 미국 대통령만한 권한을 가지고 행사하는 데가 별로 없습니다. 독재국가라고 하는 것이 국가가 개인의 권한을, 자유를 없게 하는 그걸로 하면 북한은 개인의 자유가 없는 것이 옳습니다.

북쪽은 인간이 단체로부터 완전하게 독립되지 않습니다. 단체가 인간을 인간답게 만들고, 또 인간이 잘되면 단체가 잘되도록 그렇게 교육을 시킵니다. 여기 뉴욕은 단체와 인간관계가 없습니다. 있다고 하면 물주, 회사, 돈 많은 사람, 권력자라고 있는 관료들, 이것들이 완전히 횡포를 하지요. 그렇게 보면 미국은 실질적인 독재국가로 전락되었습니다. 조선민주주의인민공화국은 실질적으로 민주주의국가로 변하고 있습니다. 그래서 사람들이 북에 가니까 어떻더냐? 북의 자본주의화가 되느냐? 변하느냐? 북은 우리가 볼 때는 하나도 안 변한다. 이렇게 얘기를 해요. 저는 뭐라고 얘기하느냐? 북은 많이 변하고 지금도 빨리 변하고 있습니다. 어떻게 변화 하느냐? 자본주의화가 아니고 민주주의화가 되더라. 저는 그렇게 말합니다. 북에서 보통 사람들의 소리가 중요합니다. 인민들의 소리가 중요합니다. 각 동네에서 회의를 해가지고 의견을 집중해서 당 기구나 정부기구를 통해서 올려 보냅니다. 그게 중요한 것입니다. 그게 민주주의가 아니면 무엇이 민주주의입니까? 그래서 우리가 북을 볼 때 민주주의의 색안경을 끼고 보면 다른 게 보입니다. 우리가 교육을 할 때 북을 옳게 가르쳐야 되는데 가르치기 위해 북의 이질성을 가르쳐야 됩니다.

이질성부터 우리가 알아야 됩니다. 교육은 그냥 가르치면 되는 게 아니고 연구를 해야 됩니다. 무엇을 가르치고 어떻게 가르쳐야 되는지 연구를 해야 됩니다. 그래서 통일교육에서 중요하게 우리가 생각하는 것이 어디에서 이질성이 나오느냐? 왜 북은 집체사상이 중심이 되고 남은 개인주의가 중심이 되느냐? 그것부터 살펴보아야 됩니다. 저는 저 나름대로 남쪽의 개인주의는 기독교문화에서 많은 영향을 보고 있습니다. 저도 기독교인입니다. 그런데 기독교가 하나 잘못된 것은 저를 포함해서 세상을 양분시키는 천당, 지옥, 좋은 사람, 나쁜 사람. 그러기 때문에 그런 양분법으로 사회를 보고 문화를 보고 인간을 봐서는 안 됩니다. 인간은 다양한 것입니다. 그런데 이제 기독교에서 제가 잘못 본 경우가 많겠지만 양분법으로 세상을 보는 그런 습성이 많다고 봅니다.

그래서 우리가 이제 통일교육에는 습성을 가르쳐야 됩니다. 습성과 또 후천적인 신념체계, 이념체계, 가치관 이런 것을 가르쳐야 됩니다. 가르칠 것은 가르치고 오랜 역사에서 발췌할 것은 발췌해야 됩니다. 우리 민족의 큰 중요한 동질성에, 이질성은 한 5개 있습니다. 동질성은 한 10개있습니다. 10개를 알려드릴게요. 이질성 5개는 아까 말씀드렸지만은 사회주의와 민주주의, 자본주의와 공산주의, 공산주의와 사회주의, 이 차이에서 오는 것이 사유재산이라고 그랬지요? 개인주의라고 그랬지요? 사유재산, 개인주의. 이런 게 다 이념적인 차이에서 옵니다. 평등과 자유에서 볼 때, 자본주의는 자유지요. 사회주의는 평등입니다. 잘 한번 조사해보십시오. 과학 하는 사회과학자들. 북에 가서 조사 다 해보십시오. 굉장히 평등한 사회입니다. 그래서 그런 것을 우리가 남은 남대로 장점이 있고 북은 북대로 장점이 있다고 하면 그 장점들이 뭐냐? 결점들은 뭐냐? 이것을 가르쳐야 됩니다. 학생들로 하여금 현실을 현실대로 알도록 거짓말로 가르쳐서는 안 됩니다. 미국의 전 트럼프 대통령은 거짓말 선거 결과를 거꾸로 해가지고 큰 거짓말 쟁이로 지금 각색 하는데, 대한민국의 거짓말 얼마나 많습니까? 북에 관한 것은 대부분 거짓말입니다. 제가 어릴 때 배운 북한은 지금 나라도 그런 나라가 없습니다. 그렇게 우리는 거짓말 먹고 지금까지 살아왔고. 북이나 통일이나 이런 문제에서는 이런데서 통일교육에서 거짓말을 하지 않고 거짓말을 교재에서 빼내야 됩니다. 그게 거짓말이냐 참말이냐 하는 것은 상식이 결정하지요.

모든 사람들이 결국 상식이 풍부한 나라는 선진국입니다. 상식이 지배하는 나라는 선진국입니다. 아주 궤변이 지배하는 나라는 후진국입니다. 궤변은 독재를 독재 아니게 만들고 민주를 민주 아니게 만들고, 그게 다 독재 중에 제일 나쁜 독재가 인식론적인 독재입니다. 인식론적인 선호사상을 가지고 자기만 옳다하는 그런 생각을 가지고 이 세상을 제대로 볼 수 없습니다. 그래서 학문은 궤변을 만드는 것처럼 우리가 생각을 많이 해요. 왜냐하면 공부 많이 한 사람 얘기 들어보면 무슨 얘기인지 모릅니다. 왜냐하면 말을 어렵게 해요. 진리는 상식에 있습니다. 진리를 만든다는 것은 상식을 만든다는 얘기입니다. 상식은 누구나 알아야 됩니다. 그게 상식의 정의입니다. 그래서 우리는 상식이 풍부한 나라를 만들어야 됩니다. 지금처럼 무슨 이런 법, 저런 법. 궤변가지고 사람 교도소에 넣고 내고 그렇게 하지 말고. 상식이 지배하는 나라가 되어야 됩니다. 이게 3번째 얘기입니다.

동질성, 민족의 동질성에서 관습얘기가 있지요. 이 관습은 사람이 만드는 것이 아니고 거기에 있는 것입니다. "양심도 없어." 그 하는 양심은 어디서 나옵니까? 사람의 머리에서 학자의 머리에서 낸 것이 아닙니다. 그렇게 보면 사람도 마찬가지로 사람 머리에서 낸 게 아닙니다. 그래서 제가 지난번에도 말씀드렸지만 우리 민족에, 남북에 돌아다니면서 제가 보통사람이 말하는 것을 듣고 "아! 우리 민족의 동질성이 이거구나! 여기에서 우리가 민족의 관습을 찾고 여기에 바탕을 해서 통일정책과 통일문화를 만들어야 되겠다."라고 생각했습니다. 말씀드렸지만 "저 놈 인간 언제 사람 되려고 하나!" 그거 보고 저는 깜짝 놀랐습니다. 세상에! 주체상이 들어가 보니까 '사람'과 '인간'을 구별해요. 주체사상에서 그것을 아주 체계적으로 구별합니다. 주체사상에서 인간이라고 하면 생물적인 존재, 육체를 가진 존재를 인간이라고 하지요. 그러나 이것이 교육을 받고 수련을 하고 묵념을 하고 그래서 사람이 발전이 되면 그것을 인간개조라고 합니다. 인간개조론이라고 하지요. 인간개조론에 의해서 인간이 개조되고 나면 사람이 되는 것입니다.

사람은 관이 있습니다. 얼마나 아름답습니까? 그것은 북한 것도 아니고 남한 것도 아니고 공산주의 것도 아니고 자본주의 것도 아닙니다. 그것은 우리 민족이 가지고 있는 것입니다. 또 예컨대 제가 찾다 찾다가 보니까 굉장히 오래된 것이 있는데 홍익인간이라는 개념이 있어요. 그것을 언제부터 찾은 학자는 없습니다. 홍익인간이라는 것은 개인적인 인간이 아니고 이타적이고 공익을 위해서 삶을 영유하는 이런 사람들이 홍익인간 아닙니까? 넓게 사랑하는 것, 넓게 포함하는 것, 그런 것이 그게 어디서 나왔습니까? 평양에서 나왔습니까? 서울에서 나왔습니까? 워싱턴에서 나왔습니까? 아닙니다. 그것은 원래부터 있는 개념입니다. 어디에 있습니까? 우리 민족 안에 있는 것입니다. 이런 것을 우리가 찾아내서 민족의 습성을 우리가 알아내자, 민족의 습성이나 습관이나 알아내자, 왜냐? 그런 것을 우리가 바탕으로 해서 정치이념을 만들자 이거예요. 그래야지 우리적인 정치이념이 됩니다.

정치이념을 만들어 내지 않으면 그 나라가 설 곳이 없습니다. 북에는 정치이념이 주체사상입니다. 남에는 정치이념이 없습니다. 미국입니다. 미국은 나라 이름이지 이념 이름이 아닙니다. 그럼 미국이 하는 것이 민주주의냐? 그런 것도 또 아닙니다. 제가 어느 시간에 한번 미국 민주주의의 안팎인 허상과 실상을 제가 한번 말씀드리겠습니다. 그래서 이렇게 보면 우리가 민족의 동질성이랄까? 이것은 관습에 해당한 우리가 발견을 해야 됩니다. 발견을 해야지 옛날 문헌을 보면 옛날 역사책을 읽으면서 발견을 해야 됩니다. 북에서는 북의 이념 중에 중요한 개념이 인민입니다. 그 인민은 중국 모택동이 사용한 인민과도 다르고, 프롤레타리아 노동계급의 칼 마르크스하고 다릅니다.

북에서 얘기하는 인민이라는 개념은 우리가 철저히 알아야 됩니다. 지금은 인민민주주의입니다. 그래서 그것을 우리가 발견을 해서 북과 북을 이해하고, 북과 대화를 하려고 하면 말이 통해야 합니다. 북을 모르고 상대방을 모르면 말이 안 통합니다. 자기 혼자 얘기하면 말이 통합니까? 대화를 해야 됩니다. 요새는 모놀로그로 혼자 얘기하고 다 합니다. 대화라는 것이 없습니다. 왜냐하면 대화를 하면 허점이 노출되고 자기 결점이 폭로될까 싶어서 겁이 나서 대화를 하지 않습니다. 대화를 하지 않는 문화가 현대문화입니다. 그러나 현대문화에서 대화할 수 있는 기구는 얼마든지 있지 않습니까? 핸드폰도 있고, 말할 수 없는 여러 가지 페이스북도 있고, 여러 가지 많이 있지요.

이전에 남북정상들이 만나서 통신망을 다시 개설하자고 합의했는데 제가 볼 때는 왜 또 합의해? 사용하면 되지. 그게 중요한 게 아닙니다. 얘기할 것이 있어야 되요. 그 통신망에 어떤 정보를, 어떤 내용을 넣어서 이용할 것이냐? 그것부터 있어야지 그게 하나도 없어요. 그래서 대화를 하는데 말만 가지고 대화가 안 됩니다. 뜻이 있어야 됩니다. 우리가 말하는 데 80%는 소리입니다. 뜻 없는 것 이예요. 10%, 20%가 어떤 뜻이 있지 않습니까? 그 뜻을 내포하지 않으면 대화에 끼지 못합니다. 대화라는 개념이 적용되지 않습니다. 그래서 우리는 남과 북이 서로 같이 하는 관습을 찾아내가지고 이 질성을 동질화 시켜야 합니다.

제가 정몽주 선생의 일편 단심가를 이제 다 외웁니다. "이 몸이 죽고 죽어 일백 번 고쳐 죽어 백골이 진토 되어 넋이라도 있고 없고 임 향한 일편단심이야 가실 줄 있으랴." 넋이라는 말을 요새 사람 안 씁니다. 넋이라는 것,

이거 우리 관습 중에 하나라는 생각이 났습니다. 한번 보십시오. 젊은 사람 넋이라고 쓰는가. 넋이 있습니다. 넋이 있고 얼이 있고 혼이 있고 그러니까 우리만큼 종교적인 사람은 없습니다. 우리민족이 굉장히 선천적으로 종교적인 민족입니다. 그래서 거기에 기반 해서, 동질성에 기반 해서 어떠한 가치관, 정치이념 이런 것을 우리가 만들어야 되지 않겠는가 하는 그게 중요합니다.

가치관 중에 정치이념에 대해서 얘기하면 우리는 또 체면문화가 있습니다. 체면이 그렇게 중요하지 않습니까? 체면을 잃으면 왜놈들이 우리한테 체면문화를 배워가지고 할복하는 것이 있습니다. 체면 잃으면 그렇게 하거든요. 우리는 체면을 잃으면 죽는 것보다 더 못합니다. 그런 게 우리 문화입니다. 무슨 말이냐면, 남이 어떻게 생각하느냐? 남이 나를 어떻게 생각하느냐? 그게 굉장히 중요합니다. 그게 진보된 사회 모습입니다. 시민사회(civil society)입니다. 남을 중요하게 생각하고, 남 속에 나를 넣을 수 있는 이런 능력이 있어야 됩니다. 영어로는 엠파씨(empathy), 우리말로는 역지사지(易地思之)입니다.

다른 사람 입장에 내가 들어 갈 수 있는 것, 내가 들어갈 수 있다는 것은 많은 경험이 없으면 다른 입장이 어떤지 이해조차 못해요. 마침 남과 북은 경험이 많을 뿐만 아니라 같은 경험, 같이 아프고 같이 식민생활하고 같이 전쟁하고 같이 양민학살 당해봤고 같은 아픈 사람입니다. 따라서 경험이 같습니다. 경험이 같다는 것은 뜻을 많이 같이 하고 있습니다. 그래서 통일은 그런 데서 해야지요. 그리고 자기를 낮추는 것이 우리 문화에 있습니다. 항상 자기를 낮추지요. 편지 밑에 누구누구 드림, 누구누구 올림, 그렇지 않습니까?

내 제자한테는 나는 '교수 누구누구가', '~ 으로부터', 그렇게 할 수 있지만 존대어를 쓸 수 있는 사람에게 존대어가 얼마나 귀한지 우리는 모릅니다. 영어에 존대어가 있습니까? 끝에 sir, man 붙지만 그게 존대어는 아닙니다. 그래서 존대어를 우리가 가지고 있다하는 이것을 우리 민족의 관습 중에 하나로 봅니다. 자기를 낮추고 다른 사람을 존경하는 이런 맥락에서 보면 미국 민주주의가 안 맞습니다. 이런 민주주의는 다른 사람이 어떻게 하든지 깎아 내리는 것이어요. 그래서 자기보다 못하게 만들어 가지고 자기가 득세하는 그게 미국 민주주의입니다. 이거 닮아서는 안 됩니다.

대한민국도 보니까 선거 운동하는데 상대방 깎고 자기가 스스로 해야 되겠다고 그러는데, 정견을 발표할 때 자기 자랑하지 말고 다른 사람이 자기 자랑하는 그런 문화가 필요합니다. 여기는 자기가 자랑안하면 이 세상에 살 수가 없어요. 다 뺏기고 다 약탈당합니다. 그러나 우리나라는 자고로 아름다운 것이 자기를 낮추는 것입니다. 그러니까 자기를 낮추면서, 그래도 지도자 능력 있는 사람을 뽑는 그런 선거제도를 우리가 고안하고 창조를 해야 됩니다. 분명하지 않습니까? 그러니까 미국선거 잘 못된 것은 다 고쳐야 되요. 우리는 우리대로 선거를 할지, 어떤 제도를 할지, 미국이 양당제도라고 우리도 양당으로 만 할 수는 없습니다. 미국의 양당제도는 양당으로 갈 수 밖에 없어서 그렇게 됐습니다. 양당제도가 아니면 다당제도가 서야 되는데, 미국은 다당제도가 들어올 수 없습니다. 다른 나라들은 일본도 그렇고 프랑스도 그렇고 다당제도 아닙니까? 양당의 둘 중에 하나가 아니라, 서로 연맹을 해가지고 수가 적은 소수정당도 일정한 권리를 차지할 수 있습니다.

그게 민주주의입니다. 우리는 미국을 많이 아는 사람은 많지요. 그러나 미국을 옳게 알려고 하면 미국의 결점을 알아야 합니다. 미국의 양당제도조차 미국이 가지고 있는 좋은 게 아닙니다. 양당제도가 제일 나쁜 것입니다. 다당제도가 좋은 것입니다. 양당 제도를 유지하기 위해서 별짓을 다하고 있지요. 선거제도보면 양당제도 밖에는 살 수 없도록 만들어 놓은 게 미국입니다. 미국이 양당제도가 되었는가를 정치학자들이 철저히 공부 하면 미국이 다르게 갈 방법이 없었습니다.

어떻게 통일교육을 시키느냐? 학생들과 배우는 사람들과 같이 해야 되요. 예컨대 모의, 시뮬레이션을 해야 되요. 유엔 모의 하는 것처럼 남과 북이 따로 떨어져있는데 우리 클래스에 학생이 50명 있는 것처럼, 25명씩 갈라서 저거는 북이고 이거는 남이고 이렇게 해가지고 군사훈련이다 이런 걸 어떻게 해야 되느냐? 그러면 학생들끼리 토론을 시켜요. 선생은 앉아서 이건 이렇기 때문에 타당성이 있는 얘기고, 이것은 안 되겠고 그것을 판단하는 것이 교수입니다. 그래서 우리가 시뮬레이션 모의방법으로 교육을 시키는 것이 굉장히 중요합니다. 25명 북쪽사람 그 중에 하나는 김정은이가 되고, 그중에 하나는 김여정이 되고, 남쪽도 마찬가지로 그런 식으로 하면 학생들이 현실성 있게 공부도 할 수 있습니다. 자기들이 맡은 역할에 대해서 어떤 사람이 김여정을 대표한다고 하면 김여정을 알아야 하지요. 그러면 공부를 하게 됩니다. 그런 식으로 시뮬레이션 방법도 있고, 여러 가지 방법을 포용해서 학생들에게 현실적인 교육을 시켜야 된다고 생각합니다.

통일교육을 왜 하느냐 그게 제일 중요합니다. 왜 하느냐? 통일교육은 잘못하면 안하는 것보다 훨씬 나빠요. 지금 대한민국에 수십 년 동안 통일교육 했지요. 통일교육은 평화적인 통일을 할 수 있는 길을 모색해야 합니다. 안보로서, 군사대결로서, 무력축적으로서 통일하려고 하면 그런 생각을 가지고 있는 그것을 가르칠 것도 없어요. 무기 축적하면 이기는데, 상대방을 악마화 시키고 죽여야겠다, 그것뿐이어요. 냉전 때 우리가 수십 년 동안 통일교육 한 게 뭡니까? 북은 나쁘다. 죽여야 된다. 죽이는 것은 하루라도 빨리 우리가 무기를 개발하고, 국제관계로 해서 북을 고립시키고 이렇게 해야 된다는 그것은 통일교육이 아니었어요. 그것은 분단교육입니다. 분단지속교육입니다. 통일교육을 하려고 하면 통일의 비전을 내놓고 해야 됩니다. 우리 '사랑방'은 제 이름을 붙여서 했기 때문에 6·15식으로 하는 게 옳다고 우리는 그렇게 결론 냈지 않습니까? 서로가 이념과 체제와 생활방법이 다 다름에도 불구하고 우린 해야 됩니다. 그게 우리 민족이 박정희 때부터, 1972년 7.4공동성명부터 지금까지 쭉 내려온 것입니다.

통일교육을 우리가 어떻게 해야 되느냐고 묻기 전에 어떠한 통일을 추구해야 되느냐? 그것부터 우리가 공부해야 됩니다. 그래서 통일교육을 할 때, 방법론이 무력통일론도 있습니다. 흡수통일론도 있을 것이고, 어떤 통일론이 또 있는지 몰라도 그다음에 평화통일론도 있지요. 평화통일론이라는 것이 6·15적으로 우리가 한다는 것입니다. 또 어떤 많은 사람들은 근래에 와서 통일이 필요 없다고 생각해요. 통일이 필요 없다고 생각하는 사람한테 통일교육은 어떤 것을 시킵니까? 시켜야 합니까? 통일이 필요하냐? 통일이 왜 필요하냐? 이것부터 우리가 통일교육 하는데 첫 단계에 그 질문을 잘 짚고 넘어가야 됩니다.

지금 분열 안 된 사회가 어디 있습니까? 전부 분열 되어있습니다. 종교적으로 이념적으로 이해관계에서 전부 분열되었습니다. 중동을 보십시오. 아프리카를 보십시오. 유럽을 보십시오. 분열 되어 있는데 이것을 서로 악마화 시키고 했던 과거처럼 그렇게 하면 점점 망하지요. 서로 서로 죽이고 말지요. 그러니까 우리가 지금 설계하는 통일방안을 이용하면 인류가 살 수 있는 묘안이 나올 수 있습니다. 이렇게 사람들이 믿어야 됩니다. 우리가 다른데도 적용될 수 있는 그런 통일교육이 필요하다는 것입니다.

15. '통일평화대학'의 주요 단과대학

'통일평화대학'의 최적합지역은 개성

그러면 학교를 어디에 세우느냐. 제 생각에는 지금 현실적으로 개성이 제일 합리적입니다. 개성은 이미 공업단지를 만들어 통일된 지역입니다. 남과 북이 협력을 해서 윈 윈 하는 관계를 만든 지 벌써 십 수 년 되었고, 고려가 통일된 나라로서 국력도 대단했으며 우리가 긍지를 느낄 수 있는 그런 곳입니다. 그래서 개성이 좋겠고, 개성 하나 만으로는 안 되니까 DMZ, 비무장지대를 남과 북이 합의하고, UN에 교섭을 하면 비무장지대를 없앨 수 있습니다. 그래서 그것을 공유시켜서 자연적으로 연방국가의 재산, 땅이 됩니다. 그래서 필요에 따라서 좀 더 확장을 시킬 수도 있습니다. 북에는 마식령 스키장도 있고, 해주 같은 곳에 항구가 필요하면 좀 더 확장시킬 수도 있습니다.

'통일평화대학'은 최첨단 미래지향적 대학

또 미국에 각 주 정부, 연방정부가 있는 것처럼 연방정부가 있어야하고,

또 연방정부 헌법에 따라 재원을 충족하는 방법, 또 세금제도도 있어야 합니다. 우리가 이상적으로 보는 나라는 인류가 알고 있는 가장 좋은 미래지향적인 테크놀로지를 가지고 살아야 합니다. 집과 자동차는 전부 재생산이 되는 연료를 사용해야 하고, 과학을 강조해서 재활용이 될 수 있는 연료를 사용해야 됩니다. 요즘은 연구가 많이 되고 있는 것들이 몇 가지 있는데 바다의 파도(wave energy)가 한 예이죠. 하와이 지역 가보니까, 하와이 주 지사가 그렇게 이야기하기를, 하와이 섬은 모든 것을 파도 등으로 100% 자연에너지를 만들겠다고 합니다.

우리 통일 연방정부는 100% 자동차도 그렇고, 집도 그렇고, 전부 미래지향적으로 또 겸손하게 많이 지어서 미적으로는 아름답게, 민족의 긍지가 나타나게 해야죠. 북쪽에 짓는 집들은 보면 많은 집들이 민족의 정과 얼이 들어가 있습니다. 그래서 그런 모범적인 도시를 만들고 국가를, 나라를 만들어야 되겠다고 하는 생각입니다.

그래서 사람들이 여행을 와서 어떻게 사는 것이 인류가 옳게 사는 방법인가, 하는 것을 목격하고 배워갈 수 있도록 그러한 곳을 우리 연방 정부로 만들자 이겁니다. 남과 북의 좋은 점은 취하고 나쁜 점은 극복하고, 그렇게 하면 됩니다. 우리 민족이 얼마든지 할 수 있는 능력도 있고 지혜도 있고 역량도 있는데 안 해서 그래요. 그래서 통일에 대한 이념이 없고 이념을 추구하는 열망이 없고, 또 그러한 능력을 기르지 못해서 그렇습니다. 우리를 포함해 인간들이 문제입니다.

'통일평화대학'은 이상적인 사회의 그림을 그리는 대학

민족의 동질성은 관습에 해당하는 것들 몇 가지를 함양하는데서 시작합니다. 앞에서 '사람'에서 양심으로, 또 얼까지 제가 일곱 가지를 이야기했는데, 그것을 함양하고 부양시키면서 나쁜 것, 상대방의 이질성을 극복할 것은 극복하고 그렇게 하는 모습을 세상에 보이자 이겁니다. 그러면 모두가 연방정부 국가에 와서 살고 싶어 하도록, 거기에는 자살하는 사람도 없고, 교육 다 받고, 의료제도 다 되어있고 그러면 누가 안 오겠어요.

제일 먼저 거기에 우선권을 주고 싶은 것은 조국 없이 고생한 외국에 사는 우리 동포들에게 먼저 그 곳에서 살 권리를 주는 것이 옳다고 생각합니다. 조국 없이 오랫동안 분단된 상황에서 고생한 사람들, 남이나 북에서 호강한 사람들 말고 해외에서 고생한 사람들, 과거에 무일푼으로 이민 와서 고생하면서 자기 길을 닦은 갸륵한 사람들을 우리가 존경하는 의미에서 그분들을 모시고와서 연방정부의 국민이 먼저 되도록 만들어야 됩니다.

흩어진 동포들이 참여하는 우리 '사랑방'이 얼마나 중요합니까? 세계 각지에서 100여 명씩 들어오는데, 이런 분들이 가서 중요한 역할을 할 수 있도록 또 연방 정부, 연방 국가의 혜택을 누구보다도 먼저 볼 수 있도록 해야 한다고 생각합니다. 그래서 이상 국가에 대한 설계도가 분명히 있어야 됩니다. 교통수단은 어떻게 하며, 교육은 어떻게 하며, 사회제도는 어떻게 하며, 경제제도는 어떻게 만들지 연구해야 합니다. 그러한 것을 연구하고 실천하기 위해서 고려 통일평화대학을 만들자는 것이 저의 주장입니다.

대한민국 여기저기서도 발표했고 알 사람들은 많이 압니다. 또 정식으로 두 정부에 제가 공식적으로 제안했는데 우리 연구하자는 것입니다. 다른 방법이 없어요. 그래서 이것은 북과 남의 정부에서 앞장을 서서 주도해서 만들어야 됩니다. 그렇게 안 만들면 국민들이, 인민들이, 민중들이 뒤에서 국가를 밀어야 됩니다. 촛불혁명처럼 이 대학은 위에서 안 만들면 밑에서 밀어서 만들도록 해야 한다고 생각합니다.

'통일평화대학'은 남북 정부의 공동 프로젝트

학교가 만들어지려면 행정 하는 사람도 있어야 하고, 총장도 있어야 되고, 재단도 있어야 되고, 이사장도 있어야 되겠습니다. 학자들이 많이 있습니다만 저는 반드시 학자를 그렇게 존중하지는 않습니다. 세상에 경험이 많은 사람들이 더 지혜가 많습니다. 학자들은 두뇌는 좋아도 지혜가 그렇게 많지 않습니다. 그래서 이 세상에 경험이 많은 분들을 모시고 우리가 나라를 만들어야 되겠다, 진짜 나라 같은 나라를 만들어야 되겠다는 것입니다. 그러기 위해서 그 나라의 설계도를 만들어야 되고 만들어서 또 수정하고 개조하고 더 좋게 만들고… 이러한 작업을 대학교에서 해야 합니다. 이 대학교에는 우리 민족도 말할 것도 없고 평양 또 서울, 이런 데서 교수들을 정선해서 각 분야에 두드러진 분들, 정신 상태가 건전한 사람들을 우리가 교수로 모셔야 됩니다. 해외에 있는 사람들을 앞세워가지고 해야 됩니다.

'통일평화대학'의 주요 단과대학-건강대학

첫째 단과 대학은 건강대학입니다. 건강과학대학입니다. 예방과 치료를 같이 하는 대학이어야 돼요. 다시 말해서 동양의학, 북의 고려의학과 남의 서양의학이 서로 조화가 되어야 됩니다. 서양의학은 치료이고 동양의학은 예방입니다. 그래서 둘 다 하면 좋습니다. 제가 평양에서 산원에도 가보고 몸이 불편해서 병원에 여기저기 다녀봤는데, 북에서 고려의학과 서양의학을 종합하려고 노력을 많이 해요. 고려의학은 상당히 진전이 되어 있는데 서양의학은 별로 되어있지 않아요. 왜냐하면 돈을 많이 써야 하죠. 의료 기구, 치과도 기계도 자꾸 바뀌니 예산이 많지 않으면 할 수가 없습니다. 그러나 예방과 치료를 동시에 하는 의과대학이 있어야 되고 부속병원이 있어야 됩니다.

부속병원에는 세계에서 난치병을 앓고 있는 사람들이 가고 싶어 하는 그런 곳을 만들어야 됩니다. 의료가 아무리 발달해도 불치병들이 있지 않습니까? 답답해서 끝에 가서 찾는 병원은 대개 창의적으로 하는 병원이나 의학을 하는 곳입니다. 그런 의미에서 저는 보건대학(health science), 보건과학대학을 첫째 대학으로 만들자는 것입니다. 여기에는 서양의학, 동양의학, 중국, 인도 학자들과 의사들을 모아서 할 뿐만이 아니라 부속 병원을 멋있게 만드는 것입니다. 부속 병원으로 병만 낳으면 재정적으로는 굴러갈 것이라고 확신합니다. 미국에 요즈음 동양의학이 상당히 활개를 칩니다. 제가 사는 이 보수적인 조지아에도 침을 의학으로 인정하고 면허도 주고 했습니다. 중국의 입김도 크지만 동양의학이 실질적으로 효력이 있다는 것이 입증되었기 때문에 그렇습니다.

제가 평양에서 한번 아파서 병원에 가니까 의사들이 네 명이 들어오는데 왼쪽 두 명은 서양의학, 오른쪽 두 명은 고려의학 하는 의사들이 들어오셨어요. 그래서 어떻게 아픈지 이야기했더니 동양식으로 치료를 받을까 서양식으로 치료를 받을까 나한테 물어요. 이런 선택권을 줘요. 그래서 제가 반문을 했어요. "서양식으로 하면 어떻게 하는 겁니까, 동양식으로 하면 어떻게 하는 겁니까? 나를 덜 아프게 하는 것으로 하려고 합니다." 웃으면서 물었더니, 서양식은 진통제를 준다고 하고 동양식은 침놓고 뜸도 놓고 마사지하고 그런다고 해서 마사지 하는 동양식으로 해달라고 했던 경험이 있습니다. 이제 종합적이고 남과 북이 조화되고 더 과학적으로 발전된 그런 의학을 해야 됩니다. 그러면 좋은 대학이 되죠. 건강대학을 첫째 대학으로 하자는 거여요.

'통일평화대학'의 주요 단과대학- 농과대학

둘째 대학은 사람이 먹어야 되니까 농과대학을 해야 됩니다. 그런데 농과대학과 농업생태대학을 만들어야 합니다. 농업생태대학이 있어야 됩니다. 생태를 잘 하지 않으면 농업이 잘 안됩니다. 그리고 농업을 지나치게 화학(化學)화 하고, 화학 비료를 많이 쓰고, 또 생산량을 늘리기 위해서 종자를 개량 시키고 인위적으로 변화를 주니까 몸에 해롭다고 합니다. 그래서 옥수수도 바나나도 지나치게 큰 것들이 많아요. 그런 것들은 인위적으로 더 크게 만든 것이라 될 수 있으면 제가 시장가도 피합니다. 그래서 우리는 건전하고 건강에 좋은 농작물을 생산하자, 비료도 화학비료를 하지 말고 유기농 비료를 하자는 것입니다. 이것도 연구를 많이 해야 될 겁니다. 온 세계에서 연구를 많이 하는 사람들 모시고 와서 교수로 모시고 해야겠지요.

생태는 더 말할 것도 없습니다. 인간 때문에 생태가 말도 못하게 나빠졌거든요. 그래서 생태개념을 확충시켜서 대학교에서 연구했으면 좋겠는데, 사회생태학(social ecology), 사회정치생태학(social political ecology)의 개념을 가지고 발전시켰으면 좋겠습니다. 생태학(Ecology)이라는 것은 주변 환경의 맥락에 맞도록 하는 게 아닙니까? 그래서 농업생태대학 이것이 둘째 대학입니다.

'통일평화대학'의 주요 단과대학- 정경대학

셋째 대학은 정경대학, 정치경제대학입니다. 요즘은 흔히 말하는 정경이 아니고 특별한 의미에서 정경입니다. 정치라는 게 뭐냐? 제대로 알고 정치대학을 만들어야 됩니다. 저는 정치학자로서 수십 년 동안 골몰해서 발견한 것이 '정치'라는 것은 분배의 정의를 추구하는 학문 입니다. 정치라는 것은 분배의 정의를 추구하는 것이 정치학입니다.

누가 얼마나 가지고, 왜 얼마나 그만큼 가져야 되는가 하는 것이 정당화하는 것이 정치입니다. 그것을 국가가 강제하기 위해서 정치 권위와 권한이 있지 않습니까? 즉 정부가 이만큼 가지라고 하면 꼼짝 없이 따라야 한다는 말입니다. 세금 제도를 보십시오. 정부가 이만큼 세금 내라고 하면, 미국 같이 자유민주주의 하에서라도 제가 세금을 흥정할 능력이 있습니까? '내 세금이 너무 많다'고 할 수가 없어요. 그러니까 국가의 권위를 인정하게 하는 것이 정치입니다. 정치라는 것은 결국 국가의 권력과 권위에 관한 공부가 정치입니다.

분배의 방식에는 크게 두 가지가 있어요. 자본주의적으로 분배를 하느냐? 사회주의적으로 분배를 하느냐? 인류 역사에서 이념으로 갈려서 냉전까지 쭉 내려왔잖아요. 분배의 정의를 각각 다르게 봐서 그렇습니다. 자본주의에서는 자유경쟁에 의해 능력 있는 사람, 지식 있는 사람, 힘이 있는 사람이 더 많이 가지도록 하지 않았습니까? 또 자본주의는 주로 시장경제인데 시장경제하에서는 시장에 독점하는 사람들이 많으니 밀려나는 사람들이 있습니다. 시장경제가 지금 작동하지 않는 이유가 독점이 만연해서 그렇게 되었습니다. 독점 없이 하자는 것이 미국 자본주의의 중요한 목적이었습니다. 반독점법(Anti-trust Act), 독점을 못하는 법을 만들었는데 아무 소용이 없습니다. 왜냐하면 다국적 기업체들이 특정 국가에 종속되는 것을 원하지 않고 국가에서 빠져 나갑니다. 그래서 국가가 힘이 없어지게 됩니다. 그래서 분배의 정의를 구현하는데 큰 기업들은 어느 정부도 꼼짝 못하게 되어가고 있어요.

우리 자본주의도 상당히 진전이 된 부분이 있습니다. 돈도 해외에서 많이 벌고 국제시장에 'made in Korea'가 상당한 인기가 있습니다. 현대자동차가 미국에서 인기가 좋으니 한국 사람의 긍지를 그런데서 조금 느낄 수 있어요. 우리가 분배의 정의를 이야기할 때 사회주의적으로 분배를 한다는 의미는 필요에 의해서 분배를 하는 것이 사회주의입니다. 제일 원시적인 사회주의는 칼 마르크스가 젊었을 때 만들어낸 이념인데, 필요에 의해서 분배하는 것, 즉 많이 필요한 사람은 많이 먹고 적게 필요한 사람은 적게 먹어라, 그것이 사회주의의 미덕입니다. 자기 능력에 의해서, 시장법칙의 수요와 공급의 법칙에 의해서 분배하는 게 아니고 필요에 의해서입니다. 그게 얼마나 아름답습니까? 배고픈 사람, 또 광부라든가 스무 살 청년은 많이 먹어야지요. 밥을 먹어도 두 배 이상을 먹어야 될 거예요. 그런 사람은 많이 주고, 많이 안 먹어도 되는 사람은 적게 주고, 필요에 의해서 분배를 하는 것이지요. 필요가 과학적으로 합리적으로 설득력 있게 결정될 경우에는 필요에 의한 분배가 아주 좋습니다.

정경대학에서는 필요에 의한 분배냐, 능력에 의한 분배냐, 시장에 의한 분배냐, 이런 것을 비교연구 해서 어떤 것이 인간 사회에 가장 옳겠는가? 이것을 찾아내고 그것을 우리 통일대학교에서 해야 됩니다. 그것을 해 놓으면 온 세계가 그것을 모방해 갈 것 아닙니까? 이 세계도 자본주의와 사회주의가 지금 앞 다투면서 서로 비교도 잘 못합니다. 왜냐하면 사회주의를 내세우면 당장 싸우니까 안 됩니다. 중국과 미국의 차이도 분배의 정의가 달라서 오는 것입니다. 중국은 사회주의국가로서 필요에 의한 분배고 미국은 모든 것이 시장경제입니다. 시장을 움직이는 능력에 의해서 분배됩니다. 그러니까 요즘은 아주 젊은 청년들이 기술 분야를 많이 해가지고 억만장자가 되고 그러지 않습니까? 그게 잘못된 겁니다.

그래서 이제 분배의 정의 이야기를 할 때, 우리가 북쪽 사회주의와 남쪽의 자본주의를 비교 분석해서 어떻게 하면 필요에 의한 분배와 능력에 의한 분배를 잘 조화 시킬 수 있는지 연구해야 합니다. 인간에게 꼭 필요한 것은 필요에 의해서 분배를 해야 돼요. 식량이나, 집이나 이런 것은 필요에 의해,

즉 식구가 많으면 방수가 많고 평수가 좀 넓은 것을 주는 식으로 해야 돼요. 지금 북에서는 그것이 이루어지고 있습니다. 남에서는 이제 부동산 때문에 복잡합니다. 부동산 하나를 관리 못하면 정권도 날아가더라고요. 문재인 정권도 고생을 많이 했던 이유가 부동산 관리를 잘못해서 그렇다고 합니다.

이제 분배의 정의를 어떻게 하는 것이 가장 옳은 것인가? 어떤 것은 인간의 능력이나 시장 원칙에 의해서 하고 어떤 것은 필요에 의해서 하고, 인간에게 꼭 필요한 것은 필요에 의해서 줘야 하고, 사치성이 있는 것, 욕망하는 것은 값을 많이 올려야 돼요. 배급하는 양은 우리 연방정부에서 정해놓고 무료로 나누어줄 것은 나누어주어야 합니다. 좀 화려하게 먹고 싶다고 하면 자기가 번 돈을 가지고 사게 해야지요. 통일평화대학교에서 그러한 연구를 해서 서양 국가들도 이걸 배워가지고 자기들이 사용할 수 있도록 해야 됩니다.

정경대학은 경제도 다루어야 하는데 경제는 소유권이 따라옵니다. 공동 소유냐 개인 소유냐? 무엇은 공동 소유를 해야 되고 무엇은 사유 재산으로 인정해야 되느냐? 그것이 간단한 문제가 아닙니다. 제가 볼 때는 사유가 될 수 없는 것들을 사유하니까 문제가 돼요. 세계 어디를 가도 공기를 사유할 수 없습니다. 공기를 자기 집에 가져다 놓고, 문을 잠그고 나 혼자 쓸 수는 없지 않습니까? 그리고 사회 안보 환경을 사유화할 수 없어요. 이건 국가에서 해줘야 해요. 내가 돈이 있다고 나 혼자 순경을 만들어서 회사들이 시큐리티 가드, 보안요원을 만들어서 하는 거 아주 보기가 싫어요. 돈 있으면 재산을 지키고 돈 없으면 어떻게 하라는 거예요. 어떤 것들은 사유가 되고 어떤 것들은 사유가 안 되느냐? 이건 간단한 문제가 아니죠. 자유는 사유가 안 됩니다. 내 뒷마당에 있는 나무는 사유가 될 수가 없어요. 그래서 경제라는 것은 사유재산과 공유재산에 대해 분명하게 이론을 만들어내고 정당화시켜야 됩니다. 굉장히 중요하고 지금 급박하게 우리가 필요합니다.

'통일평화대학'의 주요 단과대학- 예술대학

그 다음에 이제 예술대학이 필요합니다. 인간의 정서가 얼마나 중요합니까? 예술대학은 남쪽에서, 북쪽에서, 세계에서 개발되고 발전된 음악 등 여러 예술품을 우리가 전부 다 비교연구를 해서 '단군예술'을 만들어야 해요. 그것은 온 지구 예술이 다 조화된 겁니다. 조선 춤하고, 서양 춤하고 보면, 조선 춤은 상체를 움직이고 서양 춤은 다리를 벌떡벌떡 들고 그렇잖아요. 그런데 나는 조선 춤이 좋지만 서양 춤은 보기 싫습니다.

예술 대학이 있어야 되고 음악도 그렇고 K-pop이라고 남쪽에서 나온 대중가요가 유명하잖아요. 그것도 조화를 시키고 정화를 시켜서 우리가 자랑할 만한 세계적인 예술품, 예술 활동이 되어야합니다. 어디서 창안을 하고 고안을 해야 됩니까? 평화대학, 통일 평화대학에서 해야지요. 그래서 이런 것들을 종합적으로 우리가 부양시키고 어떠한 수단 방법을 강구하고 제도화시켜서 윤택하게 만드는 것을 바로 우리 대학교에서 해야 됩니다. 그렇게 하면 우리뿐만 아니고 우리와 비슷하거나 같은 상황에서 고생하는 이스라엘, 팔레스타인, 아프가니스탄, 대만 같은 국가들, 중국, 미국도 마찬가지고, 이러한 나라들에게 우리가 좋은 영향을 미치고 롤 모델이 될 수 있는 통일 방안을 연구하고, 이 방안을 가능케 하는 이론들이 나와야합니다. 그러한 이론들이 세계에서 용인되고, 그래서 우리 민족이 그러한 존경을 받는 것이 중요합니다.

우리 민족의 특이성이 바로 거기에 있습니다. 언어도 하나, 경험도 풍부하고 다양하고, 그래서 우리의 정서에 맞게 우리나라의 관습에 따라서 할 수 있는 것은 대한민국과 조선민주주의인민공화국 밖에는 없습니다. 그래서 그러한 긍지를 가지고 우리는 이 대학을 구체적으로 하루라도 빨리 만들 수 있도록 밑에서 민중들이, 인민들이, 국민들이 여론화시켜야 됩니다.

16. 통일평화대학 인문사회과학대학

인문사회과학대학, 이론과 이념을 만드는 곳

인문사회과학대학의 목적이 뭐냐? 대학으로서의 목적이 뭐냐 하면 목적은 이론을 만드는 것입니다. 정치이론이나 사회이론이나 경제이론을 만드는 것은 어느 대학교든지 해야 합니다. 이론 안에는 원인과 결과가 내포돼 있기 때문에 결과가 문제인 것에는 그 문제의 원인을 우리가 찾아낼 수 있습니다. 지금 우리가 이야기하는 고려 평화통일대학의 인문과학의 목적이 뭐냐. 목적은 간단합니다. 그러나 굉장히 복잡합니다.

이데올로기를 만들어내는 일을 이 단과대학에서 해야 됩니다. 이데올로기로는 지금 자본주의가 있고 또 우리식 사회주의가 있지 않습니까? 그런데 이것을 초월해서 우리가 북과 남이 공히 인정하는, 배우고 따라야 하는 이념, 정치이념, 사회이념, 그 이념에 수반되는 여러 가지 가치관, 도덕관을 발전시키는 것을 이 단과대학에서 해야 됩니다. 이념을 만들려고 하면 뭔지 알아야 될 것 아니에요. 이념이라는 것은 두 가지로 볼 수 있습니다. 한 가지는 이론적인, 철학적인 또 개념적인 것을 묶어서 하나의 큰 세계관을 창조하는 것입니다.

인문사회과학대학, 세계관을 연구하는 곳

민주주의도 민주주의의 세계관이 있지 않습니까? 그런 것처럼 정치이념이라고 하면 세계관을 가지고 있어야 합니다. 그러면 우리가 어떤 세계관을 가져야하는가? 이것을 연구해야 합니다. 과거에 서구에서 민주주의가 사회주의보다 먼저 생겼죠. 민주주의가 생길 때, 그전에는 중세나 근대에 인간이 스스로 다스리고 정치할 능력이 없었습니다. 그런데 문예 부흥이 일어나고 철학적인 개인주의 이런 것이 발랄하게 발전되어서 이론들이 많이 나오기 시작했습니다. 그래서 학자라면 누구나, 더구나 제가 몸담고 있는 정치학자는 이론과 이념을 만드는 역할을 해야 하고 하지 않으면 목적의식이 없다고 봐야 됩니다. 대한민국에도 의과대학도 많고 문리과 대학도 많고 사회과학대도 있고 학교마다 있지 않습니까? 그런데 대한민국에서 이념을 창조했습니까? 대한민국에서 창조한 이념이 없는 것 같습니다. 그러니까 인문사회과학대학 학자들이 일을 소홀히 했다는 그런 이야기입니다.

정반합의 '합'에 해당하는 이념을 만들어야

우리 통일평화대학에서는 우리가 역점을 들여서 사회주의도 아니고 자본주의도 아닌 그 둘을 능가하는, 그 둘이 '정', '반'이라고 하면 '합'에 해당하는 그러한 정치 이념을 만들어내야 됩니다. 얼마나 어려운 일이겠습니까? 그것을 만들기 위해서 이 학교가 생겨야 됩니다. 만들어서 개선시키고 계속 발전시켜야 해서 계속 대학은 필요합니다.

이념이 처음 생겼을 때는 사람들이 권위에 복종하는데, 중세의 권위는 종교적인 권위도 포함되어 권위에 복종하고 그냥 따르기만 하면 되었습니다. 정치이념은 권력을 정당화시키는 수단입니다. 그러다가 권력을 정당화

시킬 필요가 없어졌어요. 왜냐하면 권력은 하나뿐이니까요. 신정이든 군주이든 하나뿐인 중앙정부 하에서는 권력에 대한 분쟁이 없었습니다.

그러다가 문예부흥도 나타나고 여러 가지로 많이 깨우쳤지요. 자본주의도 아담 스미스 같은 자본주의적인 경제 이론도 나오고 개인적인 경제활동, 사회활동, 문화 활동 등이 부각되면서 사람들이 '내가 정권을 잡아야 되는데, 나보다 못한 사람들이 정권을 잡았다'고 여기게 되고 서로 경쟁이 일어납니다.

정치이론은 경쟁의 산물

그러한 경쟁이 생길 때 정치이론이 나와서 길을 잡아줍니다. 정치이론 가운데 비교적 처음 나온 것이 토마스 홉스, 존 로크, 장자크루소 등이 14, 15, 16세기에 자유민주주의를 만들었습니다. 중세와 근대에는 폭군들에 의해서 지배를 받았기 때문에 이때의 민주주의는 정치를 소외시키는 풍조에서 생겨난 것으로 그것이 자유민주주의입니다. 작은 정부일수록 좋다하고, 심지어는 무정부 이론도 상당히 많이 범람했습니다. 그런데 자유를 쟁취해가지고 개인들의 사유재산과 활동을 원활하게 해 놓으니까 개인들끼리 경쟁이 생깁니다. 경쟁이 생기면 틀림없이 거기에는 빈부 차이가 생기고 상하 계층이 생깁니다. 그러니까 그것을 없애자 해서 나온 것이 사회주의입니다.

사회주의는 자본주의의 맹점을 극복하고자 탄생

민주주의의 맹점, 그러니까 민주주의가 빈부 차이를 해결하지 못한 그 맹점을 교정하기 위해서 나온 것이 서구 역사에서도 그렇습니다. 인류 역사의 사회주의는 자본주의의 맹점을 규탄하면서 그것을 시정하기 위해서 나온 것입니다. 지금도 마찬가지예요. 북구에 사회주의적인 경향을 가지고 있는 나라들 보면 자본주의가 잘못해서 자본주의의 병폐가 나타나니까 사회주의가 나타났어요. 미국도 현재 사회주의 요소가 상당히 급속도로 발전되고 있습니다. 왜냐하면 옛날 자본주의의 요소가 역할을 제대로 못해서 세금만 하더라도 탈세하는 백만장자들이 얼마나 많다고요. 지금 빈부 차이를 없애는 정책은 하나도 먹혀 들어가지 않습니다.

그래서 대한민국도 보면, 제가 볼 때 가장 큰 문제가 미국처럼 빈부 차이입니다. 빈부격차를 해소시킬 방법이 없습니다. 왜냐하면 부자들이 법을 만들고 권력을 가지고 있으니 자기 위치를 포기하지 않습니다. 미국도 그렇고 대한민국도 그렇습니다. 요즘 "통일이 필요 없다. 통일하지 말자"하는 사람들을 보면 대한민국에서 입지 요건도 좋고 기득권이 있는 사람들이 아닌가? 저는 그렇게 생각합니다.

아무튼 이렇게 해서 사회주의가 나오고, 사회주의가 나오니까 사회주의는 사유재산을 부정하지 않습니까? 왜 사유재산을 없게 했냐? 사유재산이 있으면 불평등이 생기니까요. 사유재산을 인정하지 않고 재산을 누적하지 못하게 만들지만 그렇게 해도 새로운 계층이 생겨요. 그래서 레닌은 사유재산을 없애는 것은 좋은 일인데 모든 재산을 사회가 공유하고 사유는 없애자고 했습니다. 그래서 사유재산을 없애니 사유 재산 뿐만 아니라 사유하는 게 금지되는 전체적인 공산주의로 흘러가버렸습니다. 거기서 또 반기를 들고 나온 것이 모택동이나 그 일환으로 볼 수 있는 것이, 북에서 '김일성 수령'이 등장한 것도 우리가 그런 맥락에서 봐야 합니다. 역사적으로 이렇게 이념이 내려오는데 현대는 자본주의 계급사회와 사회주의 계급 없는 사회가 대결하는 상황에 있습니다. 계급 없는 게 다 좋은 것 같지만 또 그렇지도 않습니다. 자본주의를 정당화시키는 논리에, 계급이 없으면 사람들이 욕망도 없고 성취감도 없고 창의력을 발휘할 때도 없고 그래서 비판도 많이 합니다. 사회주의에 대해서도 비판을 많이 합니다.

정반합의 '합'에 해당하는 이념을 만들어야

그러므로 우리는 사회주의의 장점은 살리고 단점은 극복하고 자본주의의 장점을 조화시키는 그러한 이념을 만들어내야 됩니다. 그것을 대학교에서 해야 되는데 굉장히 어려운 일이고 세계 학자들, 학파들도 많지만 어느 누구 하나 이것을 옳게 해결해서 사유재산과 공유재산, 집단과 개인주의 등 사회주의와 자본주의 평등과 자유, 이런 것들을 조화시키는 학자도 없고 학파도 없습니다. 통일을 추구하는 통일평화대학교에서 이런 운동을 지능적이고 학문적인 운동을 시작하자고하는 것입니다. 우리가 할 수 있습니다. 왜냐면 우리는 혹독한 자본주의도 해봤고 또 극단적으로 주체화된 사회주의도 해봤지 않습니까?

사회주의는 '평등', 자본주의는 '자유'를 추구

이 두 가지를 어떻게 해서 조화를 시키는가? 조화를 시키는 방법이 있습니다. 사회주의는 평등을 목적으로 하고 자본주의는 자유를 목적으로 합니다. 사회주의는 모든 사람이 평등하게 살 수 있게 합니다. 일부는 더 잘 살게 하면 좋겠지만 그런 사회를 없게 만드는 것이 사회주의 아닙니까? 그래서 모든 사람들이 평등하게 만드는 것이 사회주의인데 평등하면 사람들이 행복하냐? 그건 또 경험적으로도 그렇지 않습니다. 계급이 있는 사회에서 밑에 있는 사람이 승진하고 올라가는 보람도 느끼기 때문에 일정한, 용납할 만한 불평등은 사회에서 필요할 때가 있습니다. 그래서 불평등이 있는 사회는 사유재산과 개인주의를 인정해야 됩니다.

기본 인권인 생존권은 반드시 보장되어야

그 대신에 우리가 살기 위해서 꼭 필요한 의식주는 공동으로 제공을 해야 됩니다. 국가 혹은 사회, 나라가 공동으로 책임을 져야 하는 것이 국민들의 생활입니다. 못 먹고 사는 것은 어떤 정권으로서도 정당화시킬 수 없습니다. 그래서 우리가 사회주의와 자본주의를 남과 북에서 하는 걸 보고 어떻게 하면 조화시킬 수 있겠느냐 하는 것을 우리가 얼마든지 고찰을 해서 이론을 만들 수 있다고 봅니다.

욕망 = 경쟁

인간이 '필요로 하는 것'은 인권에 해당한다고 그랬어요. 반면 인간이 욕망하는 것은 인권으로서 정당화시킬 수 없다고 했습니다. 인간이 욕망하는 것은 경쟁에서 다른 사람보다 나아보자, 이 욕망뿐입니다. 사회의 욕망이란 더 많이 소유하고 더 승진하고 더 많이 잘 되는 것, 이것을 원하기 때문에 싸움이 일어나고 전쟁까지 일어납니다. 그래서 우리가 욕망하는 것은 정부에서 통제를 해야 된다고 저는 그렇게 생각합니다.

기본 인권인 생존권은 반드시 보장되어야

모든 사람이 다 필요한 것, 생필품이나 또 북에서 이야기하는 생활비, 이런 것은 국가에서 혹은 전체 사회에서 보장해줘야 됩니다. 앞에서 말씀드렸듯이 살기 위해서 필요한 것은 인권에 해당합니다. 생존권입니다. 생존권을 우리가 지키기 위해서는 국가가 어떤 방법을 써서라도 전체적으로 인민들 국민들이 먹고 자고 하는 것을 할 수 있도록 만들어줘야 합니다. 그런 맥락에서 또 전쟁도 없고 가정이나 사회 안에서 도둑놈, 강도들이 없게 해야 되니까, 그것을 국가가 해야 됩니다. 생명을 보장하는 것. 인류 사회가 지금 위기에 처해 있는 것은 생명권을 보장 못 받고 있기 때문입니다. 지금 미국이 내세우는 자유와 선거, 그러한 것은 인권의 우선순위 중에 저 밑에 갑니다.

기본 인권을 보장하는 것이 진정한 국가

생존권 다음에는 더불어 살 권리가 있습니다. 그중에 특별히 두드러지는 것이 사랑권이 있습니다. 미국에서 사랑을 인권으로 본 학자도 제가 아는 학자는 없습니다. 〈Human Rights〉 학술지에 한 20년 전인데, 처음으로 '사랑이 인권이다'라는 제가 쓴 논문이 출판되었습니다. 우리가 만든 인권은 생명뿐만 아니고 사랑까지도 포함해야 해요. 더불어 사는 권리에는 가족이 같이 사는 것이 포함됩니다. 이산가족이 되면 안 됩니다. 이것은 인권을 박탈하는 겁니다.

지금 남과 북의 이산가족들이 아직도 몇 만, 몇 십만 명이 있을 수도 있습니다. 자손들까지 합하면 몇 백만 명이 될 수도 있습니다. 이러저러한 이론 다 덮어놓고 무조건 이들을 같이 살게 해줘야 됩니다. 그럴 수 있는 경제적 능력이 없어서 못합니까? 의향이 없어서 그렇습니다. 같이 사는 것을 정당화 안 시키면서, 오히려 같이 살면 남쪽에 있는 사람들, 돈 좀 있는 사람들이 손해라고 봅니다. 중국에 있을 때 보면 북에 있는 사람들 와서 만나고 하면 남쪽 사람들이 원하지 않습니다. 만나서 끌어안고 울고 그건 좋지만 관계를 지속하지 않으려고 합니다. 왜냐? 손해 보니까. 모든 것을 재정적으로 경제적으로 타산하니까 그렇습니다. 그건 잘못된 거지요. 남쪽은 돈병에 걸렸어요. 돈병이 전염병보다 더 무섭습니다.

그러한 것들을 우리가 변증법적으로 승화시켜 나가야 된다고 생각합니다. 이 세상이 생존권을 비롯해서 여섯 가지 권한이 전부 다 박탈되어 있습니다. 그 이야기를 우리나라가 해야 됩니다. 우리나라는 남북의 경험과 분단의 아픔 때문에 그런 것을 압니다. 이산가족의 아픔을 압니다. 한을 압니다. 그렇기 때문에 "같이 살아야 되는 것은 중요한 인권이다" 대한민국과 조선민주인민공화국에서 그렇게 외치고 나가야 됩니다. 그것을 아직까지 못하고 있습니다. 남북 사람들이 100명씩 50명씩 만나서 서로 끌어안고 카메라로 사진이나 찍고 그게 무슨 정치입니까?

포괄적인 인권은 모든 이념이 다 추구해왔고 추구를 하고 있습니다. 여기에는 이념의 차이가 없어요. 북과 남이 이념의 차이가 있다고 자꾸 그러는데 인권의 견지에서 보면 이념의 차이가 없습니다. 생존권이 북의 생존권과 남의 생존권이 다릅니까? 북에는 밥 안 먹고 살고 여기는 또 밥 안 먹고 삽니까? 생존권은 같은 겁니다.

사랑은 같은 겁니다. 사랑은 정의하기 어렵지만 사랑만큼 보편타당성, 객관성이 있는 개념은 이 세상에 없습니다. 모든 것이 다 주관적인데 사랑이라는 개념은 주관적이 아닙니다. 객관적인 개념입니다. 왜냐하면 느끼는 사람은 똑같아요. 사람마다 똑같이 느낍니다. 주관성이나 개체적으로 있는 게 아니고 객관성이 있는 거죠. 진정한 의미에서 인권국가가 되어서 앞장을 서고, 인권 연구와 인권 학술에 대해 우리 이론으로 세계에서 감명을 주는 그런 국가가 되어야 합니다.

여섯 가지 인권(생존권, 더불어 살 권리, 평등권, 자유권, 사랑권, 주권) 가운데, 더불어 살 인권이 있었죠. 그다음에 평등권이 있어야 하는데 같이 사는데 평등하게 살아야 하는 것, 그것을 이상적인 사회로 보지 않는 사람은 없습니다. 미국에서도 지금도 세금으로 불평등을 완화하자는 것을 의회에서 토론해서, 세금을 수입세뿐만 아니라 재산세까지 매기도록 하자고 합니다. 왜냐하면 돈이 무지하게 많은 사람들이 세금을 안 내고 있어요. 손해난 것만 보고하고 자기가 누적한 것은 보고를 안 하니까 미국 사회가 볼모양이 없이 부패 되었습니다.

미국식 자본주의의 병폐는 빈부격차

대한민국도 빈부 차이가 제가 볼 때는 제일 큰 문제입니다. 그게 지금 현실로 그냥 받아들여지고 있습니다. 고치려고 하는 사람도 없고, 빈부 차이를 고치려고 하다가 있는 사람한테 당하죠. 그래서 혁명적인 정책이 나오려고 하면 빈부 차이를 없애는 정책을 내서 정권을 잡아야 합니다. 사회주의 국가가 되라는 것은 아닙니다. 자본주의 국가도 빈부 차이가 큰 차이가 있으면 절대 안 됩니다. 경제적인 계급이 생기면 기필코 계급의식이 나옵니다. 계급의식은 착취와 피착취의 관계입니다. '갑질'이라고 이름을 붙이자면 착취하는 사람이 '갑질'하는 거고 '갑질'을 당하는 건 피착취 아닙니까?

우리가 본질적으로 돌아가서 평화대학에서, 인문 사회과학에서 만드는 이념, 이런 이념이 좀 더 정반합의 개념이 되어서 통일정부, 연방정부의 궁극적인 모습이 되어 인권이 100% 보장될 수는 없지만, 항상 그것을 목표로 노력해야지요. 인권이 보장되면 그게 지상낙원입니다. 그것을 반대하는 사람 나오라고 그러세요. 제가 이야기하는 여섯 가지 인권. 평등까지 얘기했습니다. 그래서 같이 더불어 살지만 존엄성을 가지고 살자 이거에요. 평등이 없으면 존엄성이 없습니다. 노예 제도가 존엄성이 있습니까? 평등이 없으면 노예 제도라는 딱지는 안 붙었지만 지금 미국도 그렇고 대한민국도 그렇고 노예 제도가 흥행하고 있습니다. 제가 미국은 압니다.

미국은 아직도 노예제 국가

미국은 노예 국가 입니다. 흑인들만 노예입니까? 옛날에는 흑인들만 노예였는데 해방 시키고 나니까 이제 노예가 더 많아졌어요. 인종뿐만 아니고 경제적인, 종교적인 것도 기독교 중에 특별한 기독교를 믿지 않으면 노예적인 입장으로 전락합니다. 다른 나라는 몰라도 미국은 제 피부로 느껴서 잘 압니다. 미국은 노예시장은 없지만 노예제도가 그대로 있습니다.

팁(tip) 문화는 노예제도에서 시작

제가 이 얘기는 좀 조심스럽게 하는데. 유럽에 제가 자주 갔습니다. 매년 가는데, 유럽에는 팁이 없습니다. 제가 이탈리아에 가서 식당에 밥 먹고 나면, 동전 남으면 한 푼 놔줘도 되지만 팁을 안 놓습니다. 아예 팁이 없습니다. 그런데 미국 오면 팁 안 놓으면 야단납니다. 요즘은 팁을 강제로 줘요. 계산서의 20% 해당하는 팁을 놔야 한다고 하고 신용카드 주면 20%란이 있어요. 팁을 주는 직업이 하나 더 있습니다. 운전하는 사람들입니다. 제가 생각하기에는 팁을 주는 문화는 노예문화에서 비롯된 것입니다. 노예가 해방되기 전에 노예로서 무슨 일을 주로 했습니까? 주인한테 음식 나르고, 부엌에서 음식 만들고 하는 일들을 다 흑인들, 노예들이 했습니다. 그리고 또 주인이 어디 가면 운전해서 자동차 모는 심부름을 하지 않았습니까? 그러다가 정치적인 바람이 불고 전쟁도 일어나고 해서 노예가 해방되었습니다. 해방되고 나니까 주인이 없어졌으니까 노예가 먹고 살 수가 있습니까? 배운 기술도 없고 식당 같은 데 가서 일을 하죠. 그런데 식당에 오는 사람들은 다 노예의 소유자들이다보니 자기가 부리던 노예들을 불쌍하게 여기게 되어 팁을 놓기 시작했습니다. 택시도 마찬가지고 그래서 팁을 놓습니다.

제가 미국 와서 1965년에서 67년 한 1년 반 동안 워싱턴디시에서 웨이터 역할을 했습니다. 제가 팁을 많이 안 받았으면 공부하는 데 지장이 있었을 겁니다. 팁을 많이 받았어요. 받기는 받았는데 속으로 상당히 굴욕감을 느꼈어요. 팁 받을 때 얼마나 굴욕감을 느끼는지 압니까? 여러분들 경험해 보시면 공감하실 거예요. 한 번은 팁을 많이 놓고 가는 어떤 젠틀맨이 있었는데 음식은 한 5불짜리 먹고 팁은 한 20불을 내 접시 밑에 놓고 갑니다. 그래서 그 20불을 들고 달려갔습니다. 달려가니까 저쪽 자기 차로 가는 거예요. 그래서 헐떡거리며 그 손님을 잡고 "팁이 너무 많아서 못 받겠습니다. 50전만 나한테 달라"고 그랬더니 그 사람이 이상한 사람 다 보겠다고 '동양 사람이 웨이터를 해서 팁을 많이 주니까 고맙다고 그래야 할 텐데 팁을 안 받는다고 그런다' 그래서 그 식당에서 일을 그만두고 〈노동신문〉 등 번역하는 일을 해서 한 2년 이상 매일 번역을 했습니다. 그래서 소위 북한 전문가가 되었는지는 몰라도, 팁 문화라는 게 미국에만 있습니다. 왜? 미국에만 노예제도가 있었습니다. 노예제도가 다른 나라에 없었습니다.

흑인을 싣고 와서 물건처럼 팔아먹고 노예에 대한 원죄를 미국 백인들이 지었습니다. 원죄를 지었기 때문에 원죄는 씻기지 않습니다. 그것이 원죄 아닙니까? 그래서 지금까지 저렇게 있는 거예요. 제가 팁 놓는 게 노예 문화에서 왔다는 얘기를 미국에서는 이런 이야기 못 합니다. 내가 맞아 죽을 거예요. 지금도 현대판 노예제도가 그대로 있습니다. 독재 국가는 없어졌지만, 독재보다 군주보다 더 포악한 것이 업주입니다. 자기 월급 주는 사람을 뭐라고 합니까? 보스라고 합니다. Boss. 그게 상전이라는 말입니다. 보스라는 말은 극히 비민주적인 개념입니다. 얼마나 흔하게 미국에서 사용합니까? "That's my boss."라는 말처럼. 보스는 자기 밑에 있는 인간을 노예 취급하는 것이 보스 입니다. 그래서 미국도 문화적으로 의식적으로 정치적으로 사회적으로 심리학적으로 굉장히 문제가 많은 나라입니다. 이것을 그대로 따라가면 안 됩니다.

미국식 민주주의는 모방의 대상이 아니다.

대한민국은 이념을 만들어야 하는데 "미국적인 민주주의는 하지 말자"고 어디에 가도 그렇게 얘기하고 싶습니다. 미국적인 민주주의는 닮을 것이 하나도 없습니다. 요새는 필리버스터라고 자기가 싫어하는 안건이 나오면 발언권을 가지고 몇 시간, 며칠이나 발언합니다. 필리버스터 하게 되면 법안이 통과 안 됩니다. 그 필리버스터를 없애자 하는 법안이 통과 안 됩니다. 다수결도 제대로 안 되고 있지, 대통령 선거해서 100% 완전히 졌는데 승복을 안 합니다. 후진국 독재자들만 선거에 승복을 안 하는 줄 알았어요. 도널드 트럼프가 승복을 안 하고 앞으로도 영원히 안 할 거예요. 선거가 제대로 되었으면 승복해야 하는데, 제대로 안 됐다는 증거가 하나도 없습니다. 그래서 결론은 한국에서 미국을 따르지 마라, 실질적으로 미국을 따라가서 이득 될 게 하나도 없다는 이야기를 하려고 했습니다.

막스 베버 "미국 민주주의의 뿌리는 기독교 사상"

인문대학에 이데올로기를 만들어야 하는데 우리는 이데올로기를 어떻게 만들어야 하냐? 미국도 영국도 프랑스도 이데올로기를 만드는 시기에, 여러분 모두 다 아시는 사회과학의 큰 거장 마르크스 베버가 나옵니다. 독일인 막스 베버가 『프로테스탄트 윤리와 자본주의 정신』(spirit of capitalism)이라는 책에서 미국의 민주주의는 기독교가 없었다면 발생되지 않았다고 주장했습니다. 미국 민주주의는 기독교가 만들어내는 겁니다. 종교의 힘이 그렇게 셉니다. 하버드대학교에 청교도들이 가서 Harvard college를 만들어서 신학자를 배양했습니다. 그래서 종교 지도자들을 만들어 낸 것이 하버드 대학, 예일 대학이고 또 옥스퍼드도 그런 경향이 있습니다. 그런데 왜 그러냐 하면 정치 이념을 만들려고 하니까 사상적인 철학적인 역사적인 맥락이 있어야 되요.

남과 북의 이질성을 극복하고 동질성을 찾는 일이 우선

우리 통일정부를 얘기합시다. 통일정부에 이념을 만들려고 하면 내적인 외적인 맥락을 생각해야 합니다. 내적인 맥락이 뭐냐? 지금 남과 북이 가지고 있는 이질성을 이해하는 것이 내적인 맥락을 충분히 이해하는 것입니다. 그러나 정말로 중요한 것은 남과 북의 동질성을 우리가 건설적으로 생각을 해야 한다는 것입니다. 제가 지난번에 동질성 몇 가지 이야기했는데, 중요하기 때문에 반복합니다. 이게 없으면 우리 민족의 관습이 없습니다. 민족의 관습을 떠나서는 민족이 하는 이념을 만들 근거가 없습니다.

이념은 그 사회 문화 역사의 관습에서 나와야 합니다. 남과 북이 공히 가지고 있는 관습이 뭐냐? 이것을 찾기 전에 통일 안 됩니다. 통일해도 수박 겉핥기로 될 뿐입니다. 통일된 조국의 정치 이념을 창조해야 합니다. 모든 인권을 우리가 다 준수할 수 있는 목적을 가지고 그 목적을 향하는 데 우리가 가지고 있는, 물려받은 민족적인 관습을 우리가 충분히 활용해야 합니다. 막스 베버가 자본주의를 활용해서 민주주의가 나왔다고 하는 것처럼 우리는 통일된 나라의 완전한 이념을 만들기 위해서는 남과 북의 공통된 관습을 알아야 합니다. 그러니까 통일 문화가 있어야 합니다.

통일문화의 바탕: 사람, 양심, 정, 한, 겸양의 미덕

통일 문화 없이는 통일 이념이 나오지 않습니다. 통일 문화에 다섯 가지가 있습니다. 첫째, 사람 문화가 있습니다. '저 사람, 인간은 언제 되나.' 할 때의 사람이 있습니다. 사람을 중요하게 생각하는 것이 남과 북 우리 민족의 관습 중에 제일 중요한 것입니다. 그런 것을 보면 사람 된 사람을 지도자로 뽑아야 할 것 아닙니까? 돈만 있다고 '놈'을 지도자로 뽑을 수 있습니까? 사람 된 사람을 지도자로 뽑아야 합니다. 그렇다면 사람 됐다는 것이 무슨 의미이냐? 그 연구를 해서 정의를 만들어 내야 합니다. 어디에서? 평화대학에서, 통일대학에서 그 일을 해야 합니다. 그 다음에 우리 민족이 가지고 있는 '단군 문화'라고, 통일 문화를 '단군 문화'라고 한번 해봤습니다.

둘째는 우리 민족만큼 양심을 중요하게 생각하는 민족이 없습니다. '양심의 가책이 없나' '저 사람은 양심의 가책도 없어' 이런 표현은 가장 경멸하는 말입니다. 그렇지 않습니까? 그 양심이라는 것은 우리 민족 외에는 없습니다. 이러한 의미의 양심을 나타내는 외국 말이 없습니다. 절대 가치를 가지고 있는 것이 양심입니다. 변하지도 않고 진리성을 가지고 절대적으로 인류한테 군림하는 것이 양심이라는 것입니다. 조선과 한국에서 사는 사람들은 무슨 말인지 압니다.

셋째, 우리는 이념과 이론을 다 떠나서 '정(情)'의 민족입니다. 우리나라만큼 정이 있는 사람들이 없습니다. 굉장히 정이 깊지요. 사상과 이념이 다 달라도 동포라는 말이 같고 그렇기 때문에 서로 통해서 끌어안고 그렇지 않습니까? 문재인 전 대통령과 김정은 위원장이 서로 만나 판문점에서 끌어안고 평양에서도 백두산에서도 끌어안고 그랬는데 왜 그럽니까? 그 분들이 이념이 같습니까? 가치관이 같습니까? 요새 보면 가치관에는 천지 차이가 있지만 왜 그랬냐 하면 정이 있어서 끌어안습니다. 정이 생길 수밖에 없지요. 말이 통하거든요. 그게 우리가 가지고 있는 중요한 민족의 관습입니다.

넷째, 정 이외에도 '한(恨)'이 있습니다. 한은 풀지 않으면 풀려 지지 않습니다. 한을 푸는 것이 정치가 할 일이고 모든 사람이 해야 합니다. 한 맺힌 사람을 도와줘야 합니다. 지금 젊은 세대는 잘 모릅니다. 통일도 그렇고 이산가족 재회도 그렇고, 남의 일처럼 생각하는 것은 죄입니다. 요즘은 젊은 사람들 보면 통일에 관심이 없어요. 이산가족의 한을 조금 더 간접적으로나마 느낀다면 통일에 대한 열망을 버릴 수가 없습니다. 한이라는 것은 한을 풀기 이전에는 절대 풀리지 않습니다.

제가 중국에 이산가족을 찾아서 돌아다니면서 '이산가족인데 좀 찾아주시오' 해서 KBS 텔레비전 카메라를 가지고 시골을 찾아간 적이 있습니다. 옛날 카메라는 투피스이고 큽니다. 제가 자전거도 못 타는데 자전거에 싣고 가보니까, 웬걸 할아버지 한 분이 앉아 계시는데 연세가 구십은 되었겠어요. 이 분이 겨우 앉아 계세요. 그런데 제가 인터뷰하면서 연세가 어떻게 되시냐고 했더니 구십이 다 된 팔십 얼마라고 하십니다. "그런데 누구를 찾습니까, 가족이 누가 없습니까?" 했더니 아버지를 찾으신다고 해서 "아버지는 아직 살아계실 겁니까?" 하고 물었더니 "살아계시든가 돌아가셨든가 그건 문제가 안 됩니다. 돌아가셨으면 무덤에라도 가서 흙을 손가락으로 긁어 봤으면 한이 풀리겠다." 이 말씀을 하십니다. "한이 풀리겠다." "이산가족은 만나야지, 죽은 시체라도 만나야지 한이 풀린다."라는 말을 우리가 이해해야 합니다. 그래서 통일은 해야 합니다. 사람들의 '한'을 우리가 풀어줘야 합니다.

다섯째, 우리 민족은 겸양을 중요시하는 민족입니다. 자기를 낮추는 것에서 미덕을 찾는 민족입니다. 편지 끝에 누구누구 '올림', 누구누구 '드림' 이렇게 쓰지 않습니까? 제가 나이 좀 들어서 그런지 편지를 박한식 교수님께 쓰면서 자기 이름에 붙여서 '두 손 모음'이라고 표현합니다. 이것이 우리 민족의 미덕입니다. 자기를 낮추면 낮출수록 더 올라가요. 그게 우리 민족의 미덕이라는 것입니다. 그것은 북도 마찬가지고 남도 마찬가지고요.

미국은 안 그렇습니다. 내가 나를 낮추면 아무것도 못 얻어먹습니다. 제가 학교에 있을 때 학교 교수들 운영위원을 뽑는데, 저는 스스로를 위해서 투표한 적은 한 번도 없습니다. 그런데 매번 제가 한 표로 떨어져요. 다른 사람은 다 자기를 뽑고 나는 다른 사람을 찍으니, 나는 나를 한반도 안 찍었거든요. 이게 미덕이에요. 나는 여기에 대학 교수하면서도 한국 사람의 한국 민족의 미덕을 오늘날까지 지켜왔습니다.

민주주의에서 선거할 때 자기를 겸양하다고 낮춰보세요. 되는가? 민주주의식으로 선거하고 선거 운동하고 하는 것이 근본적으로 잘못됐다는 것을 우리가 알아야 합니다. 그러면 지도자를 어떻게 뽑을 것이냐? 우리가 아주 창조적으로 지도자 뽑는 방법을 만들어 내야 돼요. 자기가 자기 투표해달라고 나가지 말고, 이웃에서 천거하고 이렇게 하는 방법으로 창의적으로 하는 게 옳다고 생각합니다.

인문사회과학대학, 새로운 이념을 창조하는 곳

미국에서 온 제도가 다 옳은 것이 아니고 우리를 위해서 잘 되는 것도 아닙니다. 그러한 뜻에서 인문대학에서는 새로운 이념을 창조하자는 것 입니다. 이념이라는 것은 권력을 정당화 시키는 수단입니다. 지금 대한민국에서 하고 있는 미국적 민주주의로는 대한민국 정권을 정당화시킬 수도 없고 정당화시킨다고 해도 거기에 설득력과 권위가 없습니다. 대한민국은 이념이 결여된 궁핍한 나라입니다. 이념이 없는 나라입니다. 사람도 얼이 있어야 하고 가치관이 있어야 하고 도덕규범도 있어야 하고, 그래야 사람 구실을 하지 않습니까. 정치인은 더 할 것도 없습니다.

그래서 우리 민족의 관습에 맞는 '사랑관', '양심관', 한, 정, 겸양 이런 것을 중요하게 여기면서 창조하는 정치이념이 필요합니다. 여러분 들어보니까 가능하게 들리죠. 생각을 안 해서 그렇지 가능해요. 우리가 가능하다고 믿고 믿고 나가야 해요. 통일 문화라는 것은 이런 중요한 민족의 관습을 중요시하는 문화입니다. 이질성만 강조할 게 아니고 통일문화에서는 동질성을 숭상하는 문화여야 하고 이질성을 인정하되 우리가 변증법적인 철학으로 극복해야 한다, 이 정도는 우리 '사랑방'에서 이해해 주시기 바랍니다.

이질성을 긍정적으로 볼 수 있어야

우리가 경험은 비슷하게 해왔지만 남과 북이 너무 다르게 발전되었습니다. 이질성이 너무 노골화되어 있습니다. 이것을 우리가 슬프게 생각하지 말고 이질성을 긍정적으로 받아들이자는 것입니다. 우리나라 수반들이 과거에 그랬지 않았습니까? 심지어 박정희 전 대통령도 7.4 공동성명 할 때 보십시오. 이 체제와 이념이 달라도 우리는 민족적인 주체의식을 가지고 통일을 해야 한다고 7.4 공동성명도 그렇게 했습니다. 요즘도 다 그렇게 하지 않습니까? 김대중 대통령이 한 6·15공동선언 2항 좀 보십시오. 남과 북이 이렇게 '차이가 있는데도 불구하고'가 아니고, 차이가 있기 '때문에', 우리가 서로 용납을 해야 돼요. 또 용납하는 방법을 찾아야 해요. '있기 때문'이라는 표현이 좀 더 강하지요. '있는데도 불구하고'는 그건 피하려고 하는 거고, '있기 때문에', 즉 이질성이 있는 게 좋다는 것입니다.

이질성이 있어야죠. 예를 들어 전쟁 때 이질성이 있기 때문에 우리가 서로 싸우지 않았습니까? 그런데 전쟁 때 양민학살은 누가 당했습니까? 우리 민족이 다 양민학살을 당했습니다. 신천에서 3만 5천 명, 제주 4.3에서 몇 만명, 여수 순천 몇 만 명 되죠. 이렇게 우리 민족이 집단으로 학살당했어요.

죽음을 당했어요. 그 공동 경험이 대단합니다. 양민 학살 외에도 또 일본의 혹독한 식민정치에 희생된 사람 누굽니까? 남쪽 사람 북쪽 사람 똑같습니다.

남과 북이 손잡고 국제 문제에 공동 대처해야

그러니까 일본에 대해서 우리가 할 말이 있으면 남과 북이 손을 잡고 같은 목소리를 내자, 저는 그렇게 생각합니다. 독도 문제는 같이 대처할 문제라고 나아가야합니다. 후쿠시마 원전에서 방사능 오염수를 바다에다 버리는데 제일 가까운 나라 대한민국이, 또 가까운 나라 조선민주인민공화국 아닙니까? 우리가 손을 잡고 힘을 합해서 일본이 그렇게 못하게 해야 합니다. 그것도 하나 못하고 있습니다. 왜 못합니까? 생각이 없어서 그래요.

통일평화대학은 남과 북 두 국가의 공동프로젝트

그리고 또 우리 얘기가 나와서 그런데 통일 대학, 통일평화대학, 누가 만들어야 합니까? 누가 득 봅니까? 제가 얘기하는 방식으로 통일되면 남과 북이 원-원 해서 둘 다 득을 봅니다. 남과 북에게만 필요한 것이 아니고 인류가 필요한 것이 우리가 구상하는 대학입니다. 그것을 명심하시길 바랍니다. 왜 인류가 필요하냐? 인류가 지금 죽어가고 있고, 환경 문제도 난민문제도 해결할 방법이 없습니다. 과테말라에 미국의 해리스 부통령이 갔는데 피난민들 오는 걸 어떻게 합니까? 이스라엘 수상까지 또 바뀌는데, 변증법적으로 생각해서 이질과 이질을 조화시키는 것, 연방 식으로 하면 통일의 방법을 찾는 것이 가능합니다. 이스라엘 팔레스타인의 통합도 그러한 방식으로 할 수 있습니다. 연방 정부가 중간에 하나 있으면 좋습니다. 우리가 이걸 세상에 보여주자는 것입니다. 우리 같이 이렇게 큰 차이가 있는데도 극복하고 통일 국가를 만들지 않았느냐고 말입니다.

제3 국가, 제3 정부가 통일 정부입니다. 잘만 되면 우리가 감당 못할 만큼 자라날 겁니다. 사람들도 많이 와서 살고 싶어 하고 그럴 겁니다. 사랑하는 사람들이 모이는 방이 '사랑방' 아니겠어요. 사랑이라는 개념이 우리 민족의 얼에 깊이깊이 있습니다. 그래서 우리 '사랑방'에는 우리가 어떻게 하든지 사랑하는 마음으로 이렇게 모였고 앞으로 또 이런 이야기를 즐길 수 있는 사람 많이 부릅시다. 그래서 통일 운동을 밑에서부터 국민들, 인민들로부터 밑에서 위로 올리는 그런 통일이라야 됩니다. 이제는 눈치만 보고 윗사람이 좌지우지하는 것만 가지고는 절대 안 됩니다. 그 사람들은 기득권이 있습니다. 체제와 제도를 불문하고 기득권 지식을 수호하기 위해서 통일을 안 하려고 하는 심보가 다분히 있습니다. 그래서 통일을 원하고 이산가족의 한을 풀어주기를 원하는 우리들은 밑에서부터 해서 여론화시켜야 합니다. 국제 여론화시키면 어느 정부도 여론에는 굴복하게 됩니다. 여론 정치입니다. 인류 역사의 정치도 여론 정치입니다. 대한민국 통일 문화와 통일로 귀결되는 길도 여론에 의해서 된다는 것을 저는 의심치 않습니다.

17. 6·15 통일, 어떻게 실현할까?

6·15 통일, 왜 진척이 없을까?

'6·15 통일' 어떻게 실현할까? 그것을 쉽게 할 수 있으면 21년간 안 했겠어요. 21년간 진보 정권도 몇 번 있었고, 지금 현재도 그렇고 그런데 진전이 별로 없지 않습니까? 이제 여기에 대해서 제가 말씀드리죠. 우리가 6·15 다섯 항목을 읽어서 잘 알지만, 그 둘째 항목이 제일 중요합니다. 우리는 이질성을 가지고 있는 체제에 살지만 이걸 극복해서 대화도 하고 또 평화 만들기를 해야 된다 하는 건 굉장히 중요한 것입니다.

이질성이 있으면 과거에는 배척하고 악마화 시키고 파괴하고 이렇게 해야 된다고 생각했는데, 그것은 오랫동안 지속되어 있는 안보 문화 때문에 그렇습니다. 우리 분단은 안보 문화의 산물이며, 안보 문화가 분단을 지속시켜 왔습니다. 그런데 안보 문화로서는 안보조차 오지도 못한다는 걸 우리가 경험으로 알고 있으니 평화는 물론이고 안보조차 오지 않습니다. 그래서 우리는 좀 더 다른 차원에서 6·15를 읽어봐야 되겠습니다. 이런 생각을 가지고 우리가 같이 음미해 보겠습니다. 6·15 이전 오래전에 1972년 박정희 때, 이후락이 평양 가서 김영주를 만나서 회담도 하고, 또 김영주는 서울에 와서 또 이후락과 재차 만났는데, 그게 아마 1972년 5월에 일어났을 겁니다.

그런데 7월 4일 두 분이 두 체제를 대표해서 성명서를 발표했습니다. 그 성명서는 대부분 이제 누가 들어도 수긍할 수 있는 원칙론입니다. 북에서는 그 원칙론을 통일 원칙의 3대 원칙 자주통일, 평화통일, 민족통일로 했습니다. 7.4 공동성명에서도 그 세 가지 정신을 어떻게 했든 간에 다 받아들였습니다. 양쪽에서 우리는 자주적으로 해야 된다. 외세에 의해서 하는 게 아니고, 외세의 지배를 받지 않고 영향을 받지 않고 우리끼리 해야 된다고 자주적 정신을 나타냈습니다. 1972년 박정희 대통령 때 그게 나왔습니다.

그 다음에는 자주적으로 하고 무력으로 하지 않고 평화적으로 하자는 것이고, 그 다음에는 민족대단결이 있습니다. 민족적인 차원에서 사소한 차이점은 서로 극복하고, 차이점을 서로 배척하지 않고 서로 받아들이는 그런 정신으로 하자는 것입니다. 1972년에 왜 그렇게 했느냐? 그것은 타당성이 있기 때문입니다. 그 누가 반대할 사람이 어디 있습니까? 타당성이 극히 있는 성명서였습니다.

그런데 20년이 넘도록 그게 하나도 진전을 보지 않고 계속 남과 북은 그 반대로 가서 군사적인 주적이 돼가지고, 서로 파괴하는 제2의 전쟁이 또 다시 올 수도 있는 그런 험악한 상황에 우리가 놓여 있습니다. 왜 그러냐 하면, 우리 민족은 원칙을 좋아합니다. 그 원칙에 맞으면 수단 방법은 그냥 따라온다고 생각을 해요. 그거 아주 잘못된 겁니다. 남과 북 정상이 만나가지고 끌어안고 하면 통일되는 것처럼 생각해요. 원칙적으로 우리는 민족 통일을 자주 통일을 하자, 평화 통일을 하자는 겁니다. 거기에 대해서 누가 아무도 반대 안 하니까 통일된 것처럼 생각을 하거든요. 그게 20여 년을 이렇게 넘어오게 되는 겁니다.

제가 6·15를 특별히 중요하게 생각하는 것은 6·15가 원칙론을 넘어서 수단 방법을 제시했습니다. 이걸 우리가 분명히 알아야 됩니다. 6·15와 7.4

공동성명의 큰 차이점은 6·15는 원칙뿐만 아니고 수단 방법을 제시했습니다. 우리가 6·15를 중요하게 생각하고 실현해야 된다고 생각합니다. 그것도 6·15도 20년이 넘도록 아무 진전이 없습니다. 자기들이 합의한 연방제도와 연합제도가 공통점이 있기 때문에 그것을 우리가 토대로 해서 동의를 추구한다. 이렇게 합의했습니다.

그런데 공통점이 하나도 없습니다. 공통점이 있다고 생각하는 사람들은 공부를 덜 했거나 또 좀 거짓말을 했습니다. 정치적으로 거짓말을 했습니다. 연방제와 연합제는 공통점이 없습니다. 6·15 합의문을 영어로 쓰는 걸 보십시오. 영어로는 낮은 단계(Federation of Low Stage)입니다. 낮은 단계, 높은 단계는 빼버리세요. 그냥 연방(Federation)입니다. 그 대신에 남에서 제시한 것은 연합(Confederation)입니다.

앞에 Con이 들어가요. 컨페더레이션(Confederation)과 페더레이션(Federation)이 문서가 되어 세계로 다 나갔거든요. 세계에서 우리말로 된 것을 읽습니까? 그렇게 다 나가고 보니까 이 두 개는 합의하는 공통점이 하나도 없어요. 그것을 우리가 정확하게 알아야 됩니다. 페더레이션(Federation)이라는 것은 한 주권을 가지고 있는 정부입니다. 미국의 정부처럼 연방정부 (Federal Government)가 있죠. 그 다음에는 지방 조직들이 있는데 주권을 가진 정부들이 아닙니다. 그럴 때 이것을 페더레이션(Federation)이라고 그럽니다. 미국도 주가 13개 있다가 50개로 늘었지만 이 각 주들이 주권 국가들이 아니지 않습니까?

컨페더레이션(Conferderation)은 주권을 가진 국가들이 공동 목적을 위해서 편의상 만나 모인 것입니다. 통일을 지향하는 것은 연합(Condederation)이 아닙니다. 유엔 UN(United Nations)이 지금 연합(Confedration)인데 유엔 사무총장이 대통령이 되고 세계 정부가 될 가능성이 있습니까? 그런 전망이 보입니까? 전혀 없습니다. 그 이유도 마찬가지입니다. 유럽연합

(European Union)도 독립 국가들이 모여서 자기들이 필요한 경제적인, 정치적인 공동 프로젝트를 잘 성취하기 위해서 편의상 모인 그룹들입니다. EU는 헤어졌다가 모였다, 얼마든지 할 수 있습니다. 그것이 컨페더레이션(Confederation)입니다. 그런데 우리가 남쪽에서 제안한 것이 컨페더레이션(Confederation)입니다. 이것은 연방이 아니고 연합이라고 우리말로 번역을 합니다.

컨페더레이션(Confedration)에서는 주권 있는 정부가 나올 수가 없습니다. UN 사무총장이 어떤 세계 정부의 대통령이 될 가능성이 있습니까? 그렇게 뽑지도 않았고 그러니까 남쪽에서 가져온 "연합"은 통일을 하자는 하나의 제안이 아니고 분열되어 그냥 살자, 각각 독립국가로 영원토록 살자 하는, 통일을 위한 제안이 아니고 현 상태를 유지하는 분단된 상태를 유지하는 것을 합리화시키고 정당화시키고 현실화시키는 제안입니다. 그것이 남쪽에서 가져온 제안입니다.

연합제 통일방안으로는 통일국가를 만들 수 없다

북에서 가져온 낮은 단계의 연방은 왜 낮은 단계라고 그랬을까요? 미국도 연방 정부가 워싱턴에 있지 않습니까? 그 연방 정부가 주권 국가이기 때문에 지방 정부는 국가가 아닙니다. 연방 정부만 국가이기 때문에 군사권도 있고 외교권도 있고, 정치적으로 주권 국가이죠. 그런 주권 국가를 우리가 생각을 하면 북에서는 언젠가는 우리가 동일한 통합된 동일 국가를 만든다 하는 그런 복안을 가지고 있습니다. 반면에 남쪽에서는 통일의 길이 어떻게 보이는지, 어떻게 보고 있는지 제가 전혀 모르겠습니다. 6·15 공동성명 할 때 학자들도 수십 명 같이 따라가고 다 했는데 그 사람들은 그것을 모르겠어요?

연방(Federation)하고 연합(Confederation)을 모르겠어요? 사전을 보세요. 그건 분명히 구분됩니다. 웹스터 사전(Webster Dictionary)을 보세요. 그런 상황에서 수십 년 동안 학자들도 중요한 질문을 제기하지 못하고 있습니다. 통일 방안이 지금 없는 상황입니다. 문재인 정권 때는 통일 방안이 무엇인지 모르겠어요. 통일 방안은 없습니다. 너 좋고 나 좋고 우리 서로 잘 살면 되잖아? 잘 살면 물질적으로 잘 산다는 얘기입니다. 경제적으로 더 잘 살고 부유해진다는 얘기입니다. 그게 통일입니까? 통일이라는 거는 체제와 체제가 조화되는 것이지, 무슨 경제적인 이익을 서로 맞추는 그게 통일이 아닙니다. 통일이라는 것은 하나의 정통성을 가지고 있는 주권국가가 또 다른 그와 같은 주권국가간에 서로 합해서 한 국가로 되자고 하는 것, 그게 우리가 통일을 하자는 거 아닙니까? 그러면 어떻게 그렇게 갈 수 있겠느냐? 이걸 우리가 모색을 해야 되고 남은 남대로 북은 북대로 모색해야 되겠지만 남에서 특별히 모색을 해야 됩니다. 통일 방안이 6·15에 포함되어 있지 않다고 저는 생각합니다. 통일 방안이 있다고 하는 것은 거짓말이든가 무식의 소산입니다. 분명히 이해하시기 바랍니다.

그러면 이게 서로 공통점이 있다고 사료됐다면, 이것을 우리가 현실적으로 인정하려면 다시 해석을 해야 돼요. 남에서 얘기하는 연합제가 어떤 방법으로 해서 통일 국가가 될 수 있다거나, 혹은 통일 국가를 우리가 지향하지 아니한다고 하거나 그것도 아니면, 평화적으로 이렇게 살다 보면 통일 국가를 지향할 수 있는 단계가 올 터이니 그때 추구하자 그러든가, 정직하게 있는 그대로 얘기를 해야 됩니다. 이대로 평화적으로 가면 통일의 문이 열린다는 생각, 그건 거짓말입니다.

통일 문이 열려 있기는 하나요? 오히려 더 강하게 닫혀있죠. 지금처럼 우리가 역사에서 보는 것처럼, 그래서 우리는 역사 사실을 과학적으로 있는 그대로 해석을 하자는 것입니다. 연합제에 근거한 6·15 안에는 통일의 길이 없다는 것이지요. 물론 6·15 안에 통일의 길이 있습니다. 낮은 단계의 연방은 통일입니다. 통일의 길이 있습니다. 낮은 단계 연방제 안에는 통일국가가 있습니다. 그러나 남에서 얘기하는 것으로는 통일 국가가 있는 것을 인정하지 않습니다. 통일국가조차 없는 통일이 가능합니까? 그래서 저는 잠정적으로라도 통일을 위한 제3의 국가를 만들어야 된다고 생각합니다. 제3의 정부는 제1의 정부와 제2의 정부를 정반합으로 '합'시키는 그러한 모델인 제3의 정부입니다. 그 모델을 확장시키면 제1, 제2 정부가 여기에 흡수되는 거죠.

흡수 얘기를 합시다. 독일 통일을 흡수라고 그러는데 저는 흡수라고 생각하지 않습니다. 동독이 붕괴되었습니다. 그래서 서독에서 말하자면 통합시켰죠. 동독도 서독도 다 독립된 국가였습니다. 다른 국가에 흡수될 수가 없습니다. 자체가 붕괴돼야 됩니다. 북도 남의 경제가 좀 더 강하다고 해서 흡수된다고 생각하는 것은 무식의 소산이고 망상입니다. 흡수는 절대 되지 않습니다. 흡수되려고 하면 우리가 이론적으로 얘기를 하면 거기 망해야 됩니다. 북이 없어져야 됩니다. 그러면 남에서 북까지 조선반도 전체를 통합하는 정부를 만드는 거죠. 그것은 통일이지 흡수 통일은 아닙니다.

그런데 북이 붕괴할 가능성은 전혀 없습니다. 그러니까 흡수 통일의 가능성은 전혀 없습니다. 요즘 대한민국은 지성인들이나 정부 관계하는 사람들이나 다 독일식 통일을 꿈꾸고 있어요. 그것은 역사도 모르고 좀 분석적으로 동독과 북한을 잘 비교 하지도 못 했기 때문입니다. 또 독일의 민족성과 남과 북의 정치 신념 체계를 비교하지도 못했고 경제적으로도 비교하지도 못 했기 때문입니다. 동독은 서독에 비해서 6분의 1 밖에 안 됩니다. 얼마 되지 않았어요. 북은 인구가 더 작지만 면적은 2분의 1은 됩니다. 한국에게 독일 모델은 있지도 않고, 흡수통일이 되지도 않았습니다. 흡수통일이라는 것은 이론에도 없고 현실도 없습니다.

저는 한 학자로서 강력하게 말합니다. 동독이 서독에 흡수된 게 절대 아닙니다. 동독이 자체의 정통성을 유지하지 못해서입니다. 더구나 젊은 사람들의 '떠오르는 기대심'(Rising Expectation)이 급하게 상승하여 기대감을 만족시키지 못했기 때문입니다. 체제의 정통성이 없어져 동독이 파괴된 것입니다. 무너진 것입니다. 그 결과로 통일됐어요. 우리 반도에서 통일될 가능성이 독일식으로 된다고 생각하는 사람이 없어지길 바랍니다. 그러면 우리는 어떻게 해야 되나요? 우리 식 통일방안을 만들어야 됩니다.

우리식 통일은 평화의 패러다임에서 시작됩니다. 남과 북의 차이점을 우리가 인정하고 존중하고 경외감을 느끼고 그러면서 남과 북 사이에 우리가 조화될 수 있는 좀 더 높은 차원에서 조화될 수 있는 길을 모색해야 됩니다. 그래서 제가 누차 말씀드렸지만 변증법적인 조화라는 말을 사용하기를 즐거워합니다. 변증법적인 통일을 하면 남쪽은 '정'이고 북쪽은 '반'이고 통일정부는 '합'입니다. 이제 그런 식으로 우리가 찾아내야지 이론적으로 철학적으로 길이 보입니다. 그렇게 하면 이질성은 서로 극복하고 서로 배제하고 비난하고 경멸하고 하는 게 아니고 서로 인정하고 서로 같이 만나서 일하면서 차이점을 극복을 해야 됩니다. 초월을 해야 됩니다. 부정하는 게 아닙니다. 우리는 그럴 가능성이 얼마든지 있습니다.

이를 더 구체화하기 위해서 남북의 학자들이 만나야 합니다. 통일대학을 만들어 남과 북의 학자들이 그곳에서 만나 통일을 논의해야 합니다. 지금은 같이 만날 자리도 없습니다. 이제 남북통일 문제를 얘기하면서 남쪽 사람만 모여 얘기하고 북쪽 사람만 모여 얘기하면 타당합니까? 남북이 같이 만나야 합니다. 학교라는 신성한 울타리 안에서 만나야 합니다. 통일을 위해서 먼저 만들어야 되는 것이 바로 교육 기관입니다. 그건 제가 또 따로 말씀 다 드렸죠.

우리는 이제 두 체제가 이렇게 다른데, 서로의 체제를 알아야 됩니다. 남쪽은 북쪽과 어떻게 다른가? 북은 남과 우리와 어떻게 다른가? 이걸 알아야 됩니다. 서로 다르다는 것을 알고, 어떻게 하든지 흡수하고 관용해야 됩니다. 이것은 우리 마음대로 안 할 수도 없고, 안 해서도 안 됩니다. 관용하고 또 그것을 초월을 해서 더 높은 차원에서 공통점을 찾아야죠. 이것을 조화라고 하는데, 두 체제에 조화가 분명히 있습니다. 두 체제는 통합되지 아니하는 체질입니다. 이것은 논리적으로는 통합되지 않습니다. 지금까지 인류역사가 만들어낸 사회과학, 철학, 논리학에서 개인주의와 단체주의, 사유재산과 공유재산으로 대립됩니다. 우리가 평등과 자유를 조화시키는 방법은 없습니다.

그래서 그것을 조화시키는 방법을 우리가 창의적인 민족으로서 찾아내야 합니다. 우리만의 문제가 아니고 세계적으로 이런 문제로 허덕이는 민족들도 많습니다. 종교 분쟁 같은 것도 그렇습니다. 중동 같은 데서는 우리가 생각하는 조화를 그 사람들이 배워서 평화 창조에 실질적으로 이용할 수가 있습니다. 우리 두 체제가 서로 다르다는 걸 알아야 합니다. 그 다음에 다른 것을 초월한다는 것입니다. 같은 것은 권장을 해야 하는데 이것은 매우 중요합니다. 같은 점이 있어야 돼요. 통일을 하려면 같은 것에 기반을 둬야 합니다. 주로 정치 이념에서 많이 오죠. 민주주의나 공산주의나 이런 데서 많이 오죠. 우리는 같은 것이 정치 이념에 없습니다. 하나는 자본주의고 하나는 사회주의고 하나는 민주주의고 또 하나는 공산주의니까요. 말하자면 서로 공유하는 게 없습니다. 우리가 통일 정부를 위해서 새로운 습성과 새로운 이념을 우리 역사에서 발견 하고 또 지금 현재에서 창조를 해야 됩니다.

남북의 공통점 그것을 제가 몇 가지 말씀드렸죠. '사람관'이나 양심이나 홍익인간이나 이런 데서 찾아야 됩니다. 남북의 학자들이나 학생들이 우리가 가지고 있는 문화적인 유산이 무엇인지 서로 찾아가야 하고 또 강조를 시키고 또 거기에 맞는 생활 방법을 우리가 정당화시키고 확장을 시켜서 민족성을 우리가 풍부하게 해야 됩니다. 지금 민족성에 대해 말만 했지 내용은 없습니다. 우리가 6·15를 다시 정리하면서 생각해야 되는 것이 통일 문화입니다. 통일 문화를 새로 창조하고 또 과거에 있는 문화는 거기에서 사용할만한 건 자랑스럽게 발견을 해야 됩니다.

돈이 있으면 제일인가? 권력이 있으면 제일인가? 이 말은 성립이 되지만 나이 많으면 제일인가? 이 말은 우리 문화에 성립이 안 됩니다. 왜냐하면 우리의 관습에는 연세가 많은 이런 분들을 존중하는 그런 습성이 있습니다. 이제 그런 건 중요한 것입니다. 그래서 우리가 우리 습성에 맞게 또 남과 북의 이질성을 조화시키는 결과를 가지고 새로운 통치 이념을 또 문화를 창조해 통일 문화와 통일 통치 이념을 만들어 내야 됩니다. 그거 얼마나 급한 일이고 또 중요한 일인지 모릅니다. 학자들은 그 일을 해야 됩니다. 학생들도 그것을 연구 하고 또 고민을 하고 논문도 쓰고, 지도도 받고 토론을 많이 해야 됩니다.

그래서 이제 그렇게 함으로써 6·15 정신을 그대로 살리자는 것입니다. 6·15 정신이라는 것은 둘이 같이 해서 이질성을 서로 받아들이고 극복해서 나가자는 것입니다. 이거 아닙니까? 이것이라고 우리가 해석을 할 수밖에 없습니다. 통일하지 말자는 것이 남쪽에서 제안 한 국가연합이라는 것입니다. 6·15는 없어지는 게 아닙니다. 그 원칙은 살아있으니까, 그 원칙의 수단을 우리가 달리 해야 됩니다.

두 개의 정부가 지금 첨예하게 대결하고 있습니다. 그런데 여기에서 제가 하나 더 정부를 넣어야 된다 하는 것은 정부 주권의 정부가 아직 아니고 통일을 위한 하나의 제도입니다. 연합의 체제라는 것이 어떤 목적을 위해서 편의상 만들었다고 하면 일맥상통한 점이 있죠. 두 체제가 서로 이해를 잘 하고 또 이해하는 중에 장점을 좀 봐줘야 됩니다. 제3의 정부는 두 정부를 조화시킨 더 완전한 정반합의 합입니다. 완전한 사회를 우리가 지향해야 됩니다. 완전한 사회는 인간이 살 수 있는 낙원이죠. 거기는 환경 문제도 없고 에너지 문제도 없습니다. 거기에는 범죄도 없고 전염병도 없고 전쟁도 안 합니다. 이런 나라를 우리가 제3 정부에서 만들어야 됩니다.

제3 정부가 하나의 정치 체제로 있어야 됩니다. 그건 규모가 아무리 작더라도 지상낙원을 만들어야 합니다. 모든 것을 공유할 것은 공유하고 자유할 것은 자유하고, 인간이 꼭 필요한 건 공유를 해야 됩니다. 공유하지 않으면 인권이, 생존권이 박탈됩니다. 그래서 북에서 잘하는 것도 많지만 그중에 특별히 잘 하는 것은 생존권을 법에서는 보장을 해주지 않습니까? 남에서는 그게 없습니다. 생존권의 보장이 안 됩니다. 그래서 세계에서 몇째 가는 자살 비율이 계속 있지 않습니까?

그래서 우리 잘못된 건 인정하고 잘 되는 것은 상대방에서 배워야 됩니다. 제가 언제 평양 갔다가 오면서 서울 가서 강연을 한 적이 있어요. 이렇게 얘기했어요. "한 가지라도 좋은 점을 찾아가지고 칭찬을 해줘야 됩니다." 그러니까 한 사람이 손을 들고 물었어요. "교수님 북에서 칭찬해야 하는 잘하는 것 하나만 있으면 가르쳐 주십시오. 하나도 없습니다." 그래서 제가 북에서 제가 어제 호텔에서 나오면서 대동강에서 잡은 고기를 가지고 회를 떠먹었다는 얘기를 했어요. "우리 한강에서 그렇게 할 수 있습니까?" 그랬습니다. "그건 좋은 점 아닙니까?" 그 다음에 그 사람이 한 마디도 안하더군요.

우리가 생활에 있어서 식의주, 의식주 문제에 대해서는 북이 잘하는 것을 우리가 인정을 해야 됩니다. 그 대신 남이 잘하는 것도 인정을 해야 돼요. 과학 발달이나 경제 성장에 있어서 정당한 기술 개발이나 시장 개발로서 남이 경제 성장하는 것은 북에서 인정을 해줘야 됩니다. 그래서 남북이 서로서로 앉아가지고 장단점을 서로 솔직하게 인정해야하죠. 남과 북의 연방제도, 정반합의 제3 정부의 핵심을 제가 얘기하는 개성의 통일대학교에서 모여서 얘기해야 합니다. 통일된 제3 정부의 헌법을 이 학교에서 만들어 내야 합니다. 헌법 만드는 것은 아이디어만 있으면 그렇게 어렵지 않습니다. 제가 그 초안을 한번 시도하고 있습니다.

헌법 공명은 어떻게 하고, 재산은 어떻게 하며 사유재산과 공유 재산은 어떻게 하고, 분배의 정의는 어떻게 우리가 실현해야 하는가? 개념정의를 하면서 또 어떻게 이걸 실현시키느냐 하는 분배의 정의가 제일 중요합니다. 분배의 정의 문제 때문에 경제학이 있고 또 정치학이 있고 그렇지 않습니까? 그래서 우리가 이런 걸해서 세상 사람들이 우리한테 배울 수 있는 그런 통일의 길을 모색하고 보여줘야 됩니다. 그래서 이제 이렇게 하는 가운데 우리가 인류 역사에서 지금 필요한 문화혁명이 필요합니다. 이 문화혁명에 대한민국과 조선민주인민공화국이 손을 잡고 앞장을 서야 된다고 생각합니다. 왜냐하면 이것저것 다 경험해봤고 좋은 거 나쁜 거 다 알고 있으니까 우리가 세계 문화혁명의 엘리트가 돼 가지고 앞장서야 됩니다.

그건 뭐 요즘은 여러 가지 홍보 기관도 있고 또 우리가 통신할 수 있는 언론 기관도 옛날 것도 있지만, 새로 나오는 기술에 의한 언론 도구도 얼마든지 있으니까요. 중국에서 문화혁명이라는 얘기를 듣고 했지만, 그런 종류의 정치적인 술수가 아니고 인류가 살기 위해서는 이런 혁명을 우리가 하지 않으면 인류가 망합니다. 그래서 이제 세계 문화혁명을 앞장서는 그러한 일을 만드는 정반합의 그 사회에서 제3의 정부가 규모는 크지 않더라도 모든 에너지는 자연에서 나오도록 해야겠지요.

그리고 전부 평화 패러다임에서 서로 시기 질투, 주적이니 이런 게 없고 서로가 서로에 대한 공포도 없고 신뢰가 있는 이런 사회를 만들어보세요. 그게 어렵지 않습니다. 왜냐하면 그렇지 않은 사회가 우리를 엄습하고 있기 때문에 우리는 옳게 생각하면 마음이 편하고 또 길이 열립니다. 꼭 해 주시기 바랍니다. 6·15가 미흡한 것, 6·15가 통일의 개념이 잘 없는 것은 주로 남쪽 분들이 그것을 고쳐야 됩니다. 낮은 단계 연방제밖에 없습니다. 연합제는 통일의 방안이 아니기 때문에 제외를 하고 6·15 때 합의한 낮은 단계의 연방제로 통일하자고 합의한 거라고 저는 보아집니다.

그렇게 보는 것이 마음에 안 들면 남쪽에 있는 분들이 그렇지 않은 이론으로 통일의 길을 만들어 내야 됩니다. 그래서 낮은 단계의 연방제라는 것은 국방력과 군사력이죠. 과학 외교 분야만 빼면 지방 정부에서 많이 합니다. 그런데 우리는 왜 낮은 단계가 되냐? 이런 얘기를 하면 국방과 외교를 연방 정부는 가질 수가 없습니다. 앞으로 서서히 그렇게 진전이 돼서 제3 정부는 결국 하나의 정부가 되는 시발점이라고 봅니다. 제3 정부가 확정이 되고 또 남에서 받아들이면 제3 정부가 하나의 정부가 되는 날 그것이 진정으로 통일된 우리 조국입니다.

그러한 통일을 이론적으로는 우리가 얼마든지 정당화시킬 수 있고 또 길을 모색할 수 있습니다. 그게 현실화되느냐 저는 생각이 있어요. 생각보다는 훨씬 쉽게 빠르게 현실화된다고 생각합니다. 왜냐하면 첫째, 둘째 '정반'의 정치제도에서 또 경제 구조에서 모순이 또 많습니다. 그러니까 '합'에서는 이 모순을 지양해서 더 완전한 분배의 정의, 더 완전한 정치의 정통성을 우리가 이념적으로 만들면 그게 6·15가 지향하는 바로서 당장 해야 될 일이라고 생각합니다.

지금 6·15 문서를 보고 뭘 해야 될지 모릅니다. 대통령도 그렇고 지도자들도 무엇을 해야 될지 모릅니다. 왜냐하면 무엇을 하라는 것이 시사 되어 있지 않아요. 그것을 함축(imply)하지도 않았습니다. 그러니까 6·15는 통일 선언이 아닙니다. 그래서 새 정부에서는 다시 국가 회담을 통해 통일 선언으로 만들어야 합니다.

18. 독일식 통일 가능한가?

■ 독일 베를린 장벽이 무너질 때 제가 베를린에 가서 벽돌을 하나 들고 왔습니다. 벽돌은 베를린 장벽 자체예요. 독일식 통일이 우리에게 가능한가에 대한 교수님의 혜안을 듣도록 하겠습니다. 뜨거운 박수로 맞아주세요.

우리 민족의 염원이고 꿈에도 잊지 못하는 것이 통일인데 요즘에 와서 통일 불필요론을 제시하는 학자들도 있고, 그 중에는 더구나 젊은 사람들도 있습니다. 그것은 근본적으로 다시 생각해야 된다고 생각합니다. 통일의 당위성, 통일의 필연성, 이런 문제는 벌써 몇 차례 우리 얘기했는데, 그런 명제 밑에서 제 말씀을 들어주시기 바랍니다.

한국의 누구든지 여야 할 것 없이 독일 통일에 대해서 선망을 하고 독일 통일이 우리한테 주는 지침이 살아있는 거라고 생각합니다. 우리는 독일통일에서 많이 배워야 된다고요. 그래서 이명박 대통령, 박근혜 대통령, 문재인 대통령이 다 임기 중에 독일부터 먼저 가서 강연도 하고, 독일통일을 칭찬도 하고 축하도 하고 그랬죠. 야당뿐만 아니라 여당도 그렇고 다 독일통일은 바람직하다고, 이렇게 생각을 많이 하는 것 같아요. 그래서 오늘은 그것을 분석적으로 비판하며 새 길을 모색해보고자 합니다.

독일통일이 곧 한마디로 얘기해서 흡수통일이라고 생각을 모두 하고 있습니다. 그러니까 경제력이 없고 정치적으로 고립되고 더구나 정치적으로는 민주주의에 강압되고 있는, 민주주의를 선호하는 동독사람들이 동독을 이탈하고 서독에 오기 때문에 동독은 경제적으로도 붕괴되고, 정치적으로도 정통성이 없어지고 그리하여 실질적으로 많은 사람들이 보따리를 싸고, 서독으로 살기 좋은 나라로 부자나라로 오려고 해서 독일통일이라는 게 형성 되었다는 그런 모습을 다 생각하고 있습니다. 그런데 실질적으로 그런 게 아닙니다.

실질적으로 동독의 유래는 이렇습니다. 독일이 2차 대전에서 패배함으로써, 전패국으로서 전승국 네 나라가 독일을 분담해서 전후처리를 하게 되었습니다. 독일 국가도 네 등분으로 했지만 베를린 자체를 네 정부로 했습니다. 그래서 다 갈라서 통일 이후의 독일을 살펴봐야 됩니다. 독일 분단이 1949년에 되어 버렸습니다. 소련이 땅을 제일 많이 가졌습니다. 4분의 1일을 가져야 되는데 3분의 1쯤 소련이 가지게 했습니다. 왜냐하면 나치를 물리치는데 소련군들이 제일 맹활약 했고 희생자가 많았습니다. 그래서 얄타회담, 포츠담회담 이런데서 스탈린이 온 것을 칭찬해주면서 땅을 더 주었어요. 그래서 동독은 소련이 받은 땅을 가지고 만들어졌습니다. 그 땅이 독일 전체의 3분의 1쯤이예요. 3분의 2는 자본주의 국가로 된 세 나라가 지도하게 만들었습니다.

그런데 독일이 어떤 독일이냐? 어떤 독일이 히틀러를 만들었는가? 히틀러를 탄생시킨 것은 독일 역사에 오점이지만 독일은 통일국가로서 방대한 국가였습니다. 그리고 그 국가를 책임진 사람이 비스마르크라는 사람입니다. 그 사람이 1870~90년 한 20년 동안 독일 통일을 이룩했습니다. 통일하기 전에는 각 행정구역의 지방정부가 굉장히 많았습니다. 비스마르크가 독일 전체에 39개의 지방정부를 통일 시켰습니다. 1, 2차 대전 지나고 히틀러가 나와서 저렇게 됐습니다.

그래서 이제 독일이 분단되기 전에 우리가 알아야 될 것은 연방제도였습니다. 지방정부가 많고 40개 가까운 지방정부가 있고, 그중에 통합하는 과정에서 소위 오스트리아 같은 나라들이 있습니다. 그러나 39개라는 많은 지방정부를 비스마르크가 통일시켰습니다. 그게 독일 분단, 분단 전의 통일의 모습이었습니다. 그때는 무엇이었느냐? 미국의 50개 주처럼 지방정부구역이었습니다. 그때부터 지금까지 서독에서 독일의 연방정부(페더랄)가 들어갑니다. 연방정부를 우리가 알아야 됩니다. 연방정부가 그렇게 있다가 동독으로 갈라졌는데 동독에서 가져간 땅을 5개 주로, 국가로 나누었습니다. 그 5개 국가 이름은 기억 못합니다만 동독을 만들었지요. 동독이 그렇게 하다가 통일을 하는데 동독은 소련에 들어와서 전체적인 사회주의, 공산주의를 강요시켰지요.

그런데 독일은 나라마다 계승이 있지요. 독일은 지방색도 강하고 기독교가 굉장히 강한 나라입니다. 그래서 기독교파, 교파에서 파생이 돼서 지방정부역할도 하고 통일을 하면서 선거를 했는데, 기독교민주당이 동독정권을 잡게 되어 의회의 결정으로 중앙정부를 해체했습니다. 그러나 5개의 지방정부는 그때 있었습니다. 서독에서는 10개의 지방정부가 있었어요. 10개의 지방정부하고 5개 하고 15개, 베를린을 특별구역으로 해서 16개 지방정부가 있는 연방정부가 오늘의 독일입니다. 그것을 우리가 알아야 되는데 우리는 연합이라는 게 어디서 나왔는지 아직도 모르겠어요.

연합이라는 게 통일정책이 아닙니다. 독립된 국가들이 같이 모여서 공동목적을 위해서 협력하는 그런 국제적인 조직이 연합이지, 연방은 아닙니다. 그런데 독일통일을 원하는 대한민국 지도자들이 왜 연방정부를 하지 않았느냐? 굉장히 간단히 연방정부를 했으면 6·15 연합은 말할 필요도 없는데 제가 볼 때는 국가보안법, 반공법이 나옵니다. 고려연방제라는 말은 1970년경에 붙었지만 제일 처음 연방제를 사용한 것은 1960년에 그해 김일성 주석이 우리 통일은 연방 식으로 해야 되겠다고 생각했습니다. 1960년이 언제입니까? 조선은 상대적으로 남쪽과 비교할 때 많이 비교되고 정치적으로 안착되고 상당히 발전됐습니다. 그때 우리는 연방으로 해야 되겠다 하는 것을 김 주석이 얘기했어요. 그 후에 1970년, 1980년 지금까지 연방을 해야 되겠다 했습니다. 그런데 왜 대한민국은 왜 안했냐? 북에서 하는 말을 하면 잡혀가요. 지금도 연방정부하면 여당이나 야당이나 친절하게 봐주지 않습니다. 그런 것 때문에 아주 부당하고 필요 없는 반공법이랄까? 이거 때문에 통일을 못하게 되어 있어요. 통일을 하는데 연방정부가 유일한 방법이면 독일식도 연방정부도 가능한 연방정부 밖에 없습니다. 연합정부라는 것은 말이 안돼요.

독일의 진짜 정권이 된 것은 연방정부입니다. 독일은 민족성이 굉장히 강합니다. 동독과 서독이 민족주의나 이념적으로 대립되지 않았습니다. 경제 질서 같은 것은 사회주의, 공산주의 경제 질서와 자본주의 경제 질서가 대립되지요. 그런데 그것 때문에 우리가 얘기하는 반공법이나 법을 제정해서 서독사람들이 동독을 규탄하고 악마화 하고 그런 적은 전혀 없습니다. 그래서 이제 동독이 통일이 된 것도 서독이 원조를 많이 했지요. 원조와 흡수는 다른 것입니다. 남쪽 대한민국이 미국의 원조를 많이 받았고, 그랬다고 해서 미국한테 흡수가 돼서 대한민국이 없어졌습니까? 그렇지 않습니다. 우리가 동독과 서독을 볼 때 동독도 엄연한 주권국가로서 자기들이 결정해서 자기들이 중앙정부를 해체시켜서 서독과 통합하도록 이렇게 한 것입니다.

동독이 흡수된 것이 아니고 붕괴되었다라고 꼭 이렇게 얘기하고 싶습니다. 체제는 어떻게 붕괴되느냐하면, 체제가 세 가지 중에 하나만 결여되면 붕괴됩니다. 첫째는 사람들이 있어야 되요. 예를 들어서 동독사람들이 보따리 싸서 서독으로 가면 붕괴됩니다. 그렇게 되면 흡수통일이라는 말을 써도 괜찮을 뻔했어요. 둘째 필요한 것은 땅이 있어야 됩니다. 동독 땅이 독일 전체의 3분의 1을 차지하는 아주 큰 땅을 차지하고 있습니다. 인구가 있고 땅이 있고 정치이념, 통치이념이 있어야 됩니다. 그것은 통치이념 문제 때문에 독일이 저렇게 된 것입니다. 통치이념이 소련에서 가져온 것뿐이었습니다. 독일이 가지고 있는 정치이념을 동독에서 실현한 것이 아니고 소련에서 가져온 공산주의를 소련식으로 받아들이니까 거기에는 조화가 안 되었습니다. 그래서 소련이 강압적으로 군사적으로 통치를 하다가 소련 자체가 붕괴의 길에 들어가니까 동독도 자기가 잡고 있는 그 소련이 붕괴의 길에 들어갔으니까 자기도 살 길이 없지요. 동독도, 거기에다가 사회주의는 경제성장이 잘 안됩니다. 사회주의는 분배의 정의를 위해서 만든 이념이고 자본주의는 성장을 위해서 만들었습니다. 성장을 시키려고 하면 자본주의를 해야지 사회주의는 안 됩니다. 그 성장하는 과정에서 내재적인 모순이 생겨서 평등을 도모하자, 분배의 정의를 도모하자, 이럴 때는 사회주의가 훨씬 편리하고 좋습니다. 독일은 그런 상황에 처하지 않았습니다. 자본주의적인 국제경제는 그냥 했지요. 올림픽게임도 그렇고, 모든 것이 그래서 그런 사회가 자기자체적인 모순, 정통성을 유지할 수 없는 모순, 발전을 못하게 하는 모순, 그것 때문에 동독이 국민들한테 지지를 못 받게 되었습니다. 그래서 붕괴되었습니다.

독일식으로 생각한다면 조선이 붕괴되어야 합니다. 붕괴되고 나서 통합시키는 것이 독일식이고, 그것도 연방 식으로 해야 됩니다. 지방정부를 가지고, 지금 연방 식으로도 안하려고 하면서, 북의 붕괴를 종용하려고 하지만 햇볕정책 등으로 하려고 하다가 실패했지요. 북조선이 붕괴될 것 같습니까? 경제가 어려워서 붕괴될 것 같습니까? 절대 어려워서 붕괴되지 않습니다. 이런 상황에서 붕괴 안 되면 통일이 없다, 통일을 버려야 한다, 이것이 대한민국의 입장입니다. 그런데 그렇다고 얘기는 안하지요. 그러니까 국민들을 기만하고 있습니다. 통일할 의사가 없어요. 자기들의 기득권을 유지해야 되니까요. 기득권은 정치적인 것도 있고, 경제적인 것도 있고, 의식적인 것도 있습니다. 여러 가지 기득권이 있는데, 기득권을 유지하기 위해서 통일을 원하지 않습니다. 제가 잘 아는 지도급 사람들도 자기 기득권을 포기하면서 통일을 추구할 그런 의사는 없습니다. 그래서 우리는 기득권에 얽매어 있는 사람들이 남쪽 정부를 이끌고 있습니다. 북쪽 사회가 붕괴된다고 하는 것은 이념이 없어지던가, 인구가 보따리 싸고 남쪽으로 넘어오던가, 땅이 없어지던가, 이렇게 되어야 붕괴되는 것입니다. 그런 식으로 붕괴될 가능성은 이론에도 없고 실질적으로는 더욱 더 없습니다. 그러면 통일은 영영 포기해야 되는데, 정부는 왜 국민들을 기만하고 있느냐? 저는 그렇게 불만을 가지고 있습니다.

독일모델을 우리가 추구하려고 하니까 우리가 추구하는 연합모델이 아니라고 남쪽 정부가 우리도 낮은 단계라든지 우리식이라고 하든지, 우리식 연방제를 제시하라 이거예요. 연방이라는 이름을 쓸 수 없다고 하면 다른 이름을 쓰지, 연합이라는 이름은 취소해야 됩니다. 연합을 잡고 있으면 통일의 길이 열렸다가 막힙니다.

우리가 우리식 통일을 만들어야 됩니다. 외부에서 가지고 오려고 하면 가까운 사례가 베트남통일입니다. 독일통일이 아닙니다. 베트남전쟁에 미국이 남쪽을 지원한 것처럼 한국도 지원도 하고 많은 사람들이 생명을 잃었잖습니까? 월남적인 사회주의적, 민족주의, 거기선 호치민이라는 사람이 민족주의자 거장입니다. 북에서는 김일성 주석을 생각하는 것처럼, 호치민을 월북에서 월남에서 생각해야 됩니다. 그래서 이제 전쟁을 해가지고 무력통일이 된 게 아닙니다. 무력통일이란 게 이제는 있을 수 없습니다. 인민들의 지지를 안 받으면 무력통일이 안됩니다. 아프가니스탄을 보십시오. 일반 사람들의 지지를 못 받아서 그런 거 아닙니까? 탈레반은 인민들의 지지를 받았기 때문에 하루아침에 정권이 넘어갔지 않습니까? 그래서 월남은 무력통일하면 미국을 당할 나라가 없습니다. 그런데 미국이 무력통일로 목적을 달성하는 나라가 아닙니다. 무력통일은 이제 강 건너 갔어요. 무력통일 누가해도 북에서 현대무기를 만들고 하면 무력적 통일 그것도 안 됩니다.

평화통일을 해야 되는데 평화통일을 우리가 어떻게 해야 되느냐? 우리 모델을 만들어야 됩니다. 저는 철저하게 이질은 초월하고 동질은 권장해서 통일문화를 창조해야 된다고 생각합니다. 남과 북에서, 남은 남대로 북은 북대로, 같이 손잡고 하면 더 좋고, 통일문화를 만들어야 됩니다. 제가 며칠 전에 한겨레에서 하는 통일문화상을 받았습니다. 통일문화라는 것이 굉장히 중요한데 통일문화 없이는 통일이 안 됩니다. 통일문화 없이 통일이념이 나올 데가 없습니다. 대한민국과 조선민주주의 인민공화국의 의무교육에서 통일문화를 가르쳐야 됩니다. 그 통일문화, 평화문화를 가르쳐야 되는 것이지요.

이질과 이질을 우리가 받아들이자는 것입니다. 제가 좋아하는 논리인 변증법적 논리로, 역설적인 논리로. 받아들이면 서로 통합니다. 그래서 더 중요한 것은 우리는 동질성을 발견해야 되요. 우리 민족의 동질성을 발견해야 되는데 제가 어제 8시간 소비해서 오징어게임을 봤습니다. 그것을 보니까 그게 우리 민족성이 있어요. 거기에, 중요한 민족성 중에 하나가 체면문화, 우리는 체면을 위해서 사는 사람들입니다. 체면은 남의 눈이어요. 다른 사람의 눈이 그렇게 중요합니다. 다른 사람이 나를 어떻게 평가하느냐? 그게 굉장히 중요합니다. 이게 우리민족의 중요한 동질성입니다.

또 어떻게 보면 우리 민족은 옛날에 왕권도 있고 계급도 있고 했지만 평등을 추구하는 민족, 평등의 큰 가치를 두는 면이 있습니다. 그래서 우리가 평등한 가치를 추구한 다는 것은 곧 사회를 정의롭게 한다는 얘기입니다. 그래서 남과 북이 각각 가지고 있는 자기의 모순, 자기 자체의 취약점을 서로 고쳐야 됩니다. 북에 대한민국을 보여주면서 이렇다, 또 북에서는 남에 보여주면서 우리 잘하는 게 있다, 그래서 서로 잘하는 것을 인정하고 서로 인정하자고 그러는데 그 말은 자꾸 해요. 서로 차이점을 인정하자. 차이점을 인정하는 게 뭐냐? 긍정적으로 보자, 칭찬을 하자, 이거예요. 긍정적인 면을 봐주자. 북에서 경제, 말하자면 분배의 정의를 보십시오. 거기에 부자도 없고 그렇게 가난한 사람도 없습니다. 그래서 평등하게 살아갑니다. 평등하지 않으면 많은 사람들이 죽습니다. 그래서 그것은 아주 잘하는 것입니다. 새로운 통일된 연방정부를 만들어야 됩니다. 연방정부를 규모가 작던 허술하든 만들어야 합니다. 낮은 단계의 연방제니까 어려운 게 없습니다. 외교나 안보 이런 것은 연방정부에서 하는 게 아니고 평양과 서울에서 각각 하면 되고, 또한 유엔 각각의 멤버로 하고 과도정부에서 필요한 것입니다.

다음은 분배의 정의입니다. 분배는 모든 가치를 분배를 해야 되거든요. 저는 학자로서 단편적으로 이렇게 생각합니다. 지구를 사람이 협소하게 만들 수 있습니까? 확장시킬 수 있습니까? 공공자산은 사유재산하면 안됩니다. 그 대신에 공동자산을 공유해야 되고, 사유를 해야 되는 것은 또 사유를 해야 됩니다. 인간의 창조나 과학에서 만들어낸 여러 가지 지식이나 이런 것은 사유를 해야지 거기서 창의성도 생기고 좋습니다. 이런 얘기를 꼭 하고 싶습니다. 통일정부에서는 부동산을 사유재산으로 하지 않도록 해야 됩니다. 않도록 해야지 남쪽에서 본 여러 가지 비행과 부정과 부패가 하루아침에 없어집니다.

제3체제가 있는 연방정부에서라도 과도정부에서 부동산은 사유화되지 않도록 해야 됩니다. 어린애가 나면 제일 원하는 게 뭡니까? 엄마 젖입니다. 젖을 안주면 웁니다. 젖만 주면 잡니다. 제가 대학원에서 공부할 때 우리 아이들이 태어나서 아이들이 울고 하면 우유만 주면 배가 불러서 자고 아주 좋다고 그러는데 그런 상황이 오래가지 않습니다. 배고프고 신체가 물리적으로 불편하고 이런 것만 없으면 울지 않습니다. 그러다가 또 웁니다. 엄마가 옆에 없으면 웁니다. 엄마나 누가 옆에 있어야 되요. 사람 손이 몸에 닿아야 아이들이 안 웁니다. 그런 단계가 와요. 그거는 사회가 필요하다는 것입니다. 인간은 살기 위해서 먹고 입어야 되지만 사회가 필요합니다. 남들이 필요합니다. 가정에서부터 시작합니다. 그래서 남들이 만드는 것이 교육이고 사회화되는 것입니다. 남을 내 삶에 불가결한 존재로, 나 자신의 존재를 남을 통해서 이해하고 이해를 시키고 하는 것이 중요합니다. 그래서 아이들 보면 우유 달라고 했다가 우유주면 자다가 그래도 울면 엄마가 안으면 그만 그치지 않아요? 그게 다 그렇습니다. 그게 어떤 단계냐 하면 아이가 장난감을 원해요. 화려한 환경을 원한다고요. 장난감을 원하지 않는 어린 아이를 가진 나라는 없습니다. 어린아이라고 하면 장난감이어요. 장난감을 사주고 만들어 주고 하면 그것을 만족하는 것이 아니고 더 나은 장난감, 더 많은 장난감을 달라고 그런다고요. 여기에서 장난감까지는 인간의 욕구입니다. 그래야 행복하게 살 수가 있습니다. 그런데 더 많이 달라고 하면 상대적으로 더 많이 주지 않으면 우는 그런 단계가 오면 문제입니다.

그런 단계가 오면 사람이 그렇게 발전 안하도록 교육시키고 노력해야 됩니다. 상대적으로 우월한 위치에 있어야 만족을 하는 이런 사회는 우리가 될수록 피해야 됩니다. 그러나 지금 서구에서 개발된 여러 가지 경제성장 이런 것을 볼 때 소비생활을 볼 때, 그냥 장난감이거든요? 자동차에 골프클럽에, 비행기까지 이거 다 장난감이어요. 장난감을 요구하는 데에 있어 다른 사람들보다 더 많은 것을 갖고 싶다고 하는 그런 의식을 조성시켜서는 안 됩니다. 그래서 인간의 욕구와 욕망, 남보다 더 가지고 싶은 것은 욕망이고, 먹고 싶고 부모가 있어야 되고 장난감을 요구하는 그것은 욕구입니다.

욕구와 욕망을 구분을 해서 이념을 만들어야 합니다. 욕구에 해당하는 것은 인권입니다. 사회주의라고 해서 나쁘다고 이렇게 보면 안 됩니다. 자본주의는 아주 기본적인 욕구를 충족시키는데 부족한 정치이념이고 제도입니다. 예컨대 사회정의, 이런 것을 하고, 그다음에는 좋은 나라에는 한 가지 더 있어야 됩니다. 제가 말씀드리는 인권 중에 6가지 인권을 말씀드렸습니다. 그 중에 제일 중요한 게 생존권, 더불어 같이 사는 권, 선택권, 평등권, 국가를 가질 수 있는 권한인 국가권, 주권이 있습니다. 이런 것을 우리가 우리 새 정부, 통일정부에서는 완전한 인권이 준수 되는 사회로 만들면 좋겠습니다. 이런 것을 포함시킨 이념을 통일정부 통일체제의 우리식 이념이라고 이름을 붙여도 좋습니다. 그러니까 우리가 추구하는 우리식 통일의 길을 모색하는데, 그것은 지금 말씀드린 몇 가지를 포함해서 새로운 이념을 만들어야 된다고 생각합니다.

19. 새 대통령은 5개년 통일계획을 세워야

통일은 제3의 가치관으로 해야 한다

냉전이라는 역사적인 소용돌이 속에서 분단이 됐고, 또 제일 큰 나라들이 자기들 국가이익을 추구하는 과정에서 우리민족은 처참한 희생을 77년 이상 당했습니다. 세상이 많이 변했습니다. 그래서 새로운 구상을 해야 됩니다. 통일이라는 것도 칠십 몇 년 동안 "통일, 통일" 많이 했지만 아무런 진척이 없지 않았습니까? 왜냐면 통일의 설계도가 없어서 그렇습니다. 통일의 길을 가야 하는데 길이 없었습니다.

77년 동안 허송세월을 했지만 이젠 새로운 길을 모색해야 하고 우리가 길을 모색하면서 어떤 계획을 세워야겠다는 것입니다. 크고 작은 길이라고 정책이 있으면 목적이 있어야 하고 정책을 달성하려는 수단방법을 제시해야 하는데 오늘 우리가 처해있는 상황은 지금까지의 냉전 상황과 차이가 있습니다. 세계적으로 냉전은 이미 끝났다고 봐요. 냉전의 핵심은 사상의 이념적인 대결입니다. 세계관의 대결이었습니다. 공산주의와 민주주의의 사상의 대결이었는데 냉전 중에는 이 두 개 사상이 첨예하게 대립됐어요. 국가이익과 관계하고 그랬는데 이젠 그런 때가 지나갔어요. 지금은 세계질서가 없습니다. 무질서한 상황에서 우리가 길을 찾아야 하는데 무질서하기 때문에 길이 잘 안보입니다. 그래서 우리가 길을 만들어야 됩니다. 숲속에서 길을 만드는 것처럼 우리가 어려운 과정을 겪어서 길을 만들어야 해요. 그 길을 만들기 위해 목적지를 알아야 되겠죠? 무엇보다 중요한 목적지를 알아야 하는데, 우리가 통일 통일을 77년간 부르짖었지만 통일된 사회가 어떠한 사회다, 하는 것을 구체적으로 제시한 학자들도 제가 알기로 없었습니다. 오늘은 통일된 사회, 20년 후든 30년, 50년 후에라도 통일된 사회는 지금 있는 남과 혹은 북의 사회보다 나아야 합니다. 통일이 퇴보하면 안 되죠. 그렇다면 더 나은 사회, 더 나은 국가를 우리가 만들어야 하는데 어떤 것이 더 나은 사회냐? 더 나은 국가냐? 분명한 인식이 필요합니다. 제가 볼 때 남쪽 민주주의를 확장해서 이룩할 수도 없고, 북쪽의 공산주의에서 그런 맥락을 확장시키는 것도 현실적으로도 이론적으로도 바람직하지도 않습니다.

통일이란 것은 제3의 가치관을 갖고 해야 합니다. 그것이 무엇인가. 세상 사람들이 다 중요하게 생각하는 인권입니다. 그 인권을 미국을 통해서 얘기하니까 인권을 자유방임주의, 혹은 국가가 개입하지 않고 맘대로 하는 게 민주주의로 잘못 압니다. 이렇게 잘못돼 있어요. 민주주의만큼 얼마나 복잡하고 세밀한 가이드라인이 없는 것이 없습니다. 미국이 민주주의의 위기입니다. 과거의 가이드라인은 아무 의미가 없고 새로 만들어야 하는데 만든 사람도 없고 학파도 없습니다. 미국 민주주의도 무질서하게 돼 있습니다. 냉전 때는 그나마 절반씩 해가지고 절반 사이에선 질서도 가치관도 있었습니다.

통일 없이 평화 없고, 평화 없이 통일 없다.

"통일촛불혁명의 불을 붙이자"

구소련이 붕괴되고 나서 사회주의가 이렇게 저렇게 진화되면서 결국은 중국을 통해서 북쪽에 사회주의가 정착되지 않았습니까? 그런데 그것을 보면 거기에 정착된 사회주의와 미국을 통해서 남쪽에 정착된 민주주의라는 것이 굉장히 큰 차이가 있습니다. 그것을 어떻게 다리를 놓을 재간이 없습니다. 이론도 없고 사회주의와 자본주의, 공산주의와 민주주의를 연결시킬 다리가 없습니다. 이런 상황인데 지금은 구소련이 없어지고 나서 중국과 미국이 최대 강국으로 대두하게 되는데 과거하고는 달랐습니다. 과거엔 모든 것이 무기경쟁이었습니다. 안보경쟁이었습니다. 무기 많이 만들고 많이 저장하면 더 우세하다고 생각한 것이 냉전문화였습니다. 그런데 무기가 점점 의미가 없게 됐습니다. 왜냐하면 대량 학살하는 무기가 나타났지요. 무기라는 것이 경제력이 없어도 얼마든지 무기를 강화할 수 있습니다.

소위 선진국이 안 되도 얼마든지, 요새는 더구나 정보를 교란하는 사이버 무기까지 생각하니까, 이제 무기를 많이 가지고 있다고 세계 패권을 장악하는데 직접적인 역할 하지 못하게 됐습니다. 세계질서가 무너졌다고 하는 이유가 군사력이 세계질서를 유지하지 못하기 때문입니다. 그다음 경제력이 있다는 것은 경제적 영향력이 있다는 것입니다. 그것으로 다른 나라를 제압한다는 얘기는 아닙니다. 세계경제는 한 시장 안에 있습니다. 시장에서 활동하는 사람들은 상호의존관계에 있고 서로 공익을 추구하는 제로섬게임이 아닌 것이 시장입니다. 정치에서 제로섬 권력은 제로섬이지만 경제는 파지티브(positive) 섬입니다. 패배하는 사람이 없는 것이 경제 질서입니다. 그게 지금 대두했습니다. 중국과 미국이 상호 의존하는 돈은 상상할 수 없습니다. 미국이 없으면 중국이 없고, 중국 없으면 미국이 지탱할 수 없습니다. 세계질서가 근본적으로 번하고 있다는 것을 우리가 알아야 합니다.

통일 없이 평화는 없다

남과 북은 이런 세계질서를 타고 나타났는데 이렇게 세계질서가 무너지고 교란되는 상황에서 더구나 미국은 미국대로 국내적으로 보면 민주주의 패색이 짙어지고 멸망 직전에 있습니다. 또 사회주의도 마찬가지입니다. 자본주의를 도용하지 않고는 계속 발전할 수도 없고 추구하는 국가목적을 달성할 수도 없습니다. 그래서 자본주의는 사회주의화되고 사회주의는 자본주의화 되는 국내적 여건을 봐서 상황이 그렇게 변했습니다. 조국의 남과 북에서는 국내외적으로 변화하는 세계질서 속에서 어떻게 추구할 것인가? 첫째 평화를 추구해야 합니다. 평화는 통일을 지향해야 합니다. 통일 없이는 평화가 없습니다. 좀 이상한 얘기 같지요? 통일 없이는 체제경쟁이 없고, 정통성 싸움이 없고, 질서가 없습니다. 평화만큼 좋은 질서가 이 세상에 없는데, 평화가 일어날 수 없는 것이 조국의 남과 북의 관계입니다. 왜냐면 안보라는 패러다임에 완전히 휩쓸렸기 때문입니다. 안보는 과거 냉전처럼 무기에 의존하고 무력에 의존하고 무력을 정당화시키기 위해 무기를 합리화시키기 위해 공포를 일으키게 합니다. 상대방에 대해 나 말고 다른 사람이 공포를 느끼게 합니다. 주적이 없어도 이 세상은 다 믿을 수가 없다는 그러한 풍조를 타고 공포를 느끼게 됩니다.

통일된 나라는 6가지 인권이 보장된 나라

제가 앞에서도 부분적으로 말씀드렸지만 인권 중 중요한 것이 생존권인데, 세계적인 공포 때문에 생존권을 마음대로 추구할 수 없고 향유할 수 없는 상황에 있습니다. 아무튼 이런 상황에서 통일을 추구해야 하는데 목적 없이 통일을 추구할 수가 없습니다. 통일된 사회가 지금보다 나은 사회, 더 좋은 사회가 되어야 하는데 그거 한마디 해보십시오. 통일된 한/조선반도는 어떤 곳인가? 그것을 30년이든 50년이든 어떤 사회와 정치체제와 어떤 이념을 갖고 있고, 또 어떤 사회발전의 지침과 가치관을 가지고 있는 사회냐 하는 것을 알아야 합니다.

학자들은 항상 자기주장이 있지요. 그런데 요즘 학자들은 자기주장이 없습니다. 미국학자들부터 주장이 없습니다. 그냥 바람 부는 대로 움직입니다. 제가 볼 때는 통일된 조국은 어떤 나라냐? 이것도 한 나라입니다. 모든 종류의 상상할 수 인권이 보장된 나라가 가장 이상적인 나라입니다. 다시 얘기합니다. 인권이 보장된 나라입니다. 미국이나 유럽에서 사용하는 좁은 개념의 인권이 아닙니다. 유엔인권헌장을 보십시오. 30가지 인권을 나열시켰습니다. 인권이란 건 굉장히 복잡하고 다양하고 또 이질성 있는 것도 포함돼 있습니다. 그것을 다 검토하고 지금까지 인권의 양상을 실질적으로 검토해보고 저는 보편타당성 있고 영원한 진리가 있는 6가지 인권을 생각했습니다.

첫 번째 인권은 생존권

첫째 생존권입니다. 미국에선 제가 생존권 안 들어 봤습니다. 자유만 들어봤지요. 미국의 자유는 방종(放縱)입니다. 자유는 구체적인 개념입니다. 자유는 구속적 개념입니다. 미국인들이 자유를 방종처럼 생각하는 건 잘못됐어요. 그런 방종이 미국적인, 서구적인 개념의 근간을 이루는 것입니다. 그런데 자유를 뭐라고 봐야 되느냐 하는 것도 우리가 분명히 알아야 하는데 방종이 아니라 선택권입니다. 선택권이 있는 게 자유입니다. 무엇의 자유입니까? 내가 택할 수 있는 자유입니다. 그게 없으면 경험적으로, 역사적으로 자유가 아닙니다. 선택권이 자유입니다. 선택이 없으면 자유가 없는 나라입니다. 옛날 노예 시대 주인과의 관계는 주인이 선택권이 있고 종은 선택권이 없습니다. 그래서 주인은 자유가 있고 종은 자유가 없지 않습니까? 노예가 해방이 되니까 얻은 게 뭡니까? 선택권입니다. 선택을 하려면 선택할 대상이 있고 그에 대한 지식이 있어야 하는데 준비 없이 해방을 시켰습니다. 그러니까 자유를 향유 못하는 것이 흑인들의 미국역사입니다. 지금까지도 여파가 나타나고 아직까지도 흑인해방이 안됐다고 생각합니다.

생존권이 목적이면 수단방법이 있어야 되지 않습니까. 살기위해 먹어야 하고, 먹기 위한 방법도 쌀을 먹느냐, 빵을 먹느냐, 두 끼 먹느냐, 한 끼 먹느냐 이건 수단 방법입니다. 그것까지 제시되어야 합니다. 살기 위해 먹기만 하면 됩니까? '먹기 위해 사냐. 살기 위해 먹느냐?'라는 말도 있지만 살기위해 먹지, 먹기 위해 산다는 건 논리가 성립되지 않습니다. 그러면 살기 위해 뭘 먹느냐? 정책 전략적인 문제입니다. 우리가 식량을 확보해야 합니다, 그러기위해서 생산증가를 시키던가, 더 좋은 종자를 개발해서 식량을 확장시키든가, 아니면 외부에서 수입해서라도 국민들에게 제공한다든가 해야 합니다. 식의주(食衣住)인데, 먹는 것 입는 것에 집 없는 홈리스는 생존권이 없습니다.

미국에 홈리스가 얼마나 많습니까? 미국은 생존권이 잘 돼 있는 곳이 아닙니다. 미국에도 자살하는 사람들도 많고 사회보장이 잘 안되어 죽는 사람도 많습니다. 굶는 사람이 굉장히 많습니다. 미국이 자유가 있고 선거권이 있어도, 홈리스가 있으면 생존권을 영유 못하는 겁니다. 그러면 선진국이 아니죠. 우리도 생존권을 위해 식량이 있어야 하고, 집이 있고 옷이 있어야 하고 더 중요한 것은 사회가 안정되어야 합니다. 범죄가 있어서 폭행을 언제 당할지 모르면 생존권이 보장된 사회가 아닙니다. 그것을 방지하기 위해서 법질서가 생기고 경찰도 생기고 하지요. 외부에서 공격을 받아서 그 나라가 파괴되지 않아야지 생존권을 영위할 수 있습니다. 그러려면 군이 있고 국가의 안보정책이 있지 않습니까? 목적을 위해선 수단이 있어야 하고 수단을 위해선 방법이 있어야 되고, 이 3가지를 머릿속에 꼭 잡으세요. 요즘은 전염병 걸리면 죽거나 위험해요. 병에 걸리면 치료를 받을 수 있는 권한, 그게 생존권입니다. 인권입니다. 그것을 인권이라고 학자들이 요즘 많이 안 봐요. 조선에 있는 학자들, 한국에 있는 학자들은 생존권을 중요한 인권으로 봐야 합니다. 통일된 정부를 만들 때 생존권을 중요하게 생각해야 합니다. 수단방법을 제도화되고 정책을 만들어야 합니다.

우리는 다른 사람과 더불어 살아야 한다

그다음에, 나만 사는 게 아니고 우리 같이 살자, 더불어 살 권리입니다. 나 말고 나한테 중요한 사람들이 있어야 합니다. 가정부터 시작해야죠. 가정엔 가족이 있어야 하고 같이 사는 게 인권입니다. 이 인권을 유린당한게 우리 이산가족 아닙니까? 공동책임이 있습니다. 어디서 사람이 굶어죽으면 나도 그것에 역할을 했다고 봐야 됩니다. 우리는 다른 사람과 같이 살아야 됩니다. 더구나 사랑하는 사람과는 같이 살아야 합니다. 이것이 인권입니다. 우리가 통일되면 첫날 해야 하는 것이 이산가족은 완전히 담을 헐고 같이 살도록 국가예산을 들여서 해야 됩니다. 그게 인권 중에 더불어 사는 것입니다. 친구이고 동무이고 동지이고 나 말고 다른 존재가 나한테도 중요한 존재입니다. 영어로 'Significant Others', 사회학에 개념이 많이 있습니다. 나한테 중요한 사람들이 필요합니다. 그것을 만드는 조직이 교육기관이나 종교기관, 또 직장도 마찬가지에요. 동료가 생기고 직장 친구들이 생기고, 학교 가서 동창들이 생기고 나 말고 다른 사람을 더불어 사는 일에 동참시키는 것이라고 생각해야 합니다. 더불어 사는 것 중 제일 큰 것이 한 국가의, 한 나라의 시민으로서, 국민으로서 같이 사는 권한이 인권입니다.

인간을 존엄한 존재로 만드는 자유와 평등

사람이 진짜 보람 있게 살려고 하면 권위를 가지고 살아야 합니다. '존엄권'(Dignified Right), 존엄성(Dignity) 입니다. 존엄성 있게 만들려면 두 가지가 있습니다. 자유와 평등입니다. 이율배반적인 개념 같은 자유와 평등, 이 두 개가 곧 인간을 존엄하게 하는 가치가 되는 것입니다. 자유는 민주주의 혹은 자본주의에서 추구한다고 그러죠? 좋습니다. 아담 스미스라는 양반이 눈에 보이지 않는 손이 조화시켜서 개인과 개인이 잘살면 사회가 잘살게 된다고 했는데 결과적으로는 나오지 않았습니다. 개인이 잘살면 사회가 잘 사는 것이 아닌 게 미국의 현상이고 한국의 현상 아닙니까? 그 과정에서 산업화될 때 중산계급이 건전하게 많이 나타났습니다. 그러다가 '초-산업사회'로 넘어오면서 혹은 세계화되는 경제 과정에서 중산계급이 전부 파괴되고 말았어요. 그것도 다른 이유가 있지요. 내 저서에서 그것을 중요하게 취급했지만 자유라는 것은 앞서 말했듯 선택권입니다. 선택하려면 여러 가지 대상이 있고 그 대상은 사람이 만들어내야 합니다. 노조에 가입하느냐 그것도 선택이죠? 투표를 하느냐 마느냐 그것도 선택입니다. 선택은 자기가 결정하지만 없을 때는 자기가 만들어 낼 수 있는 능력과 자유가 있어야 합니다. 어떻게 보면 선택이 없는 미국입니다. 한국은 모르겠어요. 미국은 건전한 선택 사라진지 오래입니다. 미국은 두 정당이 똑같습니다. 하나는 정권 잡고 있고 하나는 정권 못 잡은 차이밖에 없습니다. 정책적인, 철학적인, 도덕관적인 그런 차이가 전혀 없는 것이 미국의 양당제도입니다.

대한민국도 미국 따라 비슷하게 되어 가고 있어요. 그것을 철저하게 우리 국민이 막아야 합니다. 선택권이 없으면 자유가 없고, 자유가 없으면 민주주의가 없습니다. 민주주의가 없으면 정통성 없는 겁니다. 대한민국 정통성은 민주주의입니다. 자유가 없으면 민주주의가 없는데 대한민국은 선택의 자유가 극히 제한돼 있고, 없다고 봐야 됩니다.

중산계급이 없으면 민주주의가 아니다

사람이 자유롭게 되면 금방 부를 축적하게 됩니다. 왜냐하면 오늘만 사는 게 아니라 내일도 살고 자손도 살아야 되고 또 작은 땅이 아니라 큰 땅을 가지고 살아야 하고, 거기에 가치를 주어서 부가 축적이 되어야 합니다. 대한민국 부동산 보십시오. 여러 가지 방법으로 부를 축적하지 않습니까? 부당한 부를 축적을 못하도록 하는 게 또한 민주주의 사명입니다. 독점을 못하게 하는 'Anti Trust Act'가 미국에 있는데 대한민국은 잘못됐습니다. 전부 독점입니다. 큰 기업들이 다 독점하고 있어요. 기업들이 대통령보다 더 힘이 셉니다. 하루아침에 넌 해고됐다 하면 그뿐입니다. 회사조직에서, 사적인 조직에서 독재가 굉장히 심하게 있다는 걸 미국이나 한국에서 알아야 합니다. 그래서 민주주의는 자유를 선택하는데 부가 축적이 안 되도록 법적인 장치가 있어야 합니다. 그런데 그게 안 되어있고 돈 있는 사람이 모두 결정을 하지 않습니까? 부가 축적되면 계급과 계급 사이에 교통이 없습니다. 옛날엔 계급이 낮으면 일을 해서, 저금을 해서 상류계급에 올라가려고 하는데 요즘은 중산계급이 올라갈 수 없고 오히려 하류로 떨어집니다. 극소수는 상류로 올라가겠지만 중산계급이 없어지는 게 미국이고 대한민국입니다. 중산계급이 없으면 민주주의가 아닙니다. 상류계급이 돈 벌려고 혈안이 되고 밑에 있는 사람들은 먹고 살려하며 정신없고 거기에 민주주의가 어디 있습니까? 국가의 장래와 국가의 공동체를 위해 일을 하는 중산계급이 있어야지 민주주의가 되는 겁니다. 그래서 민주주의를 우리가 더 활성화 있게 하려면 대기업에서 중소기업으로 정책의 중심이 가야하고 중산계급을 다시 일으켜야 합니다.

평등이 왜 중요합니까? 평등 없으면 평화가 없습니다. 평등 없으면 항상 경쟁을 하게 되고 시기질투를 하고 싸움을 합니다. 자유와 더불어 평등이 있어야 합니다. 자유만 있으면 안 됩니다. 평등만 있으면 안 됩니다. 평등만 있고 자유가 없으면 행복하지 않고 불만이 생기고 체제에 저항을 하게 됩니다. 평등이란 평평하다는 말입니다. 층계다리에 사람들이 있어서 아래위로 보는 게 아니고 등수가 같은 평등한 땅에서 같이 있는 겁니다. 자유와 평등, 두 개가 동시에 있어야지, 적당하게 정부에서 조절해서 둘 다 보장 안 되면 인간의 존엄성이 없어집니다. 먹고 살고 집 갖고 사는데 존엄성 없으면 되겠습니까? 인간답게 살아야 하지요. 그것을 위해서 자유와 평등이 있는 겁니다. 그러려면 분배의 정의가 있어야 됩니다. 분배의 정의라는 것이 굉장히 중요합니다. 분배정의를 유지하려는 것이 다름 아닌 정치의 임무입니다.

나라를 가질 권리, 국가권

자유와 평등 하고나면 또 굉장히 중요한 게 국가입니다. 국가 없으면 인권이 소용없습니다. 인권이 그대로 박탈됩니다. 일본제국 시대에 우리 선조들이 다 경험했지 않습니까? 이스라엘 국민들이 다 경험하지 않았나요. 자기나라 없으면 인권이 없습니다. 그래서 주권을 가진, 주체성을 가진 나라를 나도 가져야 되겠다. 우리 민족은 남북을 막론하고 그렇게 생각해야 합니다. 국가를 가진 권한이 인권이란 것을 세상 사람들이 모릅니다. 우리는 국가 없이 국가라는 존재를 위협당하면서 수 천 년을 살았지 않습니까? 그러니 국가를 가져야 하는 권한, 이것이 인권의 중요한 생존권, 더불어 사는 권한, 인간의 존엄성이 있고 거기엔 자유와 평화가 있고, 이런 것을 다 가지면 지상낙원입니다.

통일평화대학은 왜 필요한가?

우리는 몇 가지 인권을 추구하기 위해 수단방법을 찾아내야 합니다. 그것을 찾아내기 위해선 대학이 있어야 됩니다. 독일도 그렇고, 미국도 그렇고, 대학이 앞장서서 이념을 만들어내고 정치가 갈 수 있는 로드맵, 길을 만드는 것이 대학입니다. 미국의 존 볼트 대학, 하버드대학, 아이비리그 대학이 그렇습니다. 이념을 만들고 정치가 나가야 되는 길을 만드는 것이 대학입니다. 이렇게 어려운 고민을 하면서 어떻게 이념을 찾아야 하는가, 머리를 암만 돌려도 안 나와요. 왜냐하면 없는 머리로 돌려선 나옵니까? 남과 북에서 활동하는 인류학자들이 현실적으로 실정을 잘 알고 역사도 투철하게 아는 학자들이 같이 만나서 머리를 맞대고 대학을 만들어야 합니다. 우리가 당장 5개년 첫해에 해야 하는 것이 대학 만드는 겁니다.

대학을 만들면 지금 얘기한 각각의 인권을 어떻게 개발하고, 그것을 위한 정책 만드는 걸 연구해야 합니다. 남과 북이 통일을 하는데 길을 닦는 것이 대학의 목적이어야 합니다. 다른 대학이야 많지요. 통일대학을 남과 북에서 손을 잡고 하나 만들어야 합니다. 선진국들, 다른 나라들도 많이 그렇게 했습니다. 그렇지 않으면 길이 눈에 안보입니다. 모두 다 대한민국 사람들은 의견들이 강해요. 그래서 자기가 가진 생각을 제일이라고 하는데, 저는 제가 가진 생각을 제일이라고 생각하지 않습니다. 이것이 한 가지 안입니다. 다른 비슷한 생각, 대조적인 생각 있으면 우리가 얼마든지 토론해야 합니다. 대학에서 해야 합니다. 남과 북이 손을 잡고 할 수 있는 것은 대학

밖에 없고, 그것은 역사적으로 필요하고 세계사적으로 그런 사례가 얼마든지 있고 성공적인 사례가 많습니다. 그래서 우리는 한시라도 빨리 남과 북이 악수를 하고 통일대학을 만듭시다. 그래야 됩니다. 2018년에 문재인 대통령과 김정은 위원장이 포옹을 하던 그 분위기만 되면 '대학을 만듭시다.', '옳습니다. 그것 좋다' 하게 됩니다.

우리 민족이 대학을 얼마나 중요하게 생각합니까? 미국에서도 한국인들이 자식 교육을 얼마나 중요하게 생각합니까? 우리 민족처럼 우수한 사람들을 이 세계에서 찾아보기 힘듭니다. 왜? 자손대대로 우리는 교육을 중시했습니다. 국자감이라고 고려 초기에 992년인가? 그때 하버드대학이 나오기 800~900년 전에 고려에서 국자감이란 것을 만들어 가지고 그 후에 개명되어 이조에 들어와서 성균관대학으로 바뀌었죠. 지금 서울에도 있고, 평양에도 있는데, 성균관 학원의 전신이 국자감입니다. 그래서 우리는 그 정신을 받아서 지금 무질서한 세계질서에서 지성인들이 대학교라는 신성한 곳에서 모든 경험을, 모든 것을 보호를 받으면서 사상논쟁을 얼마든지 벌여야 됩니다. 대학에 들어와서 빨갱이 잡으면 대학이 살 수가 없습니다. 그래서 체제에 맞지 않는, 체제를 도전하는 견해를 얼마든지 발표할 수 있기 위해 미국에서 만든 게 뭡니까? 바로 테뉴어 시스템입니다. 테뉴어 시스템은 정부에 항의할 수 있고, 정부정책에 불만을 갖고 비판할 수 있는 권한을 국가에서 주고 보호하는 것입니다. 테뉴어를 가지게 되면 학교에서 해직을 못 시키지 않습니까? 그 이유가 무엇입니까? 국가를 향해 비판할 수 있는 자유를 갖지 않으면 학문이 발전하지 않습니다. 우리도 그 정신을 가지고 올바른 학풍을 만들어야 합니다. 그래서 남쪽에 있는 학교, 북쪽에 있는 학교, 세계의 학교들에 전파가 돼서 세계가 좀 더 나은 세계질서를 만들 수 있도록 우리 민족이 도와야 됩니다.

DMZ와 개성에 제3의 통일정부 세우자

대학을 만드는데 우리가 역사적 배경이 있는데 성균관이 원래 있었던 개성에 만들면 좋겠다고 했지요. 그보다 더 좋은 건 비무장지대(DMZ)에 우리가 평화대학을 하나 만들면 세계적으로, 역사적으로 주목을 끌 겁니다. 남과 북이 손을 잡으면 유엔에 압력을 주고 해서 비무장지대에 그것을 받을 수 있습니다. 비무장지대 남북으로 4km, 동서로 250km, 개성까지 합하고 북과 남에서 전략적으로 필요한 땅을 좀 주면 통일된 체제가 소유하는 땅이 생길 거 아닙니까? 거기에 이민 갈 사람들, 외국에 나와 있는 사람들이 많이 들어갈 거예요. 베이징 올림픽에서 입장할 때 보니까 인구가 100만보다 적은 나라가 굉장히 많습니다. 칠십 몇 나라가 되요. 우리가 제3의 이상적인 정부를 신흥 지구촌 한반도에 만들자 이겁니다. 세계가 모방할 수 있는, 남북이 모방할 수 있는 이 나라는 정식 국가로 인정 안 받아도 됩니다. 제3의 이념을 가지고 있는, 새로운 참신한 국가, 서울에 있는 나라, 평양에 있는 나라 외에 제3의 나라를 실험적으로 우리가 해봐야 합니다. 남쪽에 대통령이 누가 되든 5년 내로 연합체제, 연방 체제를 만들게 되면, 6·15정신에 따라 북도 남도 공히 참여하게 될 겁니다. 그게 통일입니다.

통일이란 게 인구 합쳐서 8천만 인구의 정부 하나를 만드는 그러한 야심은 맞지 않습니다. 그건 때가 되면 되겠지요. 우선은 통일정부라고 연합 내지 연방정부를 하나 만들어야 합니다. 규모가 작아도 좋습니다. 인구 10만 명 보다 적은 나라들이 많아요. 땅도 우리 DMZ에서 하면 엄연한 나라 될 수 있습니다. 그런 식으로 통일을 한번 해보자 이거에요. 통일이라는 완성된 물품을 만들자는 게 아니고, 시작하자 이거에요. 수십 년 동안 통일 언제 되겠냐? 내가 살아있을 때 되겠냐? 그러다 다 죽어버렸죠. 저도 얼마나 살지 모르지만 시간에 구애 없이 지금 당장 할 수 있는 것은 해야 한다고 생각합니다. 새로운 대통령 나오면 마침 임기가 5년이에요. 5년 동안 대통령은 특별한, 역사적 소명감을 느껴야 합니다. 그것이 통일대통령입니다. 분단대통령은 지금까지 예외 없이 분단을 추구해왔지만 이젠 세계역사도 달라지고 북은 북대로 극단적인 공산주의, 사회주의 사회가 되고, 남쪽은 더할 나위 없이 막다른 골목길에 부닥친 자본주의적 민주주의가 되었습니다. 그 과정에 문제가 많이 노정되었습니다. 그러니까 이런 기회에 우리가 경험한 아픈 역사를 되새기면서 한시라도 빨리 세계에 내놓을 수 있는 제3의 국가를 개성과 DMZ에 세워야 합니다.

세계에 모범이 되고 길을 제시하는 통일정부

그런 국가는 모범적인 국가가 되어야 합니다. 공해도 없고 식량도 좋은 식량이 되어야 하고 그래서 제가 제시한 통일평화대학교에 5가지 단과대에 관한 진언을 했는데 그 첫째가 '농생(農生)대학'입니다. 농과대학에 생태학까지 우량한 건강에 좋은 농산물을 많이 생산해야 합니다. 그 외에도 생존을 위해서는 공기가 깨끗해야 하고 기후변화가 인류를 잡아먹기 전에 인류가 기후변화를 통제해야 합니다. 연료는 전부 자연연료로 하고 자동차도 페트롤륨오일(petroleum oil)을 안 써야 합니다. 이거 계속하다간 인류가 얼마 오래 살지 못합니다. 대한민국 잘합니다. 한편으로는 잘하지만 다른 한편으로는 이렇게 되선 안 되겠다. 문제 있는 것을 스스로 고쳐야 합니다. 통일이란건 제3정부를 만들고 시작하는 게 아니라 만들기 위해서 노력하는 것이 통일의 과정입니다.

통일을 남과 북의 이질성을 조화시키기 위해서 역설적인 변증법적 논리를 해야 한다고 누차 얘기했지요. 검은색의 본질은 흰색이고 흰색의 본질은 검은색, 그러한 변증법적 사상을 가지고 우리가 실질적으로 삶에 옮길 수 있다는 것을 세상에 보여야 합니다. 북은 남을 알아야하고 남은 북을 알아야 되는데 아는 것이 전부입니다. 비판적인 것만 들어서 북에서 도저히 받을 수 없거나 이중척도로 북에서 하는 것은 전부 악마적이고 미국에서 하는 건 전부 잘하는 거고 그렇게 해선 안 됩니다. 우리는 민족적인 제3의 정치랄까 정부랄까, 민족적인 긍지를 가지고 인류적인 자신감을 가지고, 세계가 나갈 길을 모색하고 보여줘야 합니다. 민주주의 척도에서 봐서 미국은 선진국이 아닙니다. 경제적으로 무기로 봐서 선진국이겠지만 조 바이든이 그렇게 중요하게 생각하는 민주주의라는 개념으로 보면 아닙니다.

통일평화대학을 추진하고 활성화해야

앞에서 통일대학의 필요성과 5가지 단과대학인 건강대학, 농과대학, 정경대학, 인문대학, 예술대학에서 무엇을 할 것인지를 밝힌 바 있습니다.

5가지 대학 중 마지막이 예술대학입니다. 요새 K-팝 좋습니다. 또 세계적으로 지구촌이 갈망하는 의식, 문화적인, 예술적인 면모를 창조하는 예술대학이 있어야 됩니다. 그리고 제일 중요한 대학이 보건대학입니다. 보건대학이란 것은 사람 병을 예방하고 고치는 거 아닙니까? 예방은 고려의학/동양의학에서 하고, 고치는 건 서양의학이 해야 된다고 봅니다. 지금 미국에 동양의학/고려의학이 많이 팽배해 있습니다. 침이나 뜸이나 마사지, 이런 것에 대해서 이해가 굉장히 좋게 올라가 있습니다. 이런 걸 틈타서 세계에서 선망하는 의학을 동양의학과 서양의학을 조화시켜서 보건대학을 만들어 세계적으로 예방과 치료를 겸비한 의학이 나와야 되요. 그리고 5개 대학중 하나가 인문대학이라고 했습니다. 인문대학은 사회주의와 자본주의를 조화시키고 그러한 의식구조와 문화를 창조해야 합니다. 이미 우리 '사랑방'에서 5가지 대학교에 대해 어떻게 해야 한다는 걸 얘기한 적이 있습니다. 그것을 참고하시면 제가 말씀드린 의미가 충실해 질 겁니다.

통일촛불혁명의 불을 붙이자

결론적으로 우리는 이렇게 어려운 역사를 겪었습니다. 이산가족을 생각해보십시오. 저도 경험을 했지만 살아서 헤어져서 결국은 못 만나고 영영 헤어져서 운명을 서로 달리하는 그런 나라가 이 세상에 없습니다. 이산가족의 아픔, 분단의 고달픔, 또 큰 나라들이 와서 양민학살 하는데 이런 거 저런 거 경험 다 했기 때문에 우리는 이제 일어날 때가 됐습니다. 인류역사가 그렇게 만들어졌다 생각하고, 새로 나온 대통령은 다른 건 몰라도 통일정책은 대통령이 하는 겁니다.

국회의원은 통일정책을 세울 수 없습니다. 대한민국헌법에 4조 3항에 신성한 의무가 적혀 있습니다. 지금까지 대통령은 통일을 말만 하는 사람들이 됐는데 이제 나오는 대통령은 통일을 실질적으로 할 수 있는, 또 했다고 자부할 수 있는 대통령이 나올 때가 됐습니다. 그런 큰 기대를 걸고 격려하고 검증하고 통일이 1년이라도 더 빨리 올수 있는 그런 역사에 우리 모두가 동참해야 됩니다. 통일이 위에서 아래로 내려오는 건 끝났습니다.

모든 것은 밑에서 올라가야 합니다. 어떻게 보면 세계 전체가 민주화가 된 겁니다. 대한민국도 촛불혁명에 의해서 밑에서 위로 올라가지 않았습니까? 그런데 정권 잡고 있는 사람들, 기득권이 돈만 가진다고 기득권입니까? 정치적 기득권, 명예 기득권, 문화적 기득권, 기득권이 많습니다. 기득권을 지키기 위해서 있는 사람들, 지도층 사람들에게는 통일을 기대할 수 없습니다. 제가 분명히 말합니다. 기대하지 말아야 합니다. 그러나 그 사람들은 몰라도 대통령만큼은 통일에 대한 임무를 느껴야 합니다. 위에서 못하면 밑에서 위로 올라가야죠. 촛불혁명을 통일촛불혁명으로 진화시키는 것을 생각해야 합니다. 남쪽의 진보적인 젊은 분들 많습니다. 북쪽의 인민들, 남쪽에는 민중이라는 말을 썼죠. 전 그것을 좋아하는데 국민가운데 의식 있는 사람을 민중이라고 하죠. 남쪽 민중과 북쪽의 인민이 서로 손을 잡고 통일 촛불혁명을 일으켜야 합니다. 평양과 서울에서 수십만 수백만이 올라가서 온 세계 미디어가 이걸 보여주고 의미를 설명함으로써 우리의 평화통일운동을 세계 차원에서 해야 한다고 생각합니다. 그렇게 하면 틀림없이 불이 붙습니다. 통일촛불혁명의 불을 붙입시다.

20. 이질성을 넘어 '통일헌법'을 생각하다

　남과 북의 동질성의 자산에서 민족문화, 통일문화를 만들어야 됩니다. 그것을 누가 만들어야 하나? 아무나 보통사람들이 만들 수 있습니다. 민중들이 만들어야 합니다. 통일을 하려면 정치 체제가 있어야 하는데 두 체제를 섞어 한 체제를 만들 수는 없습니다. 남과 북의 체제가 너무 달라서 비빔밥처럼 하나로 섞을 수는 없고 변증법적인 조화를 통해 극복해야 합니다. "이질성을 넘어"라는 말은 피하거나 그 자체를 부인하지 않고 받아 들여 극복 한다는 말입니다. 이것은 김대중 대통령과 김정일 위원장의 합의한 6·15 정신과도 같은 것입니다. 그래서 통일은 이질성을 지양하고 동질성을 권장하는 것이며, 이질성을 지양한다고 해서 동질성이 확보되는 것은 아닙니다. 변증법에서 정이 반이 되거나 반이 합이 되지도 않고 다만 정과 반의 조화를 통해 합이 이뤄집니다.

　6·15를 토대로 남과 북의 이질성을 초월할 '통일헌법'을 구상할 때 어떤 원칙과 이념에 기초한 통일정부를 추구할 것인가를 생각해보면, 북은 우리식 사회주의이고 남한은 독재와 구분이 안갈 만큼 이상한 대통령 중심의 민주주의 체제인데, 모든 정치제도에는 정치이념이 있듯이 남북한의 이러한 이질적인 이념체계에서 어떻게 높은 차원의 진일보한 조화로운 정치 체제

를 만들까 하는 것입니다. 앞에서 언급했듯이 남북의 개인주의와 집체주의, 사유재산과 공유재산, 자본주의와 공산주의, 세계주의와 민족주의 등 서로 다른 체제가 단순히 섞여서는 조화를 이룰 수 없기 때문에 통일정부를 구성 하기 어렵습니다. 따라서 새로운 제3의 이념이 '정반합'에 의해 이뤄져야 하며, 그것은 바로 인권을 이념의 토대 위에 놓고 생존권, 자유, 평등, 사랑 권 및 자주적으로 나라를 세울 수 있는 권리에 기초한 새로운 체제라는 것 입니다. 이러한 새로운 체제는 남북의 이념을 모두 조화롭게 포함하는 체제 입니다.

그러므로 우리는 차이점은 극복하고 동질성은 추구해야 합니다. 동질성 은 민족에서 찾아야 하며, 각각의 상이한 체제에서 기인한 이질성은 후천적 인 필요에 의해 만들어진 정치활동의 산물이므로 의도적으로 바꿀 수 있으 며, 근본적으로 서로 다른 것이 아닙니다. 우리 민족의 동질성은 하늘이 부 여한 것으로 인위적으로 바꿀 수 있는 것이 아닙니다. 통일국가의 정치이념 은 이를 더욱 계승, 발전하는 방향으로 나아가야 합니다. 예컨대, 미국의 선 거에서는 자신을 높이고 상대를 낮추는데, 우리의 전통 미덕은 자신을 낮추 는 것입니다. 요즘 우리나라 선거에서도 상대방을 낮추고 공격하던데, 통일 국가의 헌법은 남북이 동질적으로 공유하는 전통적 미덕을 계승하는 맥락 위에 인권을 중심으로 앞서 언급한 다섯 가지 핵심 가치를 바탕으로 남북의 헌법학자들이 모여 헌법 추진위원회를 구성하고, 구체적인 각 조항들을 만 들어 내야 합니다. 남북에서 말하는 연합과 연방의 어떤 조항들이 통일헌법 에 포함되어야 하며 그러기 위한 구체적인 조건 등은 무엇인지 우리가 당장 연구해야 합니다.

통일은 우리가 원해서 추구하는 것이 아니고, 우리에게 선택이 없는, 안 할 수가 없는 과제입니다. 말하자면 운명입니다. 논리가 맞아서 해야 하는 것이 아니고 옛날부터 내려오는 너무도 스스로 당연한 소명인 것입니다. 아무리 생각해도 그 이유 밖에 없습니다. 한민족이라서, 언어가 같아서, 역사가 같아서, 민족의 발전을 위해서 등등 이유가 천만가지가 넘게 있을 수 있지만, 결론적으로 옛날부터 당위적으로 사회전체가 추구하지 아니하면 안되는 명제가 있는데 통일이 바로 그것입니다. 따라서 지금 준비가 안 되었다 하더라도 당장 시작해야합니다. 준비가 다 되어야 통일이 오는 것이 아니고 노력 하다 보면 통일이 되는 것 입니다. 같이 손잡고 글도 같이 쓰고 하다 보면 통일의식도 생기도 문화와 정책도 자꾸 나오게 되는 것입니다.

인권에 기반 한 다섯 가지 이념 중에 첫째로 생존권에 대해 부연하자면, 인권 중에 가장 중요한 생존권에 대한 서구사회의 이해도가 낮은데 저는 이것을 이해하기가 어렵습니다. 살 권리가 있어야 자유도 평등도 있는 것입니다. 이러한 살 권리(The Life Right)를 서구의 학자들은 잘 인정하지 않습니다. 살기 위해서는 식의주가 필요하고, 병이 없어야 하며, 서로 죽이는 범죄도 없어야 하고, 전염병이 없어야 하며, 공기가 맑아야 하고 지구온난화 문제 등 환경도 잘 보존되어야 합니다. 이런 문제가 서구사회에서 요즘 얼마나 중요한지 생각해 보십시오. 바로 생존에 직결되기 때문에 그렇습니다. 우리는 이러한 생존문제를 피부로 느낍니다.

지금도 남북에는 굶주린 사람이 얼마든지 있으며, 남은 빈부격차, 북은 식량부족으로 고통 받고 있습니다. 집단 농장이든 시장이든 어떤 방법이든 우리 국민들을 먹여 살릴 식량문제부터 해결해야 합니다. 지금의 현상을 보면 남북 모두 다른 나라에서 배울 만한 모델이 아니니 통일국가에서는 새로운 정책을 개발해야 합니다. 해외연수 프로그램을 위해 학생들과 같이 이탈리아에 간 적이 있는데, 발목을 다친 한 학생을 전액 무료로 치료해 주었습니다. 통일 국가에서는 사람이라면 다 치료를 받을 수 있는 이러한 정책이 필요하다는 것입니다. 돈으로 살 수 없는 공공재들, 예를 들어 공기, 평화 등등은 사유해서는 안 되고 집단적으로 소유해야 합니다. 분배의 정의 측면에서 예를 들면 나무나 땅도 지구의 일부분이므로 통일정부에서는 토지와 같은 공공의 자산이 사유재산이 되어서는 안 됩니다.

소유권의 개념적 정의를 살펴보면, 정의로운 소유권이 무엇인가를 볼 때 평등하게 나눠 먹는 것 일수도 있고, 능력 있는 사람이 더 가져가거나 아니면 시장 원리에 그냥 맡겨 두는 것 등을 생각해 볼 수 있습니다. 마르크스가 말했듯이 그냥 시장에 모든 것을 맡겨 둔다면 노동자들은 소득 불균형으로부터 의식구조가 생기고 계급의식이 생기며 계급착취에서 오는 불만은 계급투쟁으로 이어 집니다. 미국은 지금 잘못하면 계급투쟁으로 갈수 있습니다. 많은 가난한 사람들이 몇 개의 직장에서 일을 해야만 겨우 생계를 유지하며 살아가고 있습니다. 이것은 미국이 아무리 선진국이라 해도 대단히 잘못된 것입니다. 돈 많은 사람들은 요즘 남한에서 유행하는 소위 "갑질"을 합니다. 통일정부에서 이런 것은 없어야 하며 사람을 위한 나라를 만들어야 합니다.

우리들은 말은 중요하게 생각합니다. "말도 안 되는 소리를 한다."는 말을 하고는 합니다. 뜻이 없는 말이라는 것입니다. 뜻이 없으면 말이 그냥 소리가 되어 버립니다. 존대를 하는 우리 민족의 생활양식을 소중하게 생각해야 합니다. "저 인간 언제 사람 되려고 해?" 라는 예를 보자면, 남북이 같이 이런 표현을 씁니다. 사전적으로 사람과 인간의 정의를 굳이 따져 말하자면 정답이 없지만 우리는 이 말이 무슨 뜻인지 다 알고 있습니다. 이 표현에서 "사람"이라는 것이 어떤 의미인지 우리의 의식 속에 분명히 내재해 있다는 것입니다. 이런 것이 아주 중요한 것 입니다. 인간을 "사람"으로 만들어야 나라가 문명국가가 되고 진보하는 것인데, 공부도 바로 인간을 "사람" 만드는 것이라 볼 수 있습니다. 통일정부에서 이러한 "사람"의 개념을 얼마든지 이야기 할 수 있는데, 예를 들면 이타주의, 널리 대중을 생각하는 홍익인간의 사상, 효도도 하고 남을 배려하는 "사람"을 만들어야 합니다.

또한 양심이라는 것이 있습니다. 유일한 변하지 않는 절대 가치 중 하나인데, "양심도 없다"는 말을 남북이 모두 씁니다. 이렇게 우리가 전통적으로 중요하게 생각하는 가치를 중심으로 통일국가의 이념을 만들고 통일문화를 만들고 체제를 만들어야 합니다. 그뿐 아니라 '정'이라는 말도 있는데, 정이 있는 사람이 같이 못 살면 '한'이 생깁니다. 또한 넋, 얼 등의 우리말이 있습니다. 이러한 것들을 연구해서 통일 문화를 만들어 내고 바람직한 통일 사회를 만들며, 그를 바탕으로 머리를 맞대고 통일헌법을 만들어 내야 합니다.

우리 남과 북처럼 많은 경험을 가진 민족이 이 세상에 없습니다. 경험이 인간으로 하여금 지혜로운 판단을 하게 하는 것이지, 이론이나 과학적인 실력이 있다고 꼭 옳게 판단하는 것은 아닙니다. 지혜가 있는 사람이 판단을 옳게 하는데, 이는 경험에서 나옵니다. 경험은 바로 고생을 많이 했다는 뜻입니다. 우리처럼 어느 세대를 보더라도 말 할 수 없는 고생을 했던 민족이 잘 없고, 또 그래서 지혜가 많습니다. 저는 이 세상을 구해낼 지혜가 우리 민족에게서 나오리라고 생각합니다. 남과 북의 동질성의 자산에서 민족문화, 통일 문화를 만들어 내야 합니다. 공부를 많이 한 명문대 졸업자가 아니고 아무나 보통 사람, 바로 평범한 민중들이 만들어야 합니다.

"보통나라"라고 통일 국가의 이름을 쓰면 좋겠다는 생각이 듭니다. 국호를 생각해 보면 민중공화국도 좋을 것 같습니다. 민중이란 말은 인민대중이라는 말의 줄임말 입니다. 국호에 인민대중이라는 개념이 좀 들어가 있으면 좋겠습니다. 북한의 인민이나 남한의 민주주의 모두 다 넣어도 좋습니다. 하지만 사실 지금 남한의 민주주의는 민주주의가 아니고, 미국도 공화주의의 공화국입니다. 우리가 이런 것들을 모두 되새기면서 인류의 역사에서 과거의 잔재를 끌어 모으지 말고, 새로운 역사적인 창조를 해 내야 합니다. 홍익인간이란 것들을 공부해 보면 아주 재미있고 배울 것이 많은 깊은 사상입니다. 다른 곳을 쳐다보지 않아도 우리민족이 지금껏 만들어낸 지혜로운 생각과 이념과 이론들이 얼마든지 있습니다. 거기에 우리가 자부심을 느껴야 합니다.

지금 통일로 가기 위해 필요한 것은 바로 한민족, 두 국가, 세 정부 체제입니다. 우리는 하나의 민족이고, 남과 북 두 국가가 있고, 남한 정부, 북한 정부, 통일정부 이렇게 세 정부가 있어야 합니다. 제3의 정부는 통일의 길을 닦는 정부입니다. 일단은 정부가 아니어도, 다른 나라와 외교관계나 국교가 없어도 아직은 괜찮습니다. 우리가 인권을 바탕으로 만든 '제3의 통일 정부'를 남과 북의 정부가 따라 가야합니다. 남북의 정부에 빈부의 격차가 있으면 없게 만들어 가야 합니다. 헌법에서 제일 중요한 것은 분배의 정의인데, 정치학의 핵심이 바로 분배의 정의입니다. "어떻게 나누는 것이 가장 정의로운 분배인가" 하는 것인데, 분배가 정당화 될 수 있는 이념적이고 철학적인 배경이 있어야 합니다. 우리는 이러한 것들을 계속 추구하고 발전시키고 교육의 과정을 통해 이뤄내야 합니다. 교육도 모두 무료로 해야 합니다. 창조적인 방법을 찾아서 모든 사람이 무료로 공부할 수 있게 해야 합니다. 제일 중요한 것이 바로 가족인데 가족이 같이 살 수 있게 만들어 주는 모든 방안을 추구해야 합니다. 이산가족은 절대 안 됩니다. 통일정부에서는 이산가족들에게 제일 먼저 시민권을 줬으면 좋겠습니다.

사랑권도 중요합니다. 서로 사랑하는 관계이면 같이 살게 해줘야 합니다. 그것이 남자와 남자, 여자와 여자가 같이 사는 것이라고 해도 저는 같이 살게 해줘야 한다고 생각합니다. 남북과 세상의 많은 나라들을 살펴보면 모순 있는 정책들이 많이들 시행되고 있습니다. 과거와 같은 정책을 답습할 것이냐, 말아야 할 것이냐 등등을 연구해야 하는 것이 '통일학'이고 '평화학' 입니다. 우리가 타의 추종을 불허하는 '통일학', '평화학'을 만들어 내야 한다고 생각하고 충분히 그럴 수 있는 역사와 자질을 가지고 있다고 생각합니다. 언론의 자유, 집회의 자유 등 자유는 다 좋습니다만, 다른 사람의 자유를 제한하지 않는 범위에서는 추구하는 자유가 옳습니다. 자유 중에 보통 생각하지 않는 것이 종교의 자유와 생각의 자유입니다. 예를 들면 미국은 기독교 국가입니다. 그게 잘못된 길로 가게 되면 독재국가로 나아가는 것을 정당화 시켜 나갈 수 있는 방법을 얼마든지 만들어 낼 수 있습니다. 조선민주주의 인민공화국은 주체 국가입니다. 그것을 주체국가로 생각하지 않으면 그들의 정치문화를 설명할 방법이 없습니다. 조선은 주체종교를 가지고 있는 종교 국가이며, 종교국가가 아니면 독재국가로 밖에 설명이 안 됩니다. 우리는 민주주의를 북한의 주체사상처럼 그렇게 신봉하지 않고, 미국도 민주주의를 그렇게 믿지 않습니다. 민주주의가 하나의 수단처럼 사용되고 있는데, 종교와 같은 신념체계가 되려면 믿음이 철저해야 합니다. 미국 기독교는 형식적인 면이 많고 또한 북한처럼 그렇게 철저하지도 못합니다. 조선을 김일성의 종교처럼 본다면 상당히 철저한 면이 있다는 것을 알 수 있는데, 저는 그래서 욕을 먹더라도 주체사상은 이미 북한에서 종교가 되었다고 생각합니다. 북한을 옳게 알려고 하면 있는 그대로 알아야 하는데 북은 종교 사회입니다.

덧붙이는 말

지난 2년간 한 달에 한 번씩 인터넷을 통해 비대면 형식으로 진행되었던 스물 네 번의 '박한식 사랑방' 모임을 마무리 하면서 서운하고 아쉬운 마음을 금할 길이 없습니다. 하지만 2023년에 '박한식 사랑방' 시즌 2를 준비하고 있다는 소식에 한편으로는 마음이 설레입니다.

코로나19 팬데믹으로 인해 갇혀 있던 소통의 장이 가상의 사랑방이라는 공간에서 오히려 더욱 자유롭게 만나 어우러지며, 좌우의 이념에서 벗어나 2년 넘는 기간 동안 오손도손 둘러 앉아 통일에 대해 많은 이야기를 밤늦게 까지 나눌 수 있었던 것은 참으로 벅찬 감동이었습니다. 학문의 깊이나 사상에 관계없이, 남북의 통일을 이끌고 세계 평화를 이룰 우리 민족의 소중한 해외 동포들이 아시아, 유럽, 심지어 러시아 및 아프리카 등 22개국이 넘는 곳에서 남녀노소 할 것 없이 열린 사랑방에 누구나 쉽게 오가며 수천 명이 넘게 참여하였습니다.

미국에서 50년 동안 영어로만 강의했던 저로서는 은퇴 후 비로소 세계 각지의 동포들에게 자랑스러운 우리말로 통일의 길에 관해 얘기하며 같이 고민했던 시간이 아주 의미 있고 보람된 일이었습니다. 사랑방 준비 위원회는 통일을 앞당길 실제적 이론을 같이 나누고 서로 배우기 위해 새로운 각오로 시즌 2를 계획하고 있으며, 동포 2, 3세들은 물론 외국인들과 더불어 통일의 길을 모색하기 위해 영어를 병행해서 진행하는 것도 고려하고 있습니다.

매번 모임이 저의 모두 발언으로 시작되긴 했지만 딱딱하고 일방적인 강의 형식이 아니라 생각을 공유하는 사람들이 모여 세상 돌아가는 얘기를 주고받던 사랑방 형태의 대화의 장이었습니다. 저의 생각과 철학 그리고 조국통일에 대한 청사진에 대해 뜻을 같이 하고 공감해 주신 많은 분들께 진심으로 감사의 말씀을 드립니다.

운전을 하다 보면 신호등에서 정지선을 넘어 정차할 때가 가끔 있습니다. 뭐 그리 큰 잘못도 아닌데 마음이 참 불편합니다. 이처럼 유형무형의 선을 넘는다는 것은 마음의 불편함과 두려움을 동시에 초래하는 일입니다. 우리 모두는 문화적, 인종적, 그리고 이념이나 서로의 이해관계에 따라 거미줄처럼 얽혀 있는 무수한 선 안에서 속박되어 살아가고 있습니다. 특히 한계선(Red Line)은 우리의 생각과 행동에 엄청난 압박과 제약을 가져다줍니다. 1945년 분단 이후 지난 77년 동안 우리는 조선민주주의인민공화국과 조국통일 그리고 평화에 관해, 세상이 어느 순간 정해놓은 선 안에 갇혀 올바른 사고를 하지 못했습니다. 조금만 선을 벗어나서 생각하고 말하고 행동하면 자동적으로 빨갱이니 '종북'이니 하는 꼬리표가 따라 붙었습니다.

선의 예속과 속박에서 자유롭게 사고하고 행동할 때 우리는 비로소 더 나은 세상을 만들어 갈 수 있을 것이라 생각합니다. 특히 정치적 이념적 선에서 해방 되는 것이 민주주의의 본질입니다. '박한식 사랑방'은 그 선을 넘어 생각하는 뜻 깊은 모임이었습니다. 모쪼록 이 책이 선을 넘어 생각하고 행동하고자 하는 많은 분들께 마중물이 될 수 있기를 바랍니다.

박한식 사랑방통일이야기

안보에서 평화로

인 쇄 일 2022년 11월 1일 초판1쇄 발행
지 은 이 박한식
펴 낸 이 이명권
펴 낸 곳 열린서원
주   소 서울특별시 종로구 창덕궁길 117, 102호
전   화 010-2128-1215
팩   스 02)2268-1058
전자우편 imkkorea@hanmail.net
등   록 제300-2015-130호(1999.3.11.)

값 18,000원
ISBN 979-11-89186-20-3 03340

※ 이 도서에 국립중앙도서관 출판사 도서목록은
   e-CRP홈페이지(http://www.nl.go.kr/ecip)에서 이용하실 수 있습니다.